AF532679

Gabriele Katz

Marlene Dietrich

Die Kleider ihres Lebens

Gabriele Katz

Marlene Dietrich

Die Kleider ihres Lebens

LANGENMÜLLER

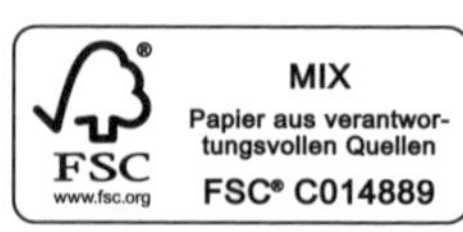

Die Veröffentlichung dieses Werks erfolgt
auf Vermittlung von BookaBook, Literarische
Agentur Elmar Klupsch, Stuttgart.

Umschlaggestaltung: Sabine Schröder
Umschlagmotiv: Deutsche Kinemathek –
Marlene Dietrich Collection Berlin
Innengestaltung und Satz: Sibylle Schug, München
Illustrationen: Astrid Shemilt, München
Druck und Binden: Friedrich Pustet GmbH & Co.KG, Regensburg
Printed in Germany
ISBN: 978-3-7844-3597-8

www.langenmueller.de

INHALT

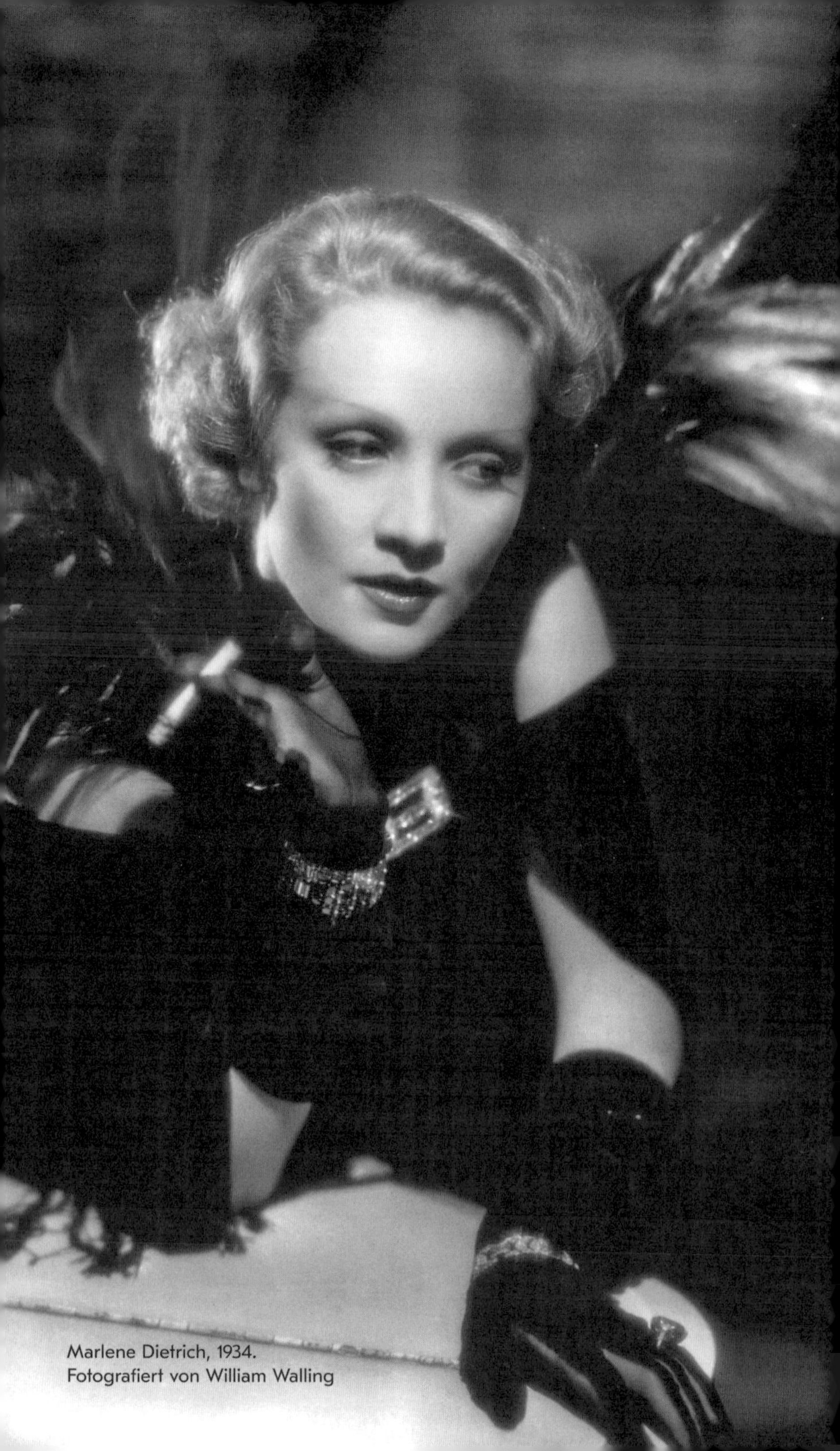

Marlene Dietrich, 1934.
Fotografiert von William Walling

VORWORT

Mode oder vielmehr die Art, wie wir uns kleiden, ist ein Statement. Sie ist Ausdruck unserer Sehnsüchte und Wünsche und ein sozialer Code, sie zeigt, wer wir sein möchten, und sie zeigt, wer wir sind. Mode, auch wenn sie im Kontext von Business oder Freizeit steht, erzählt mit unzähligen Farben, Materialien, Schnitten und Mustern jeden Tag eine Geschichte, gibt in kleinen Nuancen Auskunft über Stimmungen und Befindlichkeiten. Mode lebt von Kreativität, Verbreitung und Akzeptanz.

Marlene Dietrich ist bis heute eine absolute Stilikone. Atemberaubend elegant und von revolutionärer Modernität. Marlene Dietrich, die als Lola Lola Dessous zelebrierte wie keine Zweite und die Hosen für Frauen salonfähig machte. Marlene Dietrich, die zu ihren Schmetterlingsflügel-Augenbrauen ein auffallendes Haute-Couture-Abendkleid wählte oder Frack und Zylinder. Marlene Dietrich, mit Federn und Pelzen geschmückt, als wären sie ein Teil von ihr. Marlene Dietrich: der schräg ins Gesicht gezogene Herrenhut über sinnlich roten Lippen. Marlene im taillierten Kostüm und Marlene in atemberaubend schlichter Robe. Schwarz und weiß und fertig, auch das – Marlene Dietrich.

Ihre Schönheit war blond, blass, intelligent, präzise, schlank, schmal, perfekt frisiert und geschminkt. Das klassische Gesicht und die sparsamen, immer wiederkehrenden Gesten standen im Gegensatz zur Wandelbarkeit ihrer modischen Erscheinung. Ein Kontrast, der die Macht betonte, die sie über das Bild hatte, mit dem sie ihr Gegenüber bezauberte, verwirrte, besiegte. Ihren Stil machte diese Mischung aus asketischer Strenge, unerhörter

Kleider langweilen mich.
Marlene Dietrich

Dramatik, Weiblichkeit und Androgynität aus. Doch Mode ging bei Marlene Dietrich auch eine Allianz ein mit Charakter und Lebenseinstellung und rief ein fast magisches Wesen hervor, das gleichzeitig funkelte, strahlte, glänzte und Kontur bewies.

Edward Steichen, Cecil Beaton, Irving Penn, Horst P. Horst, John Engstead, Willy Rizzo, Richard Avedon oder Milton Greene machten sie zur meistfotografierten Frau der Welt. Und nicht nur das, Marlene Dietrich nutzte als erster Star das heraufziehende Medienzeitalter, baute konsequent ein öffentliches Bild von sich auf, das heutigen Profilen auf Instagram und Facebook gleicht, eine Influencerin par excellence. Der Mensch Marlene trat Schritt für Schritt und schließlich endgültig hinter diesen über Jahrzehnte aufgebauten Mythos zurück.

Begonnen hatte ihre Karriere auf den Theaterbühnen und in den Filmstudios im Berlin der Weimarer Republik. Dann kam Josef von Sternberg und mit ihm *Der blaue Engel.* Marlene Dietrich entfaltete ein ungekanntes erotisches Potenzial, und sie sprach. Die Kritik brach in Jubel aus. In Hollywood stilisierte der Regisseur die Schauspielerin zur überirdischen Königin der Traumfabrik. Ihr Gesicht wandelte sich zum Wahrzeichen, ihr Körper zur universellen Chiffre.

Zum ersten Gegenstand ihres nonverbalen Schlagabtauschs mit der Öffentlichkeit wählte Marlene die Hose. Die hatte sie aus dem libertären Berlin mitgebracht, um sie dann zum sensationellen Einstieg in Hollywood zu nutzen. Das als männlich interpretierte Kleidungsstück signalisierte ihre Unabhängigkeit als Schauspielerin und als Frau. Marlene Dietrich brach also mithilfe der Mode traditionelle Rollen und definierte die Wahrnehmung von Frauen Anfang der Dreißigerjahre neu. Dabei spielte sie mit den Geschlechterzuordnungen und hinterfragte sie, ja spottete in voller Souveränität darüber. Ein Eklat! Die weit geschnittene und hoch in der Taille sitzende Marlene-Hose erlebt regelmäßige Revivals im Karussell der Mode.

Auch das Thema unendlich vielschichtiger Weiblichkeit, keine spielte es besser als Marlene Dietrich, keine war weniger festlegbar und vorhersehbar: Melancholie und Berechnung, subtile Grazie und schonungslose Offenheit, Provokation und Verletzlichkeit. Amy Jolly, Marie, Lily, Helen Faraday, *Die scharlachrote Kaiserin* oder *Die spanische Tänzerin*. In allen Rollen verkörperte sie Gegensätze, Anfang und Ende, Verheißung und Versagung, Anziehung und Zurückweisung. In der Öffentlichkeit zeigte sie sich mit wechselnden Liebhabern, hielt aber gleichzeitig und beständig an ihrer Ehe fest. Ihre Tochter brachte sie mit nach Hollywood, als für Schauspielerinnen noch die Anrede »Miss« galt.

Die Geliebte von Männern, die Geliebte von Frauen. Treu blieb Marlene nur sich selbst. Immer traf sie ihre eigenen Entscheidungen, und immer entschied sie sich für ihre Arbeit, für die Vervollkommnung ihres Images. Marlene wurde nicht gewählt, sie wählte. Der oder die andere diente als jeweils neuer, fast magischer Spiegel, der ihr bislang unbekannte Aspekte ihrer selbst zeigte und sie diese auch leben ließ, als ob sie ein neues Kleid oder eine neue Hose anprobierte. Die tiefe, ja existenzielle Bedeutung von Kleidung für Marlene Dietrichs Leben und Erleben ist in diesem Kontext verankert. Mode war ihr nicht nur Demonstration von Stil, Eleganz und Sex-Appeal oder Ausdruck ihrer Persönlichkeit, sondern die Inszenierung von Personenbeziehungen, die Beeindruckung und Unterwerfung des Gegenübers oder aber seine Anerkennung und Anbetung, die Rüstung des heiligen Georg, der die Prinzessin vor dem Drachen rettet, ebenso wie das Ballkleid der Prinzessin, die den Frosch bittet, ihr die goldene Kugel aus dem Brunnen zu holen.

Unter der Regie von Ernst Lubitsch präsentierte Marlene Dietrich in der Rolle der Madeleine de Beaupré oder Lady Maria Barker modische und kostbare Kleidung als weibliche Überlebensstrategie in einer Männerwelt. Als Haute-Couture-

Kundin lehrte sie die Mitarbeiterinnen und Mitarbeiter von Vionnet, Schiaparelli und Chanel mit ihren genauen Vorstellungen und hohen Ansprüchen das Fürchten. Nach einem Absturz in der Gunst des Publikums spielte Marlene mit Humor und Wärme, Selbstironie und Eleganz eine Parodie ihrer selbst: *Der große Bluff* und *Das Haus der sieben Sünden.* Gekleidet in die Uniform der US-Armee, stand sie während des Zweiten Weltkriegs in Cargohosen, Lammfelljacke, Schildmütze und Springerstiefeln für den Widerstand gegen Nazideutschland. Danach begab sie sich, damenhaft und konventionell wie nie, im Dior-Kostüm auf die Suche nach neuen Rollen und scheiterte an den unerbittlich Grenzen setzenden Klischees Hollywoods.

Mit über fünfzig kehrte die Schauspielerin Marlene Dietrich in einer unglaublichen Kehrtwendung zu den Anfängen ihrer Karriere zurück. Sie betrat eine Bühne in Las Vegas und sang in ihr auf den Leib geschneiderten Kleidern, wie sie die Welt noch nicht gesehen hatte. Das perfektionierte Nichts, übersät von funkelnden Pailletten und Perlen, umhüllte einen makellosen Körper, betonte ein vollkommenes Gesicht: *We Are Stardust, We Are Golden.* Ohne Kamera, ohne Regisseur gelang es Marlene Dietrich, noch einmal eine grandiose Illusion zu erzeugen. Noch einmal wurde sie zum Weltstar, dieses Mal ganz aus eigener Kraft.

Jahre später war Marlene nicht nur immer noch schön, sondern sorgte mit ihrem Auftreten und Handeln für gesellschaftliche und politische Wirkung, wurde zur Botschafterin von Vergangenheitsbewältigung, Ausgleich, Versöhnung und Deeskalation. Mit zurückhaltender, ja abweisender Eleganz kehrte sie 1960 zurück nach Berlin, wo sie auf krasse Ablehnung traf, und triumphierte über Verdrängung und Verleugnung. Marlene Dietrich sang in Jerusalem und Tel Aviv, in Warschau, Moskau und Leningrad und veränderte die Wahrnehmung von Deutschland in der Welt.

Das Erscheinen von Marlene Dietrich beinhaltete stets ein Moment der Überraschung, der inszenierten Überraschung. Wann hatte sie begonnen, sich in jeder Situation zu bewegen, als liefe sie über eine Bühne, als surre eine Kamera? Wann war sie zum Ereignis geworden? Viele Zeitzeugen stimmten darin überein: Betrat Marlene ein Restaurant oder das Haus eines Freundes, fühlten sich die Anwesenden bei ihrem Anblick lebendiger als noch in der Sekunde zuvor, die Gegenstände schienen erhabener und exquisiter, formten sich zur Kulisse, die Luft summte und schimmerte. Schritt Marlene über ein Pariser Trottoir, liefen die Passanten rückwärts, und der Verkehr stockte. All dies geschah, während sie selbst vollkommen gleichgültig schien ob des Wirbels, den sie verursachte. Nonchalant warf sie die Sehnsüchte und Fantasien, die Menschen auf sie projizierten, auf diese zurück und ließ sie mit ihrer Verwirrung allein. Nein, nicht allein, sondern mit der Erinnerung an einen Film, an ein Lied …

Glamour ist Konstruktion, ist Synthese. Eine Frau ist, was sie aus sich macht, lautete Marlene Dietrichs Botschaft an die Frauen; ich bin ein Profi in Sachen Verführung ihre nicht minder sachliche Ansage an die Männer.

1993 verkauften Marlene Dietrichs Erben einen Großteil ihres Nachlasses an die Stadt Berlin, Stiftung Deutsche Kinemathek. Das waren 300 000 Dokumentenseiten, darunter über 45 000 Blatt Korrespondenz, 16 500 Fotografien, Amateurfilme, Tonträger, Mobiliar, Hausrat, Schmuck und mehr als 3300 textile Objekte aus sieben Jahrzehnten, sowohl Film- wie Bühnenkostüme als auch Teile ihrer persönlichen Garderobe.[1] Neben Schuhen, Handtaschen und Handschuhen sind das Kleider und Roben, Tageskostüme, Anzüge, Röcke, Hosen und Blusen u. a. von Elsa Schiaparelli, Cristóbal Balenciaga, Pierre Balmain, Irene Lentz, Madeleine Vionnet, Coco Chanel und Christian Dior.

Schrankkoffer, wie sie die Berliner Firma für Luxus- und Lederwaren Albert Rosenhain herstellte, aus Vulkanfiber und Holz, mit rosa Seidendamast ausgeschlagen, stabile Koffer in Grau, in Braun, mit unendlich vielen bunten Aufklebern und Hutschachteln trugen Marlenes Kleider und Accessoires um die Welt: auf Schiffen, in Zügen, in Flugzeugen.

Die Koffer springen auf, die Geschichte beginnt.

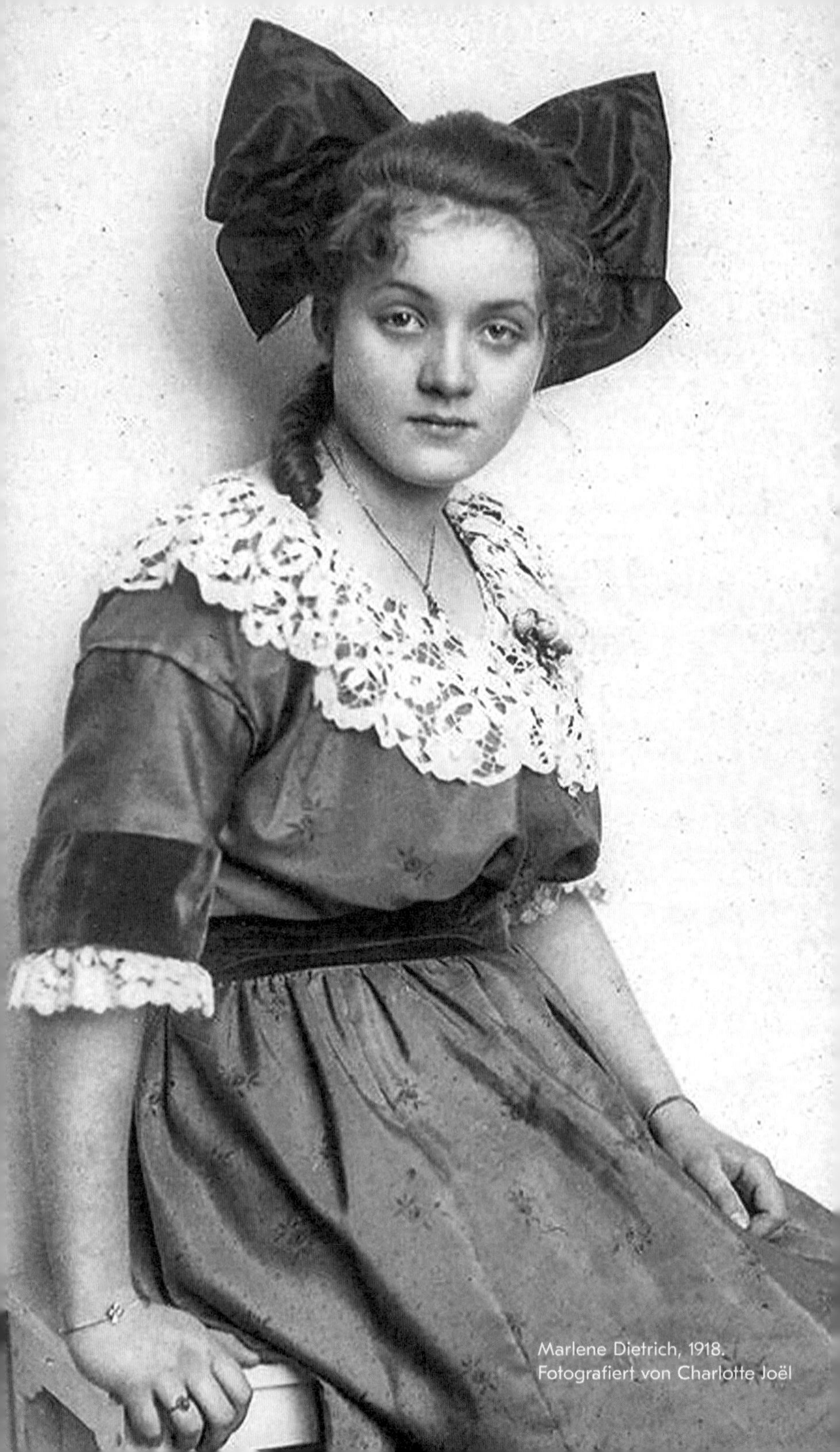

Marlene Dietrich, 1918.
Fotografiert von Charlotte Joël

EIN MÄDCHEN AUS GUTEM HAUSE

Am 27. Dezember 1901 erblickte Marie Magdalene Dietrich im ersten Stockwerk der Sedanstraße 53 in Schöneberg bei Berlin das Licht der Welt.[2] Mehrere Umzüge der Familie sollten in den nächsten Jahren folgen. Lena, wie alle sie nannten, wuchs zu einem wonnigen Kind mit runden Wangen, großen blauen Augen und heller Haut heran, saß im Sommer im weißen Spitzenkleidchen und mit kreisrundem Strohhut auf dem feinen rötlich blonden Haar beim Fotografen; ihre knapp zwei Jahre ältere Schwester Elisabeth (1900–1973) neben sich wie eine blasse Kopie. Die Mutter thronte, ganz paradoxe zeitgenössische Weiblichkeit, zwischen den Mädchen: in hochgeschlossener Bluse, langem Rock und jungfräulichem Weiß, jedoch körperlich zur Schau gestellt durch Korsett und gepolstertes Gesäß mit Turnüre. Der Vater trug Uniform. Die signalisierte Stärke, Disziplin, Heldentum. Dass die Herren ihre äußere Erscheinung mit Hilfsmitteln wie Strumpfhalter, Hüftgürtel, Bartbinde und Haarnetz herstellten, darüber sprach man nicht. Verstand und Gefühl. Stärke und Schwäche. Heiß und kalt. Sonne und Mond. Nie trennten die Wissenschaft und – ihr folgend – die Mode die Geschlechter stärker voneinander als in Marlene Dietrichs ersten Lebensjahren.

Sich gut zu kleiden ist eine Frage der guten Manieren.
Tom Ford

Doch der äußere Schein trog: Männer waren nicht grundsätzlich stark, edel und tapfer, verteidigten ihre Familie nicht gegen alle Unbill des Lebens, und Frauen konnten nicht immer sanft, unterwürfig und gehorsam sein. Polizeileutnant Louis Dietrich (1867–1908) überstrapazierte selbst die Doppelmoral der Kaiserzeit, als er sich mit Syphilis ansteckte.[3] Josefine, geborene Felsing (1876–1945), Mitglied einer großbürgerlichen Unternehmerfamilie, die seit 1820 Unter den Linden neben dem Hotel Adlon den Uhren-, Luxus- und Moden-Bazaar führte[4], hatte nicht nur unter ihrem Stand geheiratet, nun war ihr Lebensmodell auch noch gescheitert. Ein Entkommen aus der Ehe gab es nicht. Gestorben ist Louis Dietrich am 5. August 1908. Lena war sechseinhalb, als dieser erste, nicht zu stillende Schmerz, dieser erste Weltuntergang in ihr Leben einbrach.

Die Witwe zog nach Charlottenburg, in die Tauentzienstraße 13 nahe Kurfürstendamm.[5] Jetzt lebten die Mädchen näher bei der geliebten Großmutter Elisabeth Felsing. Ihr Sohn Willibald führte das Geschäft. Im Dachgeschoss wohnte der Filmpionier und Kinobesitzer Oskar Meßter.[6]

Marlene verehrte die Großmutter und feierte die Tage mit der »Eimimi«. »Sie war nicht nur die schönste aller Frauen, sondern auch die eleganteste, charmanteste und vollkommenste Person, die es gab (…) Sie war auf natürliche Weise elegant und kümmerte sich nicht um die Mode. Sie weckte in mir das Verlangen nach schönen Dingen, nach Gemälden, nach Dosen von Fabergé, Pferden, Wagen, nach den warmen altrosa Perlen, die sich von der weißen Haut ihres Halses abhoben, und den Rubinen, die an ihren Händen funkelten (...) Sie trug kostbare Kleider, selbst ihre Handschuhe waren maßgefertigt.«[7] Ein Luxus, den ihre Enkelin fortführen wird.

Disziplin, Disziplin, Disziplin: das Fundament für ein Leben. An den Werktagen besuchten Lise und Lena die Auguste-Victoria-Schule in der Nürnberger Straße, erhielten private Französisch-, Musik- und, sehr modern, Turnstunden.[8] Zur Leibesertüchtigung trug Lena frisch gebügelte Krägen und Taftschleifen oder einen weißen Sportanzug mit Pumphosen und Rüschenbluse. Adrett zu sein forderten die beliebten Benimmbücher und Modemagazine, Nachlässigkeit in der Kleidung, Wildheit in der Bewegung oder eine laxe Körperhaltung bewertete die Mutter als ein Sich-gehen-Lassen, eine moralische Entgleisung.

Marlene war eine der Jüngsten der Klasse, still, schüchtern, grenzte sie sich von den anderen Mädchen ab, trauerte nicht nur um ihren Vater, sondern spürte deutlich auch den von der Mutter erlittenen Verlust, wollte ihr den Ehemann ersetzen und erfand einen drolligen kleinen Jungen Paul bzw. französisch intoniert Poll oder Pollchen. Die derart umschmeichelte Josefine erlaubte, dass die Tochter mit den Nachbarsjungen Indianer spielte und *Winnetou* las. Zum ersten Mal sprengte Marlene Dietrich die zeittypischen Fesseln ihres Geschlechts und erfuhr, dass eine fremde Rolle Entlastung und Freiraum bedeuten konnte.

Im Frühjahr 1912 nahm Josefine Dietrich eine Stellung als Hausdame bei Kavallerieleutnant Eduard von Losch (1875–1916) an. Sie machte sich Hoffnungen auf eine neue Ehe und fand für ein neues Leben eine neue Wohnung in der Kaiserallee 219/220.[9] Zu den Aufenthalten in den Ferienhäusern der Felsings kamen Besuche in Dessau und Umgebung hinzu. Mit elf Jahren hatte sich Marie Magdalene einen neuen Namen gegeben: Marlene. Marlene Dietrich.[10]

Alles hätte wunderbar werden können, wäre nicht am 28. Juni 1914 in Sarajevo ein Attentat auf den österreichisch-ungarischen Thronfolger und seine Gemahlin verübt worden und hätte Kaiser Wilhelm II. nicht am 1. August seinen Beitritt zu einem Krieg erklärt, der als Erster Weltkrieg und fundamentales Trauma die Geschichte des 20. Jahrhunderts prägen sollte. Das soziale Gefüge, in dem Marlene bis dahin existiert hatte, wird Stück für Stück auseinanderbrechen. Eduard von Losch und Josefine heirateten schnell und in aller Stille. Marlenes Aufschrei am 15. August im Tagebuch: »Jetzt ist Krieg! Schrecklich! Vatel ist am 6. August nach dem Westen ausgerückt. Mutti weint immerzu.«[11]

Nun knipsten auch bürgerliche Frauen in Zügen und Straßenbahnen Billetts, trugen Post aus, ließen sich zu Krankenpflegerinnen ausbilden oder arbeiteten in der Rüstungsindustrie. Die Mode folgte dem Umsturz im Weltbild.[12] Schlicht, praktisch, patriotisch, stellte sie nun eine nationale Aufgabe dar, sollte die Stimmung heben und die heimische Textilindustrie stärken. Frauen in Bombenbraun oder Feldgrau bewiesen Solidarität mit den Kämpfenden, wogegen das Schwarz der Kriegerwitwen unter dem Verdacht stand, es könnte die Begeisterung der Bevölkerung dämpfen. Aller Kriegspropaganda zum Trotz blickten Berlins 260 Konfektionsschneider, zwei Dutzend Maßateliers und Modehäuser weiterhin in Richtung französischer Hauptstadt. Funktionale knöchelfreie Trotteur- und Promenadenkostüme, aus den Reitkostümen der Jahrhundertwende entwickelt, dank den Pariser Modeschöpfern Madeleine Vionnet (1876–1975) und Paul Poiret (1879–1944) inzwischen ohne Korsett zu tragen, gewährten auch den Berlinerinnen Bewegungsfreiheit. Und wenn der französische Meister dynamischer Silhouetten sich zu einer Lampenschirm-Tunika steigerte, gab es für die Frauen an der Spree wenigstens eine wadenkurze Kriegskrinoline. Gabrielle Chanel (1883–1971), genannt Coco, hatte 1913 ihr erstes Geschäft in Deauville eröffnet. Nachdem sie die großen, überdekorierten Hüte der Belle Époque erfolgreich aus der Mode verbannt hatte, bot sie dort Badekostüme an und fertigte aus Jersey für Herrenunterwäsche schlichte, der Kriegszeit angepasste Kostüme. Insgesamt wird die Mode leichter, in der Linie weicher und natürlicher. Nur der Not gehorchend trugen die Frauen bei der Arbeit in den Fabriken Hosen und Overalls. Als Chanel um 1920 den Strandpyjama mit kastenförmiger Jacke und gerade geschnittenen Hosen erfand, galt dies wieder als Skandal, schließlich herrschte Frieden.[13]

Bereits kurz nach Ausbruch des Krieges verwundete ein Schrapnell Eduard von Losch. Josefine eilte mit den Töchtern nach Braunschweig ins Lazarett.[14] Am 9. Oktober 1914 freute sich Marlene über Onkel Willys Eisernes Kreuz[15] und strickte in der Schule Pulswärmer. Am 15. Dezember erreichte die Familie die Nachricht, dass Eduards Bruder gefallen war.[16] Die Schwägerin ihres Stiefvaters war mit 28 Jahren Witwe geworden. Kam sie zu Besuch, umwarb das Mädchen die Tante wie einst die Mutter, legte ihr einen Tannenzweig mit roten Papierrosen aufs Bett und schrieb ihr ein Gedicht. Am 6. Februar 1916 notierte Marlene in das in rotes Leder eingebundene Tagebuch, ein Geschenk von Tante Vally, diese trüge immer noch »ein schwarzes Ribkleid (...) mit weißem Kragen und weißen Manschetten« und sähe damit himmlisch aus. »Schike-bonbon ist das gar nicht mehr.« Auch die kleinen Lackhalbschuhe entzückten sie und brachten Vally zahlreiche Küsse.[17]

Zwei Wochen später konnte niemand mehr daran vorbeisehen und -denken, dass ein Durchbruch der Deutschen bei Verdun nicht gelingen würde.

Josefine legte abermals Witwenkleidung an, als Eduard von Losch im Juni 1916 nach einer erneuten Schussverletzung und verweigerten Armamputation in Litauen an den Folgen einer Blutvergiftung starb.[18] Marlene band eine schwarze Schleife ins Haar, streifte eine schwarze Armbinde über und resümierte lakonisch: »Nun sind alle tot.«[19] Zum zweiten Mal erlebte sie, wie der Lebensplan ihrer Mutter scheiterte. Zum zweiten Mal erlitt sie den Tod einer Vaterfigur, von der sie Verlässlichkeit und Sicherheit erwartet hatte.

Im katastrophalen Hungerwinter 1916 zog Marlene mit Mutter und Schwester zur Verwandtschaft Losch nach Dessau. Vor Josefines Tränen floh die Fünfzehnjährige in eine erotische Rebellion, schüttelte die ältere Schwester als Bewacherin ab, ging auf den »Bummel«, flirtete mit Jungs, verdrehte ihnen die Köpfe und erkannte, welche Bestärkung das auf ihr Selbstbild ausübte.[20]

Nachdem die »erste allererste Liebe« mit einer herben Enttäuschung endete, eskalierte Anfang Februar 1917 der Generationenkonflikt, in dessen Verlauf die Mutter mit einer Pension drohte.[21] Solches amüsierte oder empörte seit 1914 die große Leserschaft eines kleinen Büchleins: *Aus dem Tagebuch eines Tauentzien-Girls,* in dem die Autorin Emma Nuss das bewegte Lebensjahr eines Backfisches nacherzählte.[22] Könnte die kecke Heldin ein Vorbild für Marlene gewesen sein?

Witwe von Losch jedenfalls ertrug die adligen Blicke auf ihre Erziehungsbemühungen nicht länger, sondern verließ Dessau zugunsten der Anonymität eines Mietshauses, zog wieder in die Kaiserallee, dieses Mal Hausnummer 135.[23] Marlene bekam dort ein eigenes Zimmer, »den Hängeboden über dem Badezimmer mit den weißen Kinderstubensachen«.[24] Auf dem Dachgarten übte sie im luftigen Trägerkleid Ballett. Eine Fotografie zeigt sie – die Füße auf den Spitzen. Ihre Schuhe aus altrosa Seide haben sich erhalten.[25] Außerhalb der Wohnung fühlte sich Marlene Dietrich wegen der strengen mütterlichen Kleiderordnung eher unwohl. »Wo man nur auf die Straße geht, um sich die Leute anzusehen und wo man immer nur denkt, ob man auch fein und modern angezogen geht.«[26]

Im Juni spielte Marlene Geige in Kniehosen und Sombrero und gestand ihrem Tagebuch, sie habe begonnen, ein Mädchen aus Elisabeths Klasse zu lieben. »Es ist viel netter, wenn man jemand hat – dann fühlt man sich so hübsch.«[27] Auf einem Foto tragen beide Schwestern locker fallende weiße Blusen und knöchelfreie Röcke, schwarze Strümpfe und Stiefeletten sowie moderne, lange, weiche Jacken mit Revers. »Endlich habe ich Mutti rumgekriegt, Lise eine andere Haarfrisur zu machen.« Aus den zwei Schnecken wurde ein Dutt mit Schleife. Marlene trug ihr Haar hochgesteckt, »und wenn etwas Besonderes passiert, lass ich eine Locke fallen.«[28] Im Juli schwärmte sie in Bad Liebenstein in Thüringen für eine junge Gräfin und träumte davon, deren Ehemann auszustechen.[29]

Josefine plante derweil für ihre Jüngste bis zur Verheiratung die arbeits- und disziplinreiche Karriere als Konzertgeigerin. »Ich habe eine Geige gekriegt für 2100 M«, hatte Marlene am 28. Juni 1917 ihrem Tagebuch anvertraut.[30] Im Herbst sollte sie Schülerin der Viktoria-Luise-Schule werden und eigene Pläne fassen: »Ich geh sicher noch mal zur Bühne.«[31] In Vorbereitung dazu probte sie Ende August eine Hosenrolle mit schwarzer Turnhose und »Muttis Reittaille mit weißen Spitzen vorne«. Für eine Mädchenrolle wünschte sie sich Josefines langes rosa Ballkleid, »weil das auch im Schnitt passt und ich doch ein langes Kleid haben muss«.[32]

Die Träumerische hatte inzwischen das Kino für sich entdeckt und notierte am 7. September 1917: »Nun ist meine Seele wieder voll von Henny Porten.«[33] Ein kleines Foto der blonden Schauspielerin trug Marlene im Medaillon um den Hals, ein größeres hielt sie meist in den Händen. Nach einer Kinovorstellung Mitte November schenkte Marlene ihrem Leinwandidol vier weinrote Nelken, fand sie »absolut göttlich« und genoss den schönsten Händedruck der Welt. Manchmal überwältigte sie die Sehnsucht nach Henny Porten so sehr, dass nur noch der Spontankauf einer Bildpostkarte helfen konnte.[34] Im bitterkalten Januar 1918 überreichte Marlene ihrer Henny auf der Straße vor deren Haus einen Strauß Alpenveilchen und Maiglöckchen.[35]

Ein Mädchen mit rundem Gesicht, das Haar zu einer Schillerlocke gedreht und von einer übergroßen Taftschleife geschmückt, wurde im Frühjahr 1918 konfirmiert und verließ ohne Abitur die Schule. Das Kleid mit eingewebten Streublümchen und Spitzenverzierungen an Ausschnitt und Ärmeln strahlt auch auf dem Schwarz-Weiß-Foto pastellfarbene Lieblichkeit aus. Marlenes Blick dagegen ist ernst (siehe Seite 14).

Der 9. November 1918 mit der Ausrufung der Republik und der Abdankung des Kaisers verunsicherte die junge Tagebuchschreiberin zutiefst.[36] Es folgten eine erfolgreiche Revolution und Wahlen zur verfassungsgebenden Nationalversammlung. Verwundete, psychisch kranke junge Männer kehrten ins zivile Leben zurück, Frauen, obwohl sie das aktive und passive Wahlrecht erhalten hatten, wurden verdrängt aus Beruf und Öffentlichkeit.

Wie immer mit dem Kopf in den Wolken, entwischte Marlene im April 1919 in den Mozartsaal, um den neuesten Porten-Film, *Ihr Sport,* zu sehen. Obwohl ihre Schwester sie begleitete, flüsterten Männer ihr zu, sie sei schön und »so süß wie eine Puppe, die man immerzu küssen möchte«, schmeichelten, sie wäre »doch wohl auch vom Film«. Doch die Freude währte nicht lange: »Als Mutti kam, machte ich mich schnell wieder keusch und züchtig.« Dem Tagebuch klagte sie, sie fühle sich fremd neben Mutter und Schwester – wie ein schwarzes Schaf.[37]

Die Mutter indes wollte Marlene in ländlicher Idylle vor den Gefahren der Großstadt in Sicherheit bringen, und so kam es, dass ihre Tochter sich in Bad Pyrmont und Springeberg am Sonnabend und Sonntag »satt für die Woche« küsste und befürchtete, sich alle Heiratschancen zu verderben.[38] Am 11. August 1919 verabschiedete die Nationalversammlung in Weimar die neue demokratische Reichsverfassung, die der Republik ihren Namen geben sollte.

Auch den kompletten Sommer 1920 verbrachten Lise und Lena in relativer Weltabgeschiedenheit im malerischen Geigenbauerdorf Mittenwald, zwischen Wetterstein und Karwendel. Passend zur Landschaft Oberbayerns durfte Marlene in Kniestrümpfe und kurze Trachtenlederhosen schlüpfen, den entsprechenden Hut auf den Locken, ihre bändergeschmückte Mandoline auf den Knien. Einmal hat sie sich bei der Mutter eingehakt, die etwas mürrisch über ihrer Pelzstola in die Kamera blickt. Die Schwester sitzt im Dirndl und mit Schneckenfrisur über den Ohren daneben.[39] Resultiert die etwas verkrampfte Stimmung daraus, dass Marlene sich wieder verliebt hatte?

Als das Laub von den Bäumen fiel, strich Frau von Losch die Segel, machte ihre alte Drohung wahr und brachte die Tochter in einem Pensionat in Weimar unter, im Haus der Charlotte von Stein, Goethes sittenstrenger Mentorin. Dort spazierte Marlene mit den anderen Mädchen in Zweierreihen und fühlte sich trotzdem einsam, besuchte das Theater und las eifrig die Klassiker. Unberührt von so viel Hochkultur, eilte sie im durchsichtigen Chiffonkleid zum privaten Geigenunterricht, gefiel Alma Mahler, der Noch-Ehefrau von Bauhausdirektor Walter Gropius, in einem »ganz schlichten, raffiniert schlichten Kleidchen«[40], wurde zum ersten Mal mithilfe ihrer Kleider Stadtgespräch, wenn auch nur in der bildungsbürgerlichen Provinz.

Ein Jahr ging vorbei, dann wollte die Mutter den Aufenthalt beenden. Marlene selbst zweifelte am Erfolg ihrer musikalischen Bemühungen, plagte sich mit der Frage, ob wohl jemand »die Güte« habe, sie zu heiraten, und ihre Künstlerlaufbahn, das jahrelange Üben, im Hausgebrauch endete. »Wo soll man denn nur den Mut hernehmen?«[41]

Nach den Weihnachtsferien tuschelte ganz Weimar über ihre Beziehung zum Geigenlehrer und die Küsse, die sie dem Dirigenten Ernst W. Latzko im Park geschenkt haben soll.[42] Den Sommer über flirtete Marlene mit Michelein, einem jungen Bäcker aus Hannover. Im Herbst 1921 hieß es schließlich Weimar, ade! In den acht Briefen, in denen sie ab Oktober 1921 mit schwarzer Tinte auf orangenem Papier für den letzten ihrer Verehrer in der Provinz die gemeinsame Zeit heraufbeschwor, blieben beim »Sie«.[43]

Politik und Weltgeschehen hatten die bald Zwanzigjährige bislang nur am Rande interessiert, jetzt kehrte sie in eine Stadt zurück, die, per Eingemeindung um sieben neue Bezirke erweitert, auf 3,6 Millionen Einwohner angewachsen, geprägt war von Wirtschaftskrise und Inflation, Putschen von Links und Rechts, politischen Morden und Zukunftsangst, grell geschminkten Selbstdarstellern und leidgezeichneten Hoffnungslosen, Kriminalität, Prostitution und Drogen. Das Automobil bestimmte die Straßen, überall leuchtete Lichtreklame. Berlin war bereit für seinen Tanz auf dem Vulkan.

Der Weg keiner ihrer Töchter sollte in eine standesgemäße Heirat münden, wie Josefine von Losch es sich wünschte. Die vernünftige Elisabeth hatte bereits vor zwei Jahren ihr Lehrerinnenexamen abgelegt. Die freiheitsliebende, leidenschaftliche Marlene wollte sich nicht mehr unter die mütterliche Kontrolle beugen, zudem musste wohl auch sie in Zeiten, die Familienvermögen schmelzen ließen, Geld verdienen. Ein paar Wochen spielte sie als einzige Frau Geige in einem kleinen Kinoorchester unter Giovanni Becce im ihr wohlbekannten Mozartsaal im Theater am Nollendorfplatz.[44] Bald verkehrte Marlene im Romanischen Café am Breitscheidplatz bei der Kaiser-Wilhelm-Gedächtniskirche, dem Wartesaal aller Künstler und Intellektuellen, lernte am sogenannten Kükentisch zwischen vielen hübschen Mädchen die junge Journalistin Gerda Huber kennen[45] und ging um die Ecke zu den Arrivierten, bei Schwanecke Beziehungen knüpfen. Der Sog der Berliner Unterhaltungsindustrie ergriff auch sie.

Im Januar 1922 stand Marlene Dietrich erstmals auf einer Theaterbühne.[46] Und während Anita Berber expressionistische Tänze zelebrierte, schloss sie sich der Girl-Truppe von Guido Thielscher an, schlüpfte als Erste von links in Federröckchen, kurze Hosen und enge Oberteile, trug einen Zylinder auf dem Kopf und warf ihre perfekten Beine in die Luft. Von April bis

Juni 1922 nahm sie privaten Schauspielunterricht bei Berthold Held, Mitglied des Reinhardt-Ensembles, ließ sich in rhythmischer Bewegung, Stimmbildung und Gesang schulen.[47]

Mit der Entscheidung Schauspielerin zu werden, war Marlene Dietrich nun eine von vielen. Wo sie hinging, traf sie auf Konkurrentinnen; größer, kleiner, hübscher, aparter, schlanker als sie. Egal, sie waren da und arbeiteten täglich und kundig an ihrem Äußeren, betraten selbstbewusst die Bühne, eroberten die Leinwand. Herkunft und Familie zählten wenig oder nichts im Vergleich zu Ausstrahlung und Talent. Überall sah Marlene junge Frauen, die ihre schmalen Körper selbstbewusst in kurze, locker sitzende Kleider ohne Taille hüllten. Fürs Büro oder die Universität wählten sie ein strenges Kostüm, kombiniert mit weißer Bluse und dunkler Krawatte. Abends trugen sie kurze Gesellschafts- oder Tanzkleider aus Seidenchiffon mit Stickereien, Pailletten, Glaselementen oder Fransen geschmückt und warfen echte oder falsche lange Perlenketten über den Rücken. Wärmen konnten sich die Tänzerinnen in den neuen, weit geschnittenen Mänteln. Auf die kleidungstechnischen Hürden der Mütter und Großmütter in Form von Haken und Ösen verzichteten sie ebenso wie auf das Korsett, das sie durch zarte BHs und Hemdhöschen ersetzten.

Der androgyne Körper galt als Ideal und musste trainiert oder mit Diäten geformt werden. Hatte das keinen Erfolg, gab es gegen die unerwünschten Rundungen Schlankheitspillen, chirurgische Eingriffe, gummierte Bandagen. Nachts löste der Pyjama das Nachthemd ab. Frau bestimmte selbst über ihren Körper und über ihre Moral, sagte einfach Ja oder Nein und schritt auf halbhohen Schuhen mit gekreuzten Riemchen oder T-förmigen Ristspangen durch ein eigenverantwortliches Leben. Das Gesicht betonte dramatisches Make-up, schwarz umrahmte Augen, zum Bogen gezupfte Brauen, dunkelrote Lippen, kreisrundes Rouge. Zum kurzen

Haar, dem Bob oder Bubikopf, passte die randlose, bis auf die Augen gezogene Cloche oder Glocke; praktisch, schlicht und der neuen Mobilität entsprechend. Frauen trugen sie in der Straßenbahn, beim Fahrrad- und Autofahren, abends mit leichten Federn, Perlenbändern oder Strass aufgewertet, hielt sie beim häufigen Wechsel der Bars und Lokale die Ohren warm. Die anliegende Form unterstrich perfekt die schmale Silhouette. Die Handtasche, neues Lieblingsaccessoire der Frauen, bot Raum für das selbst verdiente Geld, Zigarettenetui, Zigarettenspitze, Puderdose und Lippenstift. Alles an der Mode signalisierte Bewegung, Mobilität, Tempo, eine berufliche Kompetenz, die mit der der Männer rivalisierte. Unter den Linden, auf dem Kurfürstendamm und in der Friedrichstraße eröffneten noble Läden und Designateliers. Rund um den Hausvogteiplatz, wo die jüdischen Geschäftsmänner Herrmann Gerson und Valentin Manheimer Mitte des 19. Jahrhunderts die preiswerte Konfektion erfunden hatten, entstand der berühmte Berliner Chic. Zeitschriften thematisierten den Aufstiegswillen ihrer Leserinnen. Der Roman *La Garçonne* (1922) des französischen Autors Victor Margueritte beschrieb das Lebensgefühl einer Generation.[48]

Angesichts dieser Tatsachen musste eine Strategie her. Marlene wählte das Motto: Viel hilft viel. Mehr hilft mehr. Ihre Kollegin Grete Mosheim bemerkte bald, dass sie »die elegantesten Strümpfe und die schönsten hochhackigen Pumps trug (…). Sie brachte es fertig, schon morgens um sieben hinreißend auszusehen«.[49] Das dunkelblonde Haar, inzwischen kurz, umschmeichelte ohne Lack oder Pomade lockig Marlenes Gesicht. Auch ihre Figur blieb, trotz der aktuellen Flapper-Mode, kurvenreich. Sie aß gerne, das konnte jeder sehen.

Doch Marlene Dietrich wollte nicht Theater, Marlene Dietrich wollte nicht Revue, Marlene Dietrich wollte Film. Die Universum Film AG (Ufa), noch vor Kriegsende aus einem

Zusammenschluss mehrerer Filmfirmen gegründet, seit 1921 privatisiert und mit Erich Pommers Decla verschmolzen, produzierte aufwendige Filme, verkaufte sie gegen Devisen ins Ausland und nährte mit großen Studios in Neubabelsberg und Berlin-Tempelhof die Hoffnung auf ein deutsches Hollywood. Die künstlerisch anspruchsvollen Produktionen der Regisseure F.W. Murnau, G.W. Pabst, Ernst Lubitsch, Fritz Lang und Joe May genossen international hohes Prestige. Marlene nahm keine Drogen, sie trank nicht. Später wollten sich Kolleginnen daran erinnern, dass sie glaubte, mit ihrer Kleidung Skandal machen zu müssen, um weiterzukommen leuchtend rote Hüte mit langen Federn trug oder einen schwarzen Samtmantel.[50]

Für *Tragödie der Liebe,* ein vierteiliges Krimi-Melodram um eine französische Gräfin, mit Mia May und Emil Jannings in den Hauptrollen, produziert von dem Österreicher Joe May, suchte sein Regieassistent und Aufnahmeleiter im Frühjahr 1922 bei einem Casting im Deutschen Theater nach hübschen Mädchen. Halb Berlin stand daraufhin aufgebrezelt in einer langen Reihe. Marlene zog mit einem tief ausgeschnittenen Kleid, Pumps, Monokel und grasgrünen Handschuhen bis über die Ellbogen die Aufmerksamkeit auf sich und ergatterte eine kleine Rolle als Freundin eines Staatsanwalts.[51] »Rudolf Sieber erzählte immer, es seien diese grellgrünen Handschuhe gewesen, die seine Aufmerksamkeit auf das Mädchen lenkten, das seine Frau werden sollte«, schrieb Tochter Maria Riva später. »In diesem verrückten Kostüm sah sie lächerlich aus. Wie ein Kind, das sich als Erwachsene verkleidete!«[52] Auch Mia May erinnerte sich genau an Marlenes Talent und ihren Kleidungsstil: »Marlene war sehr amüsant und unterhaltsam, attraktiv und originell, kein Mann konnte ihr widerstehen. Überall erschien sie mit einem Monokel und einer Boa, gelegentlich auch mit fünf roten Fuchspelzen. (…) Auf den

Straßen Berlins wurde sie ständig von Leuten verfolgt, die über sie lachten, aber dennoch von ihr fasziniert waren; sie lieferte ihnen Gesprächsstoff.«[53]

Ganz brav als Zofe mit Häubchen zierte Marlene einen Kostümfilm der Europäischen Filmallianz über die erotischen Aktivitäten Jérôme Bonapartes, *So sind die Männer* (1923), unter der Regie von Georg Jacoby nach dem Drehbuch von Robert Liebmann, gedreht auf Schloss Wilhelmshöhe bei Kassel und in den Efa-Ateliers Berlin von Juni bis November 1922.[54] Sie sähe aus wie eine Kartoffel, beurteilte sie ihre Erscheinung später.[55]

Nach dieser Niederlage brachte Marlene Dietrich eine enorme Disziplin auf, die sie später kleinredete. Mit Elisabeth Bergner in der Titelpartie spielte sie ab Oktober 1922 in *Der Widerspenstigen Zähmung* von Shakespeare im Großen Schauspielhaus im 5. Akt eine Witwe, 42 Mal.[56] Auf dem Set von *Tragödie der Liebe* (1923) lernte sie Karl Gustav Vollmoeller kennen, Lyriker, Dramatiker, Schriftsteller und Übersetzer, Pionier des Stummfilms und Spross einer Stuttgarter Unternehmerfamilie, einer der großen Strategen im Hintergrund des internationalen Kulturbetriebs. »Frl. Dietrich!«, notierte der passionierte Talentsucher in sein Notizbuch.[57]

Kollege und Freund Hubert von Meyerinck (1896–1971) erinnerte sich detailliert an Marlenes Filmkostüm, entworfen von dem in Wien geborenen Ali Hubert: »... ein Sportkostüm. Einen ganz kurzen Rock, der damals Mode war, und eine kleine, knapp geschnittene Jacke. Einen tief in das Gesicht gestülpten Hut und im Auge ein Monokel.«[58] Sie selbst hatte nur Augen für den smarten, gut aussehenden blonden Mann, geboren im böhmischen Aussig, für seine Seidenhemden, seine Maßanzüge und sein Auto. Konnte er ihrer bis jetzt nur stockend vorankommenden Karriere weiterhelfen? War Rudi Sieber vielleicht sogar die große romantische Liebe? Hatte er die Güte, sie zu heiraten,

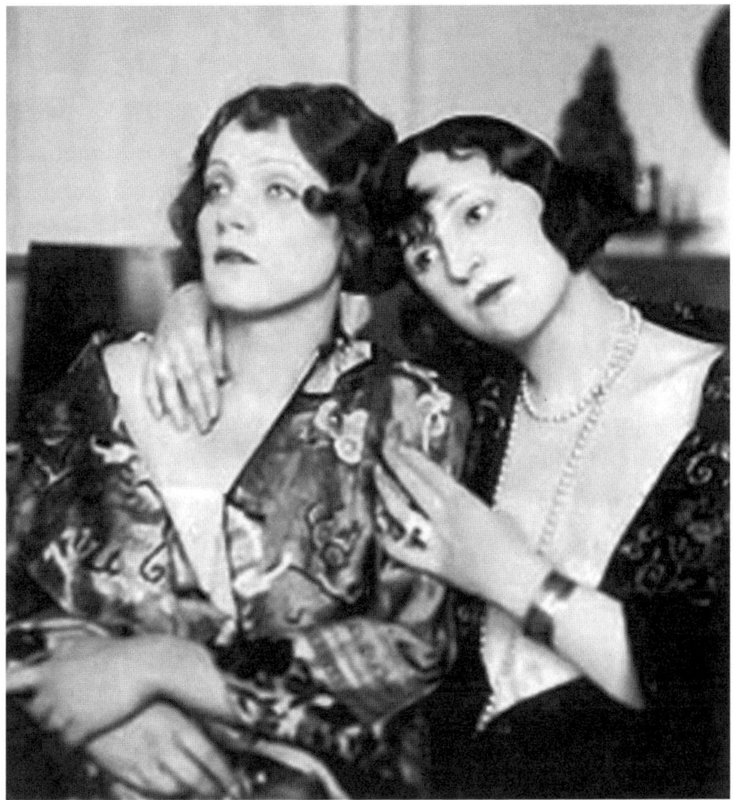

Marlene Dietrich und Resl Orla, 1923. Fotografiert von Emil Orlik

wie sie es sich bereits in Weimar gewünscht hatte, um dem Geigenspiel zu entkommen? Wo soll man nur den Mut hernehmen?

Während Marlene sich vielleicht diese Fragen stellte, stiegen die Preise für Grundnahrungsmittel in astronomische Höhen. Die Notierungen des Dollarkurses beherrschten die Nachrichten, erreichten Ende 1922 das Zehn- bis Hundertfache des Vorkriegsniveaus.

Von vielen Frauen umschwärmt, nahm Rudolf Emilian Sieber (1897–1976) das Leben leicht, entlobte sich von der Tochter Joe Mays und gab Marlene am 22. November 1922 ein

Heiratsversprechen.[59] Seine Verlobte agierte erstmals in zeitgenössischer Kleidung in einem Film.

Marlene wirkte ab dem 24. Januar 1923 in den Kammerspielen in *Der Kreis,* eine Komödie von W. Somerset Maugham, mit, gab ab Anfang Februar 1923 im Deutschen Theater in *Penthesilea,* einem Trauerspiel von Heinrich von Kleist, eine Hauptmännin und legte als Hippolyta in Shakespeares *Ein Sommernachtstraum* im Theater in der Königgrätzer Straße eine Rüstung an.[60] Unter der Regie und nach dem Drehbuch von Wilhelm Dieterle stand sie neben diesem als zweite Hauptfigur in der Tolstoi-Verfilmung *Der Mensch am Wege* (1923) mit gescheiteltem Haar, weißer Bluse, langem Rock und Schürze, gedreht von Ende April bis Mitte Mai 1923, in Schleswig vor der Kamera.[61]

Als Deutschland in die tiefste Krise fiel und auf den Höhepunkt der Inflation zustrebte, ein Theater nach dem anderen schließen musste, die Filmbranche ins Wanken geriet, heirateten Marlene Dietrich und Rudolf Sieber am 17. Mai 1923 in der Kaiser-Wilhelm-Gedächtniskirche. Die Braut, jetzt tschechoslowakische Staatsbürgerin, schritt in einem modernen, schlichten, weißen Kleid, das Schuhe und Strümpfe nicht verbarg, mit wehendem Schleier energisch ihrer Zukunft entgegen. Sie zog mit ihrem Mann in die Nassauische Straße 30 und unterschrieb den nächsten Theatervertrag.[62]

Von Ende Juli bis Anfang August 1923 drehte Marlene *Der Sprung ins Leben* (1924), einen Artistenfilm, produziert von Erich Pommer unter der Regie von Johannes Guter, nach dem Drehbuch von Franz Schulz, der später den Kassenschlager *Die Drei von der Tankstelle schrieb,* mit dem Heinz Rühmann seinen Durchbruch erlebte. Sie spielte ein Mädchen am Strand und ein Mädchen im Zirkus. Die Premiere fand am 4. Februar 1924 im Tauentzien-Palast statt.[63] Die deutsche Erstaufführung von *Tragödie der Liebe* lief im Oktober und November

1923 im *Ufa-Palast am Zoo*, während Marlene in einem Boulevardstück mitwirkte.[64]

Mitte November beendeten ein amerikanischer Kredit in Höhe von 800 Millionen Dollar und die Einführung der Rentenmark die galoppierende Inflation, doch die Konjunktur blieb geschwächt und das Leben für die meisten Menschen ziemlich trostlos. »Hungern dürfen die Mädels noch und noch, die Hauptsache ist, dass sie gut angezogen sind, denn sonst finden sie überhaupt keine Arbeit«, beschrieb die *Arbeiter-Illustrierte-Zeitung* das Dilemma.[65]

Eine Fotoserie aus der Theatersaison Herbst/Winter 1923/24 von Emil Orlik (1870–1932), Maler, Grafiker, Medailleur und Fotograf aus Böhmen, zeigt Marlene Dietrich mit sorgfältig geschminktem Gesicht und onduliertem Haar. Sie trägt einen traditionellen Kimono, knöchellang, T-förmig geschnitten, mit weiten Ärmeln, seit der Öffnung Japans im 19. Jahrhundert auch in Europa beliebt. Für den Fotografen dreht sie sich nach rechts und links ins Profil. Mal winkelt sie ein Bein an, mal sitzt sie ruhig und frontal vor der Kamera. Doch hinter ihr ist ein einfacher Stubenofen sichtbar, sie hat Wäsche zum Trocknen über die Möbel gebreitet. Eine zweite Fotoserie von Orlik zeigt Marlene gemeinsam mit der Kollegin Resl Orla (1889–1931) in einem anderen Kimono, kleinteiliger und starkfarbiger gemustert. Sie wirkt müde und erschöpft (siehe Seite 29).

Wie sie es sich sehnlichst gewünscht hatte, wurde Marlene schwanger. Sie zog sich aus dem Beruf zurück, trug knöchellange Kleider und stützte sich auf einen Gehstock. Am 13. Dezember 1924 kam ihre Tochter Maria Elisabeth zur Welt. Marlene wurde für Rudi zu Mutti und er für sie zu Papi oder Papilein. Die junge Familie lebte in der Nachbarschaft von Josefine von Losch, Kaiserallee 17. Ihre dritte und letzte gemeinsame Berliner Wohnung wird ab 1925 die Hausnummer 54 sein. Rudi Sieber stellte einen Antrag auf die deutsche Staatsbürgerschaft.[66]

Wenige Tage nach Marlenes Niederkunft betrat eine junge Schwedin mit Namen Greta Garbo (1905–1990) ein Studio in Babelsberg. Die große, blonde Naturschönheit mit dem makellosen Gesicht hatte im Alter von 18 Jahren in ihrer Heimat mit einer Hauptrolle in Selma Lagerlöfs *Gösta Berling* spektakuläres Aufsehen erregt. Nun begann sie, unter der Regie von G. W. Pabst *Die freudlose Gasse* (1925) zu drehen, ein Sozialdrama um Prostitution und Verweigerung, Ausbeutung und Gegenwehr. Danach wird sie an der Seite ihres Regisseurs Mauritz Stiller zu Louis B. Mayer nach Hollywood entschweben. Ganz Berlin redete darüber. Auch die junge Mutter und Ehefrau Marlene musste diese außergewöhnliche Erfolgsgeschichte zur Kenntnis nehmen.

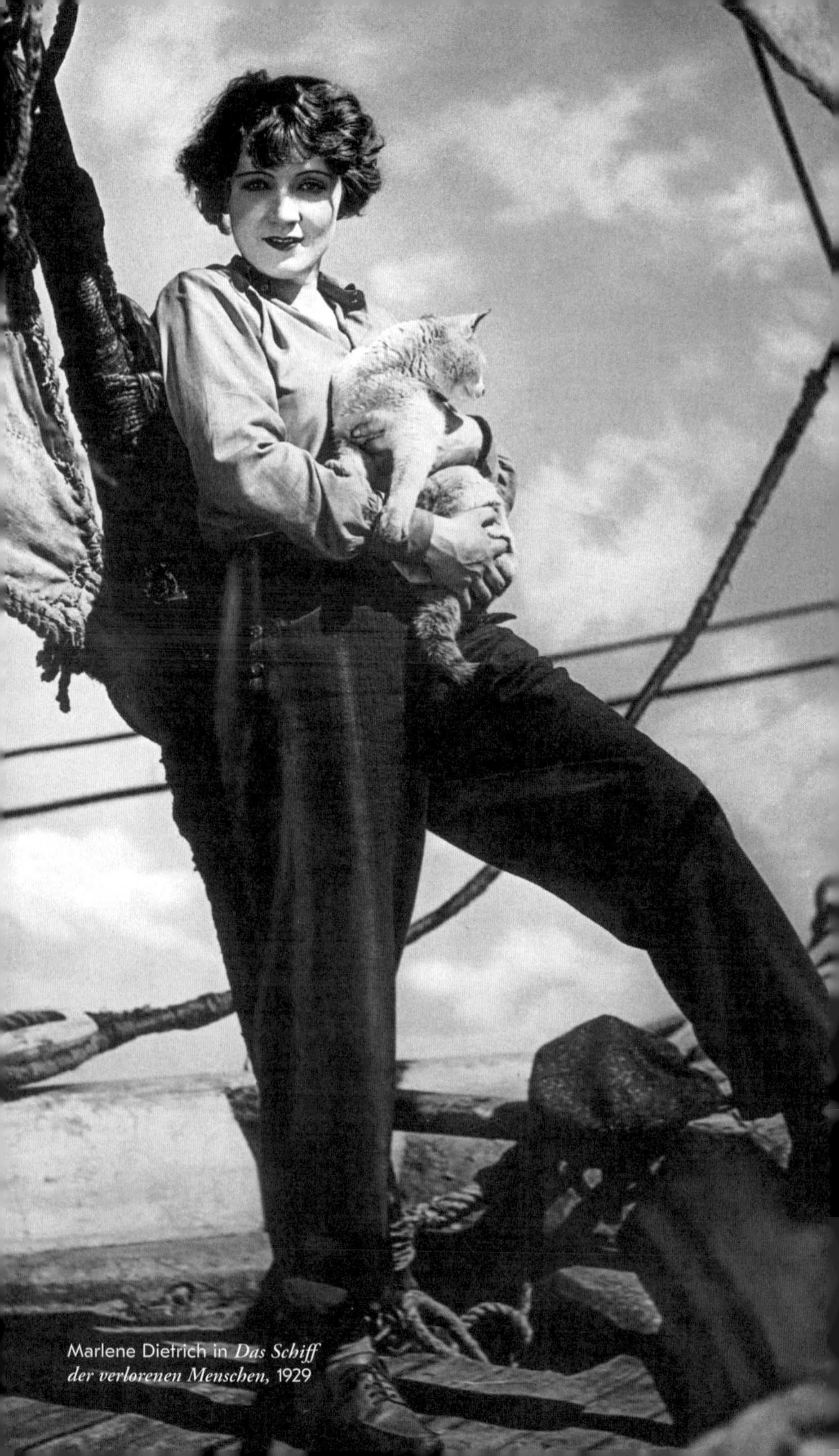

Marlene Dietrich in *Das Schiff der verlorenen Menschen*, 1929

AUF DER SUCHE NACH DEM EIGENEN STIL

Im Frühsommer 1925, zwei Jahre nach ihrer Hochzeit und ein halbes Jahr nach der Geburt ihrer Tochter, nahm Marlene Dietrich endgültig und für immer ihr Leben selbst in die Hand. Ihre Mutter kümmerte sich um Maria.

Die Konjunktur hatte sich erholt. Die Chancen für eine Karriere standen gut: 50 Theater, drei große Varietés und 75 Kleinkunstbühnen übertrafen sich wechselseitig. Die Ufa produzierte mehr Filme als alle anderen europäischen Studios zusammen. Zwei Millionen Menschen gingen in Deutschland täglich ins Kino.[1] Die Neue Sachlichkeit hinterfragte kühl den expressionistischen Rausch. Unterhaltung gab sich leicht, verschmolz mit Alltag und Kommerz; das Leben ein Fest, rund um die Uhr. Die *Frankfurter Zeitung* etablierte 1924 eine monatliche Sonderbeilage *Für die Frau.* Zeitschriften wie *Die Dame* und *Elegante Welt* informierten über die neuesten Modetrends.

Irmgard Keun lässt in ihrem Roman *Das kunstseidene Mädchen* (1932) stellvertretend für viele davon träumen, ein Glanz zu werden, mit weißem Auto und Badewasser, das nach Parfüm riecht; ein Glanz, der keinen Verlust erleidet und keine Verachtung erfährt. Marlene wollte ganz gewiss so ein Glanz werden, zu den Weimarer Superfrauen gehören, die Ehe, Mutterschaft und Karriere unter einen Hut brachten, selbstbewusst und eigenständig, die sich bei Sabri Mahir auf dem Kurfürstendamm im Boxen übten, wie die Bestsellerautorin Vicki Baum. Marlene wurde

Schönheit beginnt in dem Moment, in dem du entscheidest, du selbst zu sein.
Gabrielle Chanel

schnell, ausdauernd, lernte einzustecken und auszuteilen. Sie boxte sich durch – auch und gerade im beruflichen Alltag.

Während der Kleidersaum nur noch knapp das Knie bedeckte und Beine, Strümpfe und Schuhe in den Mittelpunkt des erotischen und modischen Fokus gelangten, trug Marlene ein Barockkostüm, um mit vielsagendem Blick hinterm Spitzenschleier in der aufwendigen Inszenierung von *Manon Lescaut* (1926) nach Antoine-François Prévost die zweite Hauptrolle der Hofdame Micheline zu spielen. Erich Pommer produzierte den Film von Juni bis Oktober 1925 für die Ufa, ausgestattet von Paul Leni.[2] Die »ungewöhnlich hübsche Marlene Dietrich« wollte die *B. Z. am Mittag* »gern bald wieder sehen«.[3] Die Hauptdarstellerin Lya de Putti rief ein Vertrag mit Paramount Pictures nach Hollywood. Dem Ehrgeiz waren also keine Grenzen gesetzt. Doch vorerst stand Marlene ab dem 25. November in George Bernard Shaws burlesker Entwicklungsgeschichte der Menschheit *Zurück zu Methusalem* im engen nudefarbenen Trikot als Eva erneut auf der Bühne des Theaters in der Königgrätzer Straße.[4] Für die Rolle an der Seite von Curt Goetz, Fritz Kortner, Rudolf Forster und Tilla Durieux hatte sie in einem kupferfarbenen Seidenkleid vorgesprochen, mit »einem Anflug von ›Feenhaftigkeit‹, der sie leicht geheimnisvoll machte«.[5]

Für *Duell am Lido,* ein elegant böses, zeitkritisches Boulevardstück in drei Akten von Hans J. Rehfisch, unter der Regie des berühmten Leopold Jessner im Schauspielhaus, stellte das Wiener Modellhaus Max Becker die Kostüme.[6] Marlene schlenderte im seidenen Overall mit Slippern an den Füßen und Monokel im Auge als Garçonne zwischen Neureichen und Hochstaplern durch eine Hotelhalle in Venedig. Nach der Premiere am 20. Februar 1926 wurde sie neben Lucie Mannheim und Fritz Kortner gut besprochen. Unter der Regie von Alexander Korda übernahm Marlene die Rolle einer Kokotte in dem Film *Eine Dubarry von heute* (1927) und drehte zwischen April und

August 1926 mit Hans Albers in Spanien und an der französischen Riviera.[7] Ihre Filmfigur ersteht ein neues Kleid, das aber noch geändert werden muss, und sieht es am selben Abend an der Verkäuferin in einem noblen Restaurant.[8] Marlene Dietrich erntete dafür Lob in der Presse. Einen pelzbesetzten Umhang, den sie im Film trug, soll sie behalten haben.[9]

Auf jede Rolle, sei es auf der Bühne, sei es im Film, sei es im Leben, wollte Marlene kostümtechnisch vorbereitet sein. Maria Riva berichtet über den legendären Kostümfundus ihrer Mutter: »Damals entwickelte sie die ungewohnte Gabe, die Kostüme ihrer verschiedenen Rollen in ihren Privatbesitz übergehen zu lassen. Gefiel sich Marlene Dietrich in einem Kleid, das sie vielleicht in einer winzigen Rolle als Gast einer Abendgesellschaft zu tragen hatte, landete es mit Sicherheit statt im Theaterfundus in ihrem Kleiderschrank. (...) Marlene hortete alles, zum Beispiel Handschuhe, und zwar für jede denkbare Rolle. (...) Sie besaß Schals und Boas in allen erdenklichen Farben, Materialien und Längen. Dutzende von Handtaschen nannte sie ihr Eigen, eine wesentliche Requisite, die sofort Aufschluss über den gesellschaftlichen Status und den Charakter ihrer Besitzerin gibt. Und Hüte? Lieber Gott, hatte sie Hüte!«[10] Das vollkommene Gesicht für diese Leidenschaft hatte Marlene Dietrich allemal, es kam unter einer breiten Krempe ebenso gut zur Geltung wie unter einer schmalhohen Kappe.

Ein erster Durchbruch gelang Marlene Dietrich als Sängerin in *Von Mund zu Mund,* einer Revue von Erik Charell im Großen Schauspielhaus, in der fünf schlafende Kinder im Garten Eden von ihrer Zukunft träumen und später davon berichten, wie es nach dem Sündenfall weiterging.[11]

Marlene sprang für Erika Glässner als Commère ein. Claire Waldoff (1884–1957), seit 1906 ausschließlich in männlicher Kleidung an der Seite von Frauen auf der Bühne und bekennende Lesbe, gehörte zur Besetzung. Waldoff war Berlin, genauer das weibliche Berlin: schlecht geheizte Hinterhäuser mit den durchgetretenen Stiegen, klammes Bettzeug, der Kampf mit Männern, die das Geld vertranken, aber auch Streuselkuchen beim Sonntagausflug und Kuss auf die Backe von den Kleenen. Sie hatte Witz, agierte verwegen und politisch. Marlene begann, ihre Stimme unterkühlt und rau wirken zu lassen, und verinnerlichte ein neues Motto: weniger ist mehr, und ich bin ich. Die opulenten Kostüme und Dekorationen des Stücks stammten von Ernst Stern und Walter Trier, der auch die genialen Illustrationen zu den Kinderbüchern von Erich Kästner schuf.

Hubert von Meyerinck sah Marlene bei der Premiere am 1. September 1926 im leuchtend gelben Kleid mit langer Schleppe und rosenroten Rüschen am Hals mit ihren »sinnlich erregenden Beinen« aufreizend langsam von einer Seite der Bühne zur anderen schreiten.[12] Allen blieb der Mund offen stehen. Jetzt war sie erstmals da, ihre berühmte distanzierte Erotik, ihre spezielle Aura des Geheimnisvollen, die Marke Marlene Dietrich. Während Marlene derart auf der Bühne überzeugte, fühlte ihr Mann sich zu der russischen Tänzerin Tamara Matul (1905–1965) hingezogen, die ebenfalls in der Revue auftrat.[13]

Bald raunten die Berliner von einer Affäre zwischen Dietrich und Waldoff. Als Claire sich anerkennend über Marlenes Beine äußerte, steckten diese in Strümpfen der Firma J. P. Bemberg AG, hergestellt aus Kunstseide, auch für die viel zitierten Mädchen aus der Konfektion erschwinglich. Die Firmenwerbung durchzog das gesamte Programmheft.[14] Marlene Dietrich posierte für Fotos mit den Strümpfen, trug dazu Wäsche aus Charmeuse, einem ebenfalls aus der neuen Faser gewirkten Trikotstoff.[15]

Trotz ihres Erfolges fühlte sich Marlene nicht glücklich. Am 18. Oktober 1926 klagte sie im Tagebuch über ihre Ehe: »Die Lücke, die hier ist, ist nicht auszufüllen. Es ist zu viel geschehen inzwischen.« Bei Durchsicht ihrer Eintragungen vermisste sie den früheren Überschwang der Gefühle und konstatierte, sie habe nichts als das Kind und hänge deshalb so sehr an ihm. Sie selbst erlebe nichts. »Als Frau nichts und als Mensch nichts.« Immer wieder durchlitt Marlene Dietrich solche Phasen der Depression. Mitte der Zwanzigerjahre plagten sie sogar Todesahnungen.[16]

Zur Kompensation stürzte sie sich ins nächtliche Vergnügen. Homosexuelle Kollegen nahmen sie mit in Schwulenlokale, von denen es dank einer toleranten Polizeidirektion seit der Jahrhundertwende in Berlin mehr gab als überall sonst in Europa; im alten Zentrum, im Scheunenviertel und südlich vom Spittelmarkt. Das berühmte Eldorado mit zwei Tanzlokalen in der Martin-Luther-Straße und Motzstraße, bald bevorzugter Treffpunkt Marlenes, richtete sich mit seinen Travestie-Shows auch an Heterosexuelle. In der Silhouette mischte sie sich unter die Jünglinge in Frauenkleidern. Die lesbische Szene blühte im berüchtigten Bermuda-Dreieck.[17] Im Toppkeller in einem Hinterhof der Schwerinstraße schwofte Marlene mit Claire im maßgeschneiderten Frack mit Zylinder auf den zurückgestrichenen Locken zwischen Bierbänken und -tischen.

Im König der feierlichen Kleidung für Männer, dem großen Gesellschaftsanzug, betörte sie Kolleginnen, Geschäftsfrauen, Akademikerinnen, kleine Angestellte, höhere Töchter und gelangweilte Ehefrauen. Sie konnte forsch sein, schönen Frauen schöne Augen machen oder sich anschmachten lassen. Sie führte beim Tanzen, verwandelte sich spielerisch in einen erwachsenen Paul: lässig, unaufgeregt, stark. Alle Aktivität und Initiative lagen auf ihrer Seite. Verlangen, verführen, eine Sinnlichkeit, die für sich selbst steht. Marlene übte die männliche Bewegung, Allüre, Macht und konnte die Frauen so behandeln, wie sie als Frau wusste, dass eine Frau behandelt werden wollte.

Die Berliner Nachtclubszene tolerierte das Tragen von Hosen bei Frauen und das Tragen von Kleidern bei Männern bzw. bezog ihre besondere Attraktivität daraus. Für Menschen, bei denen der Wunsch nach einem Kleidertausch sexueller Natur war und existenzielle Formen annahm, hatte der Arzt Magnus Hirschfeld, Gründer des Instituts für Sexualwissenschaft, 1922 eine Regelung erwirkt, die erlaubte, Männern und Frauen nach Vorlage einer ärztlichen Bestätigung, polizeiliche Ausweise auszustellen – bekannt als Transvestiten-Scheine, die sie vor Verhaftung und Bestrafung schützten.[18] Hosen waren Mitte der Zwanzigerjahre also auch in Berlin noch nicht unstreitig im weiblichen Alltag angekommen.[19]

Doch Marlene erregte angeblich auch Aufsehen zwischen Frauen in Herrenanzügen, Uniformjacken, Matrosenanzügen, mit kurzen Haaren und Krawatten, wenn sie im Abendkleid Tango tanzte.[20]

Während Marlene Dietrich sich nicht nur kleidungstechnisch ausprobierte, entwarf die unbeirrbare Gabrielle Chanel ein Kleid, das Frau den ganzen Tag und am Abend tragen konnte, ohne over- bzw. underdressed zu wirken. Ein Kleid also, das sich seiner Trägerin anpasste, nicht umgekehrt. Dafür übertrug Chanel die Prinzipien der männlichen Mode auf die weibliche: Autorität, Qualität, Proportion. Sie entwarf das Pendant zum schwarzen Anzug der Dandys bzw. zum Frack, ein Kleid aus schwarzem Crêpe de Chine, kniebedeckend, mit engen langen Ärmeln, vorne plissiert, lose wie ein Blouson, im Rücken straff gehalten. Eine frei bespielbare Fläche für seine Trägerin: Sie konnte es mit Schmuck aufwerten oder aber mit ihrem Gesicht. Mit dem Kleinen Schwarzen wurde die Damenmode modern, zeitlos, abstrakt. Die amerikanische *Vogue* nannte es nach dem populären Automobil Chanel Ford. Das kreative Potenzial dieses Kleides wird die Designer nicht mehr loslassen. Gabrielle Chanels Credo, demzufolge Mode vergänglich ist, Stil niemals, erfüllte sich.

Eine Französin mit Cloche und Monokel gab Marlene in *Kopf hoch, Charly* (1927), einem Filmlustspiel über die Moral oder Unmoral der Jazz-Ära nach einem Illustrierten-Roman im September 1926 in den Efa-Ateliers und bei Außenaufnahmen.[21] Ihre einzige Komparsinnenrolle spielte Marlene als Tänzerin in *Madame wünscht keine Kinder* (1926). Der im Oktober und November 1926 gedrehte Film um drei tanzwütige Damen mit Harry Liedtke, Maria Korda und Trude Hesterberg unter der Regie von Alexander Korda wurde ein internationaler Komödienerfolg.[22] Als Tochter Sophie versuchte sie an der Seite von Trude Hesterberg und Reinhold Schünzel zur gleichen Zeit in den Ufa-Ateliers in der stummen, volkstümlich-biederen Operettenverfilmung *Der Juxbaron* (1927) nach Walter Kollo, sich einen reichen Ehemann zu angeln, und verfällt einem Landstreicher. Wieder trug Marlene Monokel, zeigte viel Bein, legte den Kopf schief, lief quer durch den Raum, sang und spielte Klavier.[23] Gezeigt wurde all das erstmals am 4. März 1927 im Mozartsaal. Der Film erfreute die Kinobetreiber, wurde aber von der Kritik einhellig abgelehnt. Da gereichte es Marlene vielleicht zum Trost, dass sie im *Lexikon des Films,* herausgegeben von Egon Jacobsohn und Kurt Mühsam, 1926 unter dem Titel *Wie ich zum Film kam,* erschienen im Verlag der Lichtbildbühne, vertreten war.

Am 9. November 1926 hatte Adolf Hitler Joseph Goebbels zum Gauleiter von Berlin-Brandenburg ernannt. Der straffte die Parteiorganisation und brachte die NSDAP mit Zeitungsberichten, Versammlungen, Aufmärschen, Saal- und Straßenschlachten sowie Ausschreitungen gegen jüdische Bürger ins Bewusstsein der Öffentlichkeit. Berlin begann sich zu verändern.

Rudi Sieber arbeitete seit Anfang 1927 als Regieassistent bei Harry Piel, Schauspieler, Regisseur und Produzent in einer Person. In *Sein größter Bluff* (1927), produziert vom 24. Januar bis Ende Februar 1927, trat Piel gar in einer Doppelrolle auf. Marlene spielt im modisch kniefrei kurzen Kleid, pelzverbrämtem Brokatabendmantel und breitkrempigem Hut die Juwelendiebin Yvette.[24] Nach der Premiere im Alhambra-Palast in Berlin lobte ein Kritiker: »Marlene Dietrich und Lotte Lorring zeigen sich, in den weiblichen Hauptrollen, mit viel Charme von teils verworfener, teils naiver Seite.«[25] Andere disqualifizierten Marlene als »ganz unmöglich«.[26]

Hilfe kam von Betty Stern, Berlins umtriebiger Netzwerkerin bei der Förderung junger Künstler, Literaten, Schauspieler und Journalisten. Wer nicht zu ihren legendären Donnerstagstees eingeladen war, so das Ondit, konnte es in Berlin zu nichts bringen. Für Marlene soll Betty Kontakte nach Wien hergestellt haben.[27] Neue Stadt, neue Chance. Marlene Dietrich reiste an die Donau.

Dort wollte sie alles anders und besser machen als an der Spree und ließ sich mehrfach im exklusiven Atelier der berühmten Madame d'Ora fotografieren, inzwischen geführt von Arthur Benda. Bestimmt waren die Aufnahmen für verschiedene Branchenjournale. Für die *Wiener Theaterbilder* hüllt sie sich als »der neue Operettenstar, der demnächst in den Wiener Kammerspielen debütieren wird«, in einen kostbaren Abendmantel mit großem Pelzkragen à la Paul Poiret, Paris oder Liberty & Co., London.[28] Hatte der Mantel ihre Darbietung in *Sein größter Bluff* in keiner Weise retten können, schmiegt sie sich jetzt in ihn hinein, steht schlank, elegant, kostbar da, strahlt die Aura von Geheimnis und Distanz aus, an der sie lange gearbeitet hatte: das Verbergen und das Vorzeigen, die Quintessenz erotischer Spannung, Marlene beherrscht den Mantel und seine Möglichkeiten, trägt ihn, als wäre er für sie gemacht.

Den Wiener Willi Forst (1903–1980) kannte Marlene bereits aus Berlin, wo er seit 1925 als lyrischer Tenor am Metropoltheater sang und sich häufig bei Betty Stern einfand. Jetzt zeigte er ihr seine Stadt, sie verliebten sich ineinander, und Marlene verliebte sich in Wien. Forst, selber im Zweifel über seine Begabung, vermittelte ihr nicht nur das lang entbehrte Gefühl unbedingter Anbetung als Frau, sondern auch die Chance auf eine Hauptrolle in *Café Elektric* (1927), einem Film nach dem Theaterstück *Die Liebesbörse* von Felix Fischer, für den er bereits als männlicher Hauptdarsteller engagiert war. Regie führte Gustav Ucicky bei Sascha Film Wien unter Sascha Kolowrat-Krakowsky. In der Erinnerung des damaligen Regieassistenten Karl Hartl erschien Marlene zum Vorsprechtermin in einem roten Kostüm und einem »Topfhut« auf dem Kopf. Schüchtern und unbeholfen soll sie gewesen sein, wenig fotogen.[29] Doch Willi Forst setzte sie durch. Igo Sym brachte ihr das Spiel auf der singenden Säge bei und schenkte ihr zum Abschied ein Exemplar. Marlene machte auch Bekanntschaft mit dem Drehbuchautor Walter Reisch, der später in Hollywood für Billy Wilder und Ernst Lubitsch arbeitete.[30]

Am 16. September 1927 stand das Girl vom Kurfürstendamm in dem Kriminalstück *Broadway* von Philip Dunning und George Abbott an der Seite von Harald Paulsen und Peter Lorre als Girl Ruby auf der Bühne der Kammerspiele.[31] Sie trug ein kurzes schwarzes Halterneck-Kleid mit langem Schlitz auf einer Seite und erschoss in einem Club am Times Square einen Mann. Der Wiener Kritikerpapst Alfred Polgar war hingerissen.[32] Das Stück wurde ein großer Erfolg, Marlene zum Liebling des Publikums. Nur vier Tage nach der Premiere von *Broadway* stand sie wieder in den Kammerspielen auf der Bühne, diesmal in *Wenn man zu dritt*.[33]

Ort der Handlung und des Verderbens in Marlene Dietrichs erstem und einzigem Wiener Film ist ein Caféhaus, in dem zu dramatischer Klaviermusik Männer jungen Mädchen nachstellen, Mädchen mit Mädchen tanzen und Mädchen ihren Körper verkaufen. Marlene spielt Erni Göttlinger im dunklen Abendmantel zu kleinem Hut, modernem Chanel-Cardigan bzw. Jumper-Kostüm aus Jersey mit tiefer Taille und gerader Silhouette und geht mit dem zwielichtigen Ferdl alias Willi Forst im Satinkostüm zum Black Bottom auf die Tanzfläche, wirbelt erotisch Knie an Knie mit ihm herum und lässt sich küssen. Natürlich verfällt sie ihm, natürlich nimmt das kein gutes Ende.

Die Dreharbeiten im Spätsommer hatte die Wiener Presse mit Interesse begleitet, Marlenes Tanz mit Willi Forst und die dafür nötigen, komplizierten Kamerafahrten ausführlich dargestellt. Das perfekt miteinander harmonierende Paar sollte den Erfolg forcieren.[34] Am 25. November 1927 lief *Café Elektric* in zwölf Kinos an und brachte Marlene gute Kritiken. Sie selbst hatte einen Artikel geschrieben: »Man darf nicht nein sagen. (Beim Film meine ich natürlich.) Man muss sich zu allem bereit erklären, man muss einfach alles können, sonst zählt man nicht mit. Denn um den ersehnten Weg zum Film zu finden, gehört nicht nur, wie man allgemein annimmt, Talent, gutes Aussehen und Glück, sondern auch (und nicht zu wenig) Frechheit. Ich selbst habe es ausprobiert, und ich muss sagen, dass ich mich von der Richtigkeit dieser Theorie überzeugen konnte.«[35] Berlin nahm den Film unter dem moraltriefenden Titel *Wenn ein Weib den Weg verliert* am 22. März 1928 verhalten auf.[36] »Marlene Dietrich charakterisiert ein verderbtes Haustöchterchen gut. Willi Forst als Mörder und Zuhälter zeigt die beste Leistung.«[37]

Doch noch weilte Marlene in Wien, trat seit dem 28. November 1927 mit der Vollmoeller-Geliebten Ruth Landshoff in schlichter Sportkleidung am Theater in der Josefstadt in dem Lustspiel *Die Schule von Uznach oder Neue Sachlichkeit* von Carl Sternheim auf. Das Lustspiel hatte Erfolg und wurde am 30. November von Felix Salten in der *Freien Wiener Presse* besprochen: »Von den Mädchen war Marlene Dietrich dem Äußeren nach am ehrlichsten der Typ, der gezeigt werden soll: schöne, triebhafte Weibsjugend, die gedankenlos plappert.«[38] Sternheims Tochter Dorothea, genannt Mopsa, hatte die Kostüme entworfen.[39]

In ihre Heimatstadt kehrte Marlene im März 1928 zurück und musste feststellen, dass niemand sie vermisst hatte. Tamara

Matul kümmerte sich nicht nur rührend um Maria, sondern war mit Rudi Sieber eine feste Beziehung eingegangen. Für Marlene gab es kein wirkliches Zurück zu ihrer Familie. Ein Trost: Willi Forst blieb dank eines Engagements am Deutschen Theater an ihrer Seite. Zunächst werden sie unzertrennlich sein, dann wird er Marlene lange in sehnsuchtsvollen Briefen nachtrauern.[40]

Um beruflich voranzukommen, engagierte Marlene Dietrich einen Agenten.[41] Ab dem 9. März 1928 wirkte sie in der Berliner Inszenierung von *Broadway* im Komödienhaus am Schiffbauerdamm in gestreiften Shorts, glitzernder Bluse und weißem Turban mit. Auch hier hatte sie eine Soloszene, legte sich langsam auf den Boden, hob das eine, dann das andere Bein und bewegte sie dann träge in der Luft.[42] Weniger ist mehr. Zwei Wochen später brach sich Marlene den Arm, winkelte ihn an, band ihn mit einem Chiffonschal an den Körper und tanzte weiter.

Berlin befand sich kurz vor der Weltwirtschaftskrise in einem hektischen Taumel aus bislang unbekannter Libertinage und Amüsierwut, Massenarbeitslosigkeit und aufsteigendem Naziterror. Freiheit oder Diktatur, wohin würde die Reise gehen? Marlene eroberte einen Part in einer literarischen Revue im Stil der neuen Sachlichkeit von Erik Charell und Mischa Spoliansky, in der Robert Forster-Larrinaga Regie führte. Ihn kannte sie aus dem Kinoorchester von Giovanni Becce, ihm verdankte sie diese Chance. *Es liegt in der Luft*[43] spielt in einem Kaufhaus. Als eine von fünf Schauspielern trat Marlene in beiden Akten, begleitet von einer kleinen Band, in den Episoden *Reste, Scherzartikel, Weiße Woche, Nippes, Musikalien* und *Sportabteilung* auf. Hubert von Meyerinck stand mit ihr beim *Kleptomanen*-Song auf der Bühne: »Du trugst ein grünes Kleid, Marlene, es war aus glatt fließendem Seidenpanne, eng anliegend. Ein schwarzer kleiner Hut krönte Dein blondes Haar, und rote Fuchsschwänze lagen um Deine Schultern. Die Hände in halblangen schwarzen Handschuhen glitzerten unter dem Strahlen großer Strass-Armbänder.«[44]

Berühmtheit erlangte *Sisters* mit der prominenten Margo Lion (1899–1989), Verlobte des Autors und Komponisten Marcellus Schiffer, mondän, abgründig, umjubelt. Seit der Premiere am 15. Mai 1928 in der Komödie am Kurfürstendamm sangen sie »Wenn die beste Freundin mit der besten Freundin«. Beide trugen hochhackige Pumps, weite dunkle Tüllröcke zu engem Satinoberteil, geschmückt mit einem Blumensträußchen auf der Schulter. Auf ihren Köpfen saßen breitkrempige Hüte, über der Stirn nach oben geschlagen. Die Kostüme stammten von der in Berlin geborenen Malerin, Illustratorin und Modegrafikerin Dörte Clara Wolff, genannt Dodo.[45] Oskar Karlweis durfte der Mann sein, der schließlich zwischen sie trat. Marlene Dietrich nahm ihre ersten beiden Songs auf Platte auf und warb wieder für Strümpfe, dieses Mal der Marke Etam. Ganz Berlin kannte sie nun – trällerte und summte ihr Lied. Eine amerikanische Zeitung veröffentlichte das erste Foto von ihr.[46]

In der Verwechslungskomödie *Prinzessin Olala* (1928) um einen liebesunerfahrenen Prinzen in Paris erhielt Marlene die Rolle der Chichotte de Gastoné unter der Regie des aus Österreich-Ungarn stammenden Regisseurs Robert Land, wieder nach dem Drehbuch von Franz Schulz. Im Sommer 1928 zeigte sie sich an der Seite eines schurkenhaften Hans Albers in viel weißem Tüll, einem langen Morgenrock aus Spitze plus Pantöffelchen mit Schwanenfedernbesatz. Beides hatte sie bereits in *Wenn man zu dritt* getragen. Von der handbemalten, seidenen Kimonojacke mit grafischen Mustern in Gold, Rot und leuchtendem Blau auf schwarzem Grund hat sie sich nicht getrennt.[47]

Ein »Garbo-Ereignis«, jubelte die Kritik nach der Premiere am 5. September 1928 im Ufa-Theater am Kurfürstendamm.[48] Das war als großes Kompliment gemeint, hatte die schwedische Schauspielerin sich inzwischen doch mit *Fluten der Leidenschaft*

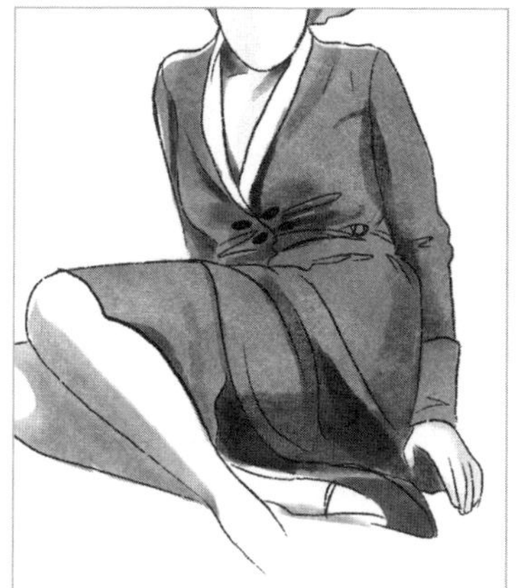

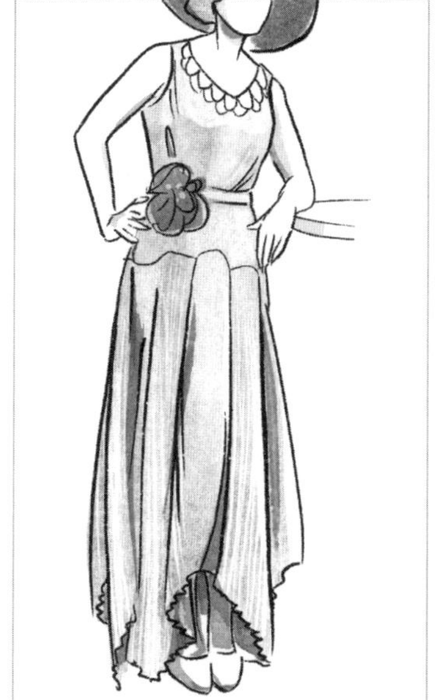

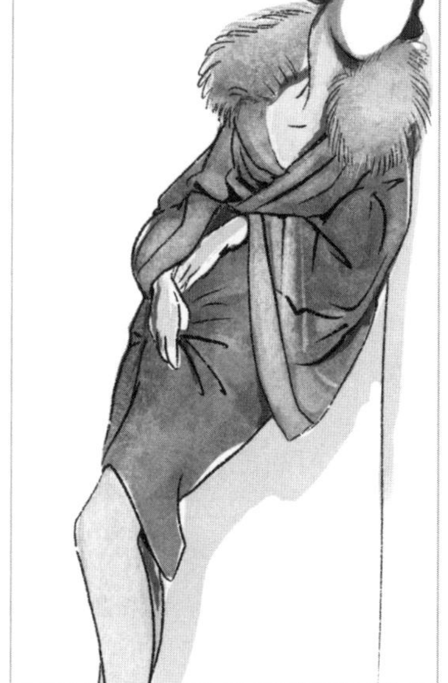

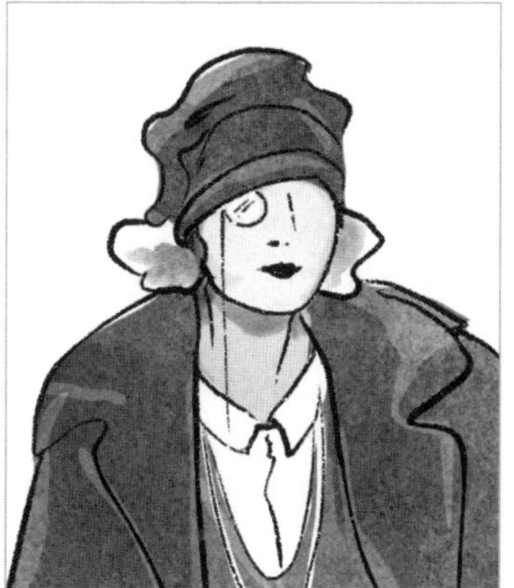

Die Zwanzigerjahre gaben sich nach den Schrecken des Ersten Weltkriegs jung, wild, sportlich, lebenslustig. Kurze Röcke, Bubikopf, zarte Dessous, Schuhe mit Fesselriemchen und enge Kappen gaben den Frauen die dazu nötige Freiheit. Marlene Dietrich war auf den Theaterbühnen und in den Filmstudios präsent. Das Monokel und ein betont verhaltenes Spiel gehörten zu ihr. Sie schmiegte sich in einen prachtvollen Abendmantel und überzeugte in ***Die Frau, nach der man sich sehnt*** im schlichten Kleid. Josef von Sternberg sah sie zum ersten Mal in ***Zwei Krawatten,*** in Weiß und Lang.

und *Dämon Weib* als die Femme fatale schlechthin etabliert. Axel Eggebrecht schwärmte im *Montag-Morgen* von Marlene: »Bewegungen von einer selbstverständlichen erotischen Spannung und Fülle, wie wir sie sonst resigniert an manchen Amerikanerinnen bewundern. Eine ganze Generation leerlaufender Verführungsdamen kann durch diese Schauspielerin entthront werden, wenn sie in die Hände kluger, unängstlicher Regisseure kommt.«[49] Der *Film-Kurier* schlug sie Georg Wilhelm Pabst sogar als Besetzung der Lulu für *Die Büchse der Pandora* vor.[50] Die Erfolgreiche ließ sich im Filmmorgenmantel und Pantöffelchen mit ihrem neuen Automobil fotografieren.

Während Pabst sich für Louise Brooks, berühmtes Flapper-Girl mit lackschwarzem Pagenkopf, als Lulu entschied, zog Marlene in *Eltern und Kinder* von George Bernard Shaw ab dem 12. September 1928 in der Komödie Berlin 75-mal neben Heinz Rühmann die Aufmerksamkeit auf sich.[51] Sie rauchte in der Erinnerung ihrer Kollegin Lili Darvas »eine Zigarette – sehr langsam und sexy –, und die Zuschauer vergaßen darüber die anderen Schauspieler. Ihre Pose war so natürlich, ihre Stimme so melodiös, ihre Gestik so knapp, dass sie das Publikum faszinierte wie ein Gemälde von Modigliani«.[52] Die Presse, wenn sie sich nicht auf die Erwähnung ihrer Beine beschränkte, verglich sie wieder mit Garbo, trotz Faltenröckchens.

Der Film *Ich küsse Ihre Hand, Madame* (1929), unter der Regie von Robert Land, in den Efa-Studios Berlin und in Paris gedreht, präsentierte Marlene am 17. Januar 1929 im Tauentzienpalast als reiche geschiedene Pariserin elegant und feminin im edlen schwarzen Satinkostüm, kragenloser Jacke und Ärmelstulpen mit weißem Pelz besetzt oder in einem ärmellosen Abendkleid mit Kelchkragen in der weiblichen Hauptrolle neben Harry Liedtke als Gardeoffizier des Zaren, der sein Exil durch Kellnern finanzieren muss.[53] Richard Tauber sang eine kurze Tonspur mit dem gleichnamigen Tango.

Der 30 Jahre alte Regisseur Kurt Bernhardt (1899–1981) hatte Marlene endlich für die Kamera entdeckt. »Im Übrigen ist dies der beste deutsche Film seit langer Zeit. Reservierter kann man nicht sein in seinen künstlerischen Mitteln als Marlene Dietrich, wohltuender Gegensatz zu allen neckischen Badeszenen und sonstiger unzulänglicher Pornografie.«[54] Auch Kritiker, die den Film nicht mochten, mochten sie: »Bemerkenswert allein Marlene Dietrich, deren kühle, damenhafte Erscheinung den Beweis einer ungewöhnlichen Filmbegabung liefert.«[55] Der *Hamburger Anzeiger* frohlockte: »Und dann, was den Film endgültig und unwiderruflich pikant macht: Er präsentiert einen neuen Frauentyp, eine Mittelblondine mit etwas müdem Augenlid und schönem Frauenmund: Marlene Dietrich. Sie ist schlechthin Madame, der die Hand geküsst wird. (…) Erotik und doch Stil haben, Madame sein und doch durchbrennen können, das ist der neue Typ.«[56] Plötzlich wurde die beschworene Ähnlichkeit mit Greta Garbo moniert: »Warum (…) malt man [ihr] die Frisur der Schwedin an, warum steckt man sie in die Kleider der Garbo? (…) Warum sucht man nicht die Persönlichkeit dieser Frau, anstatt ihr eine fremde aufzuzwingen?«[57] Auf Pressefotos küsst Marlene, in Umkehrung des Filmtitels, Richard Tauber und Harry Liedtke vergnügt die Hand.

All das geschah, während Erich Maria Remarques Antikriegsroman *Im Westen nichts Neues,* seit November 1928 vorabveröffentlicht in der *Vosseschen Zeitung,* die politische Stimmung in der Stadt dramatisch aufheizte. Marlene wird das Buch erst nach ihrer Ankunft in Hollywood lesen. In *Die Frau, nach der man sich sehnt* (1929) nach dem Roman des Kafka-Freunds Max Brod spielt sie Stascha, die Geliebte des deutlich älteren Fritz Kortner, verliebt sich in einen jungen Mann, der mit einer Heirat den Bankrott der väterlichen Firma verhindern soll. Doch die Rebellion der jüngeren gegen die ältere Generation muss scheitern.

Marlene trug ein asymmetrisch geschlossenes Abendkleid, ganz Art déco, mit Ärmelstulpen und eng anliegender Kappe. Ein Glanz, kein Zweifel! In Erinnerung bleibt das schlichte, zweireihige Tageskleid mit tiefem weißem Schalkragen, das die Konzentration auf ihr Gesicht lenkte. Mit diesem Kleid schaffte sie es nach der Erstvorführung am 29. April 1929 im Mozartsaal[58] auf die Titelseite von *Kinematograph*. Kurt Bernhardt hatte sie dieses Mal emotional und geheimnisvoll, gleichzeitig entrückt und nah inszeniert, hinter durchsichtigen Vorhängen und vereisten Fensterscheiben, ein Traum. Später formulierte er es so: »Es war eine erotische Atmosphäre um sie, die ich an keiner anderen Schauspielerin in diesen Jahren feststellen konnte (...) Sie spielte die Rolle mit Hingabe und vielen Verzögerungen.«[59]

Die konzentriert und verhalten agierende Marlene überzeugte das Publikum. »Lasst Frauen sprechen! – ›Die ist ja süüß‹ – spitzen sich ihre Lippen, wenn sie im Foyer vor Marlene Dietrichs Bildnis stehen. Und die Männer schließen sich schweigend diesem zwar schlicht und kunstlos, aber durchaus trefflich formulierten Urteil an.«[60] Die Filmkritikerin Lotte Eisner lobte Marlene, »die geheimnisvoll traurig im Eisenbahncoupé auftaucht (...) reizvoll in ihrer Mischung von geheimnisvollem Tun und seltsamer Passivität, das schöne Gesicht von Trauer überschattet«.[61]

Während viele berufstätige Frauen unter der sich zuspitzenden Wirtschaftskrise litten oder ihre Arbeit verloren, andere für die Änderung des § 218 demonstrierten, schien Marlene auf die Rolle der reichen, extravagant gekleideten Müßiggängerin festgelegt, eine Frau, die sich ihre Männer aussuchte, in Tanzdielen, Hotelbars, in der Eisenbahn, immer auf der Jagd nach mondänen Abenteuern.

Anders ihre Rolle in Maurice Tourneurs (1873–1961) *Das Schiff der verlorenen Menschen* (1929), in der ersten Hälfte des Jahres 1929 aufwendig und teuer für den internationalen

Markt in Staaken und an der Ostsee produziert. Marlene stürzt als wagemutige amerikanische Pilotin über dem Ozean ab und wird an Bord eines Schiffs von einem attraktiven Architekten, in den sie sich verliebt, und einem herzensguten Koch aus ihrer Ledermontur geschält.[62] Vor allem aber sind es die übergroße Hose und das weite Hemd des Geliebten, der Boyfriend-Look, in dem sie hinreißend aussieht (siehe Seite 34). In Berlin war die Hose bei intellektuellen Frauen möglich, in Lesbenklubs ein Muss, auf internationalem Parkett in eleganten Kreisen beim Sport erlaubt. Gabrielle Chanel trug weite Hosen mit hohem Bund zu engen Pullovern und üppigem Schmuck. Die Ära der androgynen Mode hatte unwiderruflich begonnen.

Auf den Plakaten zu *Das Schiff der verlorenen Menschen* stand Marlene Dietrichs Name vor dem ihres Filmpartners Fritz Kortner. Drei Jahre hatte sie sich auf der Bühne und im Film nach vorn gespielt, Stimme und Körper in höchst eigener Weise eingesetzt, hatte in glamourösen Outfits überzeugt oder sich mit bewusst schlichter Kleidung zum Unikat stilisiert. Das Ringen um Individualität in einer Kulturmaschinerie mit schnellen Umdrehungen und unendlich vielen Konkurrentinnen war gewonnen. Das Mädchen aus gutem Hause hatte sich aus dem großen anonymen Heer der jungen Schauspielerinnen herausgearbeitet – sichtbar in ihren Kleidern und ihrer Persönlichkeit. Weibliche Verführungskraft und männliche Stärke, beide Provinzen ihrer Seele, Marlene und Paul, trugen zu diesem beruflichen Erfolg bei.

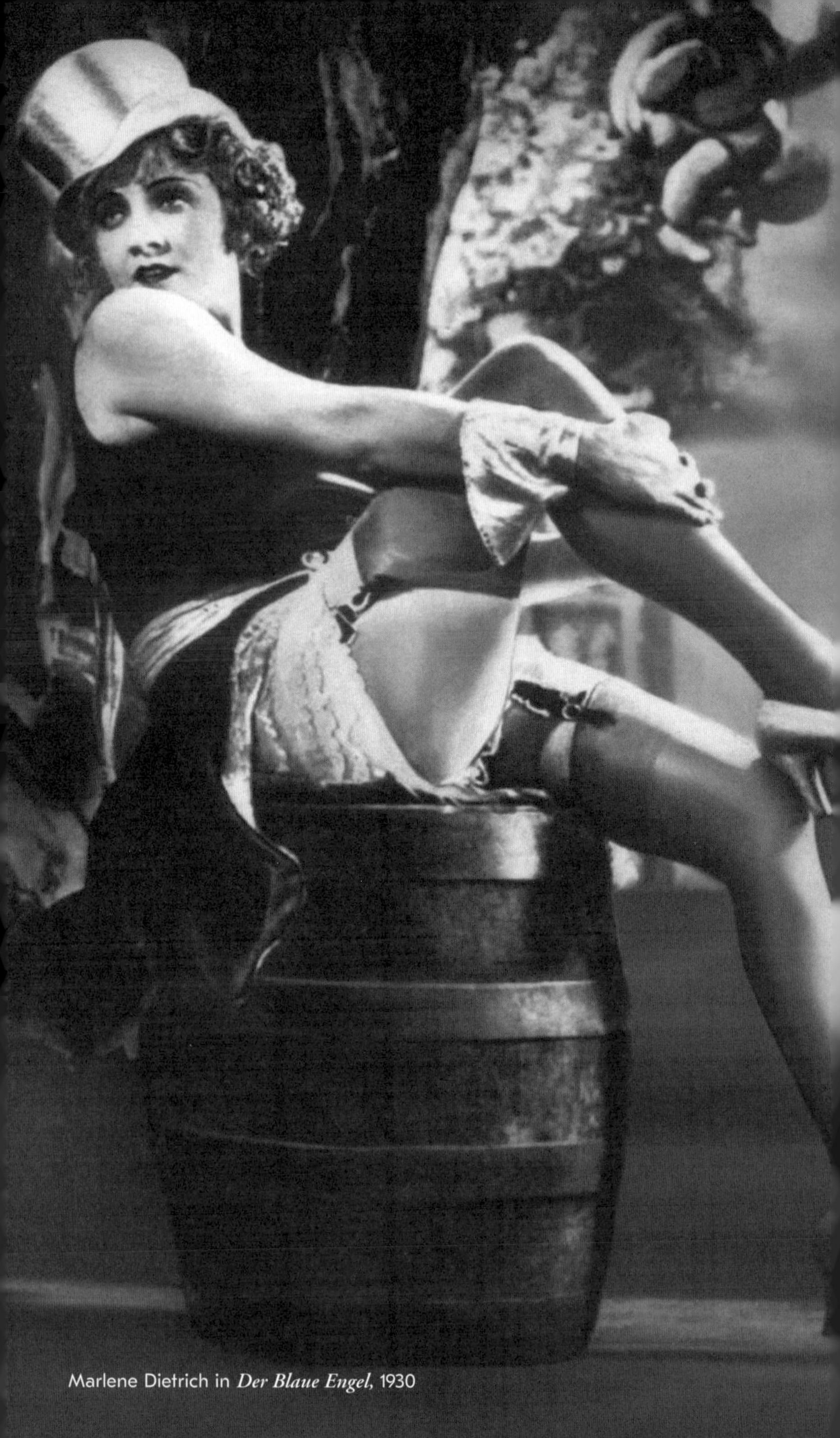

Marlene Dietrich in *Der Blaue Engel*, 1930

KULTSTATUS MIT ZYLINDER UND STRAPSEN

Erotik pur. Über die Generationen hinweg unsterblich sitzt Marlene Dietrich in schwarzen Strapsen und Strümpfen, einem glänzenden Zirkuskleid, weißen Rüschenhöschen und Seidenpumps auf der Bühne einer mit Requisiten der seefahrerromantischen Art vollgestopften Hafenkneipe vor gemalter Dekoration. Den silbrigen Zylinder schräg auf den Locken, ein Bein an den Körper gezogen, singt sie: »Ich bin von Kopf bis Fuß auf Liebe eingestellt, denn das ist meine Welt. Und sonst gar nichts.«

Die gefilmte Zeit beginnt im Jahr 1924. Gedreht wurde 1929. Marlenes Kostüm jedoch gehört einer anderen Epoche an. Es überrascht mit einer Nostalgie aus den Anfängen der Burlesque, als im viktorianischen London Künstlerinnen wie Lydia Thompson in den kleinen Theatern des Derben und Komischen, des Lauten und Frechen wie selbstverständlich Sinnlichkeit verströmten; spielerisch graziös, aufdeckend ironisch, ohne jedoch ins Vulgäre abzugleiten. Um 1870 eroberten Burlesque-Tänzerinnen in kurzen Schäferinnenröckchen, im Zirkuskostüm oder als Amor mit Schärpe um die Hüften die USA. Das Publikum liebte diese Botinnen einer heilen und fernen Welt. Männer vergaßen bei ihrem Anblick die harte Arbeit in den Fabriken ebenso wie den raschen Beischlaf mit einer Ehefrau, die schon zu viele Kinder geboren hatte. Mit Staunen sahen sie das Spiel von der Liebe als unnahbarem Traum. Ein Blick, eine Geste konnte ins Herz treffen. Aber es tat nicht weh, und sie gingen nach Hause.

Es kommt nicht bloß auf das Äußere einer Frau an, auch die Dessous sind wichtig.
Karl Kraus

Nostalgie, der Begriff umfasst nicht nur Heimweh oder Sehnsucht, sondern auch Schmerz. Verführung, Erotik und Nostalgie gehören im *Blauen Engel* untrennbar zusammen. Im Kostüm der Kabarettsängerin Lola Lola wird Marlene Dietrich zu einer Ikone des Weimarer Kinos, unvergesslich wie Brigitte Helm als verchromter Roboter Maria in Fritz Langs *Metropolis* (1927), Max Schreck, der kahlköpfige Graf Orlok in Friedrich Wilhelm Murnaus *Nosferatu* (1922), oder Conrad Veidt, der dürre, in einen schwarzen Bodysuit gekleidete Cesare in *Das Cabinett des Dr. Caligari* (1920) von Robert Wiene.

Bei der Premiere des Films am 30. März 1930 im Gloria-Palast in Berlin blickte Marlene zurück auf neun Jahre Arbeit in Filmstudios und auf Theaterbühnen. Sie galt als Berliner Größe – lasziv, beunruhigend, auf intelligente Weise frivol. Damit Marlene Seiten an sich entdecken konnte, die keinen Platz in ihrem Leben mit Ehemann samt Dauergeliebter Tamara Matul, mit fünfjähriger Tochter und so manchen Affären gefunden hatten, dafür musste jemand aus einer anderen Welt kommen. Und der setzte am Morgen des 16. August 1929 seinen Fuß im Lehrter Bahnhof auf den Boden.

In Wien als zweiter Sohn einer orthodoxen jüdischen Familie geboren, verbrachte Jonas Sternberg, so der Geburtsname Josef von Sternbergs (1894–1969), seine Jugend ziemlich auf sich gestellt. Er entdeckte die Jahrmarktswunderwelt des nahen Praters mit seinen Musikautomaten, Clowns, Zauberern und Schwertschluckern, dressierten Hunden, Elefanten und käuflichen Frauen, die für immer sein Bild-Erleben bestimmte. Der Vater hatte die Mutter mit drei kleinen Kindern zurückgelassen, um in Amerika sein Glück zu suchen. Jonas war sieben, als die Familie ihm folgte. Finanziert wurde die Reise »vermutlich von Verwandten, die froh waren, uns los zu sein«.[1] Im deutschsprachigen Yorkville, einem Stadtteil von Manhattan, blieben die Sternbergs allerdings so arm wie in Wien, wohin sie 1904 zurückkehrten. Bald lebte der Vater erneut in den USA, seine Ehefrau trug inzwischen die Verantwortung für fünf Kinder. Nur widerwillig besuchte Jonas im antisemitischen Wien die jüdische Schule.

Ein zweites Mal überquerte der Heranwachsende im Jahr 1908 mit Mutter und Geschwistern den Atlantik, musste sich in New York bald Arbeit suchen. Zu Hause gab es kaum etwas zu essen. Seine »Lehrzeit in der Kunst« begann in einem Putzmachergeschäft, umgeben von künstlichen Kirschen, Bändern und Hutformen, sowie in einer großen Spitzenhandlung in der Fifth Avenue.[2] Spitzen und Schleier – weibliche Verführung und Zurückweisung gleichermaßen –, er wird sie in seinen Filmen erotisch aufladen wie kein Zweiter.

Nachdem die Mutter die Familie verlassen hatte, lief auch Jonas von zu Hause weg und hielt sich mit Gelegenheitsjobs, als Filmreiniger und Filmkleber, über Wasser. »Inzwischen war ich über siebzehn und trieb mich in einer Siebenmillionenstadt herum.«[3] Manchmal ohne Obdach, verbrachte er viel Zeit in Bibliotheken und Museen oder entfloh in einem der unzähligen Kinos seiner Tristesse. 1917 wurde Sternberg nach Eintritt der USA in den Ersten Weltkrieg für zwei Jahre in der Armee dienstverpflichtet.

Während ein Mädchen mit dem Namen Marlene in Berlin in einem der abgedunkelten Schattenreiche der Fantasie davon träumte, berühmt zu werden und geliebt zu sein, träumte er von perfekten Bildern, die die Wahrheit über Menschen erzählten. Im Herbst 1929 sollten diese Träume zu einer gemeinsamen Realität verschmelzen.

Doch zuvor erzählte Josef von Sternbergs 1924 mit kleinstem Budget gedrehter erster Film *Heilsjäger* nach eigenem Drehbuch den amerikanischen Traum von Freiheit, Selbstbestimmtheit und Familie. Im Mittelpunkt ein schönes Mädchen, Georgia Hale, so kühl und abständig, wie er die Frauen liebte.[4] Charles

Chaplin kaufte den Film für United Artists (UA) und brachte ihn 1925 in die Kinos. Georgia Hale machte er zu seiner Partnerin in *Goldrausch*. Dem nun gefeierten Ausnahmetalent und mit einem Vertrag von MGM versehenen Sternberg gab er die Chance, seine langjährige Hauptdarstellerin und einstige Geliebte Edna Purviance in *Die Frau am Meer* in Szene zu setzen. Chaplin behauptete, das Resultat sei nicht verkäuflich, und vernichtete den Film. Die wenigen, die ihn gesehen hatten, feierten ihn als einen der schönsten des amerikanischen Kinos. Armer Sternberg!

Karl Vollmoeller, allgegenwärtig in Hollywood, lud den dermaßen düpierten Sternberg auf eine Europareise ein und machte ihn in Berlin mit Emil Jannings (1884–1950) bekannt. Für MGM begann Sternberg zwei weitere Filme, die das Studio allerdings mit anderen Regisseuren beendete. Der nächste Erfolg gelang für Paramount mit *Unterwelt* (1927), wo er Evelyn Brent in der Rolle einer Prostituierten mit dem sprechenden Namen Feathers und dazu passenden Kostümen zum Star machte. 1928 drehte er wieder für Paramount, dem Studio, das sich am meisten an Europa und damit an Deutschland orientierte und mit der Ufa zusammenarbeitete, *Sein letzter Befehl,* der Jannings den ersten Oscar als männlicher Hauptdarsteller brachte.[5] Mit *Sie nannten ihn Thunderboldt* produzierte Sternberg 1929 seinen ersten Tonfilm.

Als er in Berlin ankam, wusste Josef von Sternberg also, wie man die Sehnsucht der Menschen massentauglich verpackt und in klingelnde Kinokassen übersetzt. Mehr noch, er wusste, wie man einen Tonfilm dreht. Dass er binnen eines Monats eine Frau treffen würde, die mit seiner Unterstützung zu einem der größten Hollywoodstars aller Zeiten aufsteigen sollte und mit der er sich in eine Liebesgeschichte verstrickte, wie er selbst sie nicht spannungsreicher hätte auf die Leinwand bannen können, ahnte Sternberg zu diesem Zeitpunkt nicht. Ebenso wenig wie Marlene Dietrich hoffen konnte, dass sie die Chance ihres Lebens in einem Prestigeprojekt erhalten würde, dessen Thema an diesem Morgen des 16. August 1929 noch nicht einmal feststand. Sie drehte gemeinsam mit ihrem Geliebten Willi Forst *Gefahren der Brautzeit*[6], machte Urlaub mit ihrer Tochter, kehrte zur Premiere von *Das Schiff der verlorenen Menschen* im September nach Berlin zurück. »Immer wieder Marlene Dietrich, obzwar herrlich anzusehen, auf der Flucht durch ein Labyrinth von Falltüren und Bullaugen!«[7] Und sie begann mit den Proben zu einem neuen Theaterstück.

Sternberg hatte miterlebt, wie Paramount durch die Umstellung vom Stumm- auf Tonfilm fast seine gesamten Stars verlor und MGM sich fragte, ob mit dieser Entwicklung Greta Garbos Stellung als einer ihrer Topstars in Gefahr sei. Auch Emil Jannings scheute vor der Vorstellung zurück, Filme in englischer Sprache zu drehen. Nun sollte Josef von Sternberg der Ufa in einem neu erbauten riesigen Tonstudio in Babelsberg einen fulminanten Start in das neue Medium ermöglichen.

Karl Vollmoeller, seine Geliebte Ruth Landshoff, Emil Jannings, seine Frau Gussy Holl, der Produzent Erich Pommer, seit 1928 wieder in Berlin, und zahlreiche Journalisten drängten sich auf dem Bahnsteig. Sternberg lehnte den von Jannings gewünschten Rasputin-Stoff ab.[8] Vollmoeller brachte Heinrich Manns Roman *Professor Unrat oder Das Ende eines Tyrannen* ins Gespräch. Alle waren letztlich einverstanden.[9] Folglich erwarb die Ufa am 23. August 1929 die Filmrechte.[10]

Zur Arbeit am Drehbuch zogen sich Vollmoeller, jetzt dramaturgischer Mitarbeiter, Landshoff und Sternberg nach Venedig zurück. Auch Carl Zuckmayer und Robert Liebmann waren für das Skript engagiert worden. Erhalten haben sich eine Filmnovelle, ein Treatment, Vorschläge zu einer verlorenen Drehbuchfassung und ein zweiter Drehbuchentwurf.[11] In allen Texten heißt die weibliche Hauptfigur, wie bei Heinrich Mann,

Rosa Fröhlich und ist eine derbe Tingeltangel-Sängerin, die dem Gymnasialprofessor mit ziemlich viel Körpereinsatz entgegentritt und sich schon bei der ersten Begegnung das Kleid über den Kopf ziehen lässt. Als das Publikum sie für eine Darbietung auslacht, »heult, schluchzt, jammert« sie, ruft »einmal ein anderes Leben! Hier raus!«, schlingt ihre Arme um Raths Hals, »küsst ihn – auflachend auf den Mund«.[12] Das ist naturalistisches Drama – völlig bar jeder Erotik. Auch der »fleckige Morgenrock, der stark um die Hüften spannt«, macht nichts besser.[13] Fest steht: Diese Rosa Fröhlich hätte keines der späteren Filmkostüme tragen können.

Der Erfolg hat viele Mütter und Väter: Jeder im näheren und weiteren Umfeld des *Blauen Engels* wollte später Marlene Dietrich für die Rolle vorgeschlagen haben. Karl Vollmoeller, der ihre Karriere seit Jahren mit Interesse beobachtete, und Ruth Landshoff, die in mehreren Stücken mit ihr aufgetreten war, führten Sternberg am 5. September 1929 zur Premiere von Georg Kaisers *Zwei Krawatten* ins Berliner Theater in Kreuzberg. Regisseur Robert Forster-Larrinaga und Dirigent Mischa Spoliansky arbeiteten erstmals seit *Es liegt in der Luft* wieder zusammen.[14] Ihr Stück machte sich in zeittypischem Spott über die Anbetung des Geldes lustig bzw. über die Amerikaner, die glaubten, dass man mit Geld alles kaufen kann. Hans Albers (1891–1960) spielte einen Kellner, der sein Leben durch den Tausch einer Krawatte auf den Kopf gestellt sieht. Marlene gab Mabel, verzogenes reiches Jazz-Girl aus den USA, kühl und lässig im modisch langen hellen Kleid, den jugendlichen Robes de Style nachempfunden, die Janne Lanvin fünf Jahre zuvor kreiert hatte. Ihres kam vom Modellhaus Max Becker, und sie kombinierte dazu einen dunklen Glockenhut. Die Schuhe stammten von Siegmund Reiss, der auf dem Kurfürstendamm 37 ein elegantes Geschäft führte.[15] In der eindrücklichsten Szene stand Marlene an einer Reling, eine Windmaschine presste ihr den roten Rock gegen die Beine.[16] Ein Anblick, den sie im Laufe ihrer langen Karriere noch mehrfach heraufbeschwören wird. Die Königin des Kabaretts, Rosa Valetti (1876–1937), die Mrs Peachum der *Dreigroschenoper,* und den Leinwandliebling Hans Albers engagierte der Regisseur sofort.

Ob Sternberg in den USA *Die Frau, nach der man sich sehnt* unter dem Titel *Three Loves* gesehen hatte, bevor er nach Berlin aufbrach, bleibt so unklar wie seine Kenntnis einer Rezension in der *New York Times,* die Marlene als »seltene Garbo-ähnliche Schönheit« benannte.[17] Zum Vorstellungsgespräch erschien sie in einem heliotropfarbenen Winterkostüm mit dazu passendem Hut, Handschuhen und Pelz.[18] So gekleidet saß sie einem Mann mit dunklen Locken und Augen gegenüber, der seine geringe Körpergröße mit extravaganter Kleidung zu kompensieren versuchte und ein herrisches Auftreten an den Tag legte. Marlene gab ihm das, wovon sie wusste, dass es ihr Bestes war, behauptete gelangweilt, nur an eine kleine Nebenrolle zu denken, und zählte ihre bisherigen Misserfolge auf.[19] Sternberg will nicht auf die Idee gekommen sein, dass sie bereits eine Rolle spielte. Hatte er Georgia Hale in *Heilsjäger* vergessen? Nein. Seine Fantasie begann zu arbeiten. Pommer und Jannings kamen zu dem Gespräch hinzu. Schlussendlich vereinbarten sie Probeaufnahmen.

Marlene Dietrich blieb bei ihrer Strategie des unterkühlten Desinteresses, brachte keine Noten zum Vorsingen mit. Das viel zu große Glitzerkleid steckte ihr Sternberg selbst mit Nadeln zusammen. Sobald die Kamera lief, lehnte sie am Klavier und rauchte eine Zigarette. Zwei Mal singt sie gegen das falsche Spiel des Pianisten an, rügt ihn im schnoddrigen Berliner Idiom, steigt aufs Klavier, rollt langsam einen Strumpf hoch und singt weiter. Performance oder Spontaneität? Das wird, wie so vieles, ihr Geheimnis bleiben. Sicher ist, sie hatte gezeigt, dass sie ungekünstelt vor der Kamera singen, sprechen und sich bewegen konnte. Ihre Mischung aus Schönheit und Göre, Ironie und Temperament, Feuer und Wasser, prickelnde Ambivalenz also, trug den Sieg um die heiß umkämpfte Hauptrolle im *Blauen Engel* davon. Marlene Dietrichs Erscheinung und Stil führten darüber hinaus zu einer völligen Neukonzeption der nun jungen, attraktiven und kühlen weiblichen Hauptfigur mit Namen Lola Lola. Mit ihr inszenierte Sternberg im Gegensatz zu den Drehbüchern eine erotische Spannung, der man zusehen möchte. Marlene unterzeichnete am 9. Oktober einen Vertrag, der ihr ein Honorar von 20 000 RM, plus 5000 RM für die englische Fassung, zusicherte.[20]

Die Zeitgeschichte schlug noch größere Purzelbäume als die Vorbereitung des Films. Am 24. Oktober 1929 brachte der Börsenkrach in New York die gesamte Weltwirtschaft ins Wanken, große Gläubiger aus den USA zogen ihr Geld sofort aus Europa ab. Das traf Deutschland, seit dem Versailler Vertrag auf ausländische Geldgeber angewiesen, besonders hart.

Dennoch begannen am 4. November 1929 die Dreharbeiten auf dem Ufa-Gelände in Neu-Babelsberg. Sternberg stand der profilierte Kameramann Günther Rittau (1893–1971) zur Seite, ein avantgardistischer Filmpionier, der an Fritz Langs *Nibelungen* und *Metropolis* mitgearbeitet hatte. Lola Lola ist im Film zwei Mal zu sehen, lange bevor sie auftritt. Bereits die erste Einstellung zeigt ihr Plakat in einem Schaufenster. Der erotische Fokus liegt auf den mit phallischen Attributen wie Strümpfen und Strapsen ausgestatteten endlos langen Beinen. Eine Putzfrau schüttet einen Eimer Wasser gegen die Scheibe, betrachtet das Plakat und versucht, die Pose einzunehmen. Man könnte auch leichter sein Geld verdienen, scheint sie zu denken. Marlene erinnerte Sternberg an die kurvigen Schönheiten auf den abgegriffenen sepiafarbenen Fotos, die ihren Reiz häufig durch das Tragen von Herrengarderobe steigerten: Zylinder, Uniform- oder Frackjacke, immer verbunden mit entblößten Beinen. Beine, Beine, Beine, Mittelpunkt der Burlesque-Erotik, zeigen sich nun in Strümpfen und Strapsen unter dem Atem eines Mannes, der die Federn eines kurzen Röckchens hochwirbelt. Immanuel Rath, sexuell verklemmter und tyrannischer Professor an einem kleinstädtischen Gymnasium, hat dieses Corpus Delicti bei einem Schüler entdeckt und konfisziert.

Üb immer Treu und Redlichkeit intoniert das Orchester, doch diese Mahnung hilft nichts gegen ein Gesicht, umrahmt von kurzen, wilden Locken und geschmückt mit einem schwarzen Paillettenschmetterling, wie es nun in der ersten Großaufnahme erscheint und über das Sternberg schrieb: »Man sollte es betrachten, als seien die Augen Seen, die Nase ein Hügel, die Wangen breite Wiesen, der Mund ein Blumenbeet, die Stirn der Himmel und die Haare Wolken.«[21] Eine Projektionsfläche für jede Sehnsucht, jede Begierde. Da bereits wird dieses Gesicht zur Ikone, nicht nur für Franz Hessel: »Marlene Dietrich kann lächeln wie ein Idol, wie die archaischen Griechengötter und dabei harmlos aussehn.«[22] Über diesem Gesicht flattert ein rundlicher kleiner Engel aus Pappmaschee hilflos mit den Flügeln, kläglicher Stellvertreter des Liebesgottes Amor und Namensgeber der heruntergekommenen Hafenkneipe. Eisbein mit Sauerkraut, schreit der Kellner.

Paillettenmieder, Strümpfe, Strapse, Höschen, alles in sündigem Schwarz, konterkariert durch eine riesige Schleife auf dem Gesäß. Der ungarische Kostümbildner Tihamér Varady, der von 1929 bis 1935 sechs deutsche Filme ausstattete, und sein Kollege Karl-Ludwig Holub trugen auf Sternbergs Anweisung für Lolas erstes Kostüm Elemente aus der Kunstgeschichte zusammen. »Félicien Rops hatte die richtige gezeichnet.«[23] Eine nackte Frau also, auf dem Blatt *Pornocratès* (1878) verewigt, mit schwarzen Stiefeln und Handschuhen, einem antiken schwarzen Raupenhelm auf dem Kopf, einer großen blauen

Schleife über dem Gesäß, die Augen zur blinden Willkür durch ein Tuch geschlossen. Der antiken Zauberin Kirke gleich führt sie ein Schwein als Liebesopfer an der Leine. Sie ist keine Erfindung des belgischen Künstlers, sondern 400 Jahre alt und heißt bei Albrecht Dürer *Nemesis (Das große Glück)*. Das berüchtigte Pariser Nachtleben der Belle Époque steuerte Strümpfe, Strapse, Korsett und Rüschen bei. »Auch Toulouse-Lautrec würde alles darum gegeben haben, sie zu sehen.«[24]

Schrammelmusik und Stimmengewirr. Die Schöne taxiert gelangweilt und verächtlich ihr Publikum. Im Hintergrund sitzen auf der mit Fischernetzen verhängten Bühne Frauen, korpulent und ungeschlacht. Die Wolken tanzen. Ich bin die fesche Lola, der Liebling der Saison! Ich hab ein Pianola zu Haus in mein' Salon. Marlene steht breitbeinig da, die Hände in die Hüften gestützt. Männlich aggressiv, wehrhaft und gar nicht hingebungsvoll. Doch an mein Pianola, da lass ich keinen ran! Marlene singt das erste von Friedrich Hollaenders (1896–1976) legendären Couplets für den Film.[25] Der in London geborene Sohn eines Operettenkomponisten und einer Zirkussängerin, Meisterschüler von Engelbert Humperdinck, war genauso wie Marlene Dietrich und Josef von Sternberg seit Kindertagen kinobegeistert.

Nach dem Lied setzt Marlene sich zwischen die Frauen auf der Bühne, nimmt einer das Bierglas aus der Hand, trinkt, steht auf, wischt sich den Mund mit der Schleife. Und will mich wer begleiten da unten aus dem Saal, dem hau ich in die Seiten und tret ihm auf's Pedal! Verbeugt sich ruckartig, geht ab.

Die zentrale Bedeutung der Kostüme für den Film verstand Marlene Dietrich sofort, hatte sie sich doch als junges Mädchen dem Kleiderdiktat der Mutter widersetzt und Lederhosen getragen, war später tagsüber selbst auf den Straßen Berlins mit ihrer extravaganten Kleidung aufgefallen und hatte nachts ihre Attraktivität im Frack getestet. Marlene hatte keine Angst vor der Übertreibung, auch nicht vor Grenzüberschreitung. Seit Jahren sammelte sie alles vom eleganten Einzelteil bis zum schrillen Accessoire. Für sie war die Kleidung einer Frau eine Requisitenkammer, für Sternberg war sie ein Tempel.

Marlene Dietrich wusste, Josef von Sternberg konnte Schauspieler zu Stars machen. Pünktlich, gut vorbereitet, professionell akzeptierte sie, dass ihm seine Arbeit nur mit einer Portion männlicher Selbstüberhöhung möglich war, obwohl er sich später zurückhaltend darüber äußerte: »Ich formte nur ihre eigene Persönlichkeit (…) Ich gab ihr nichts, was sie nicht schon hatte. Ich dramatisierte nur einige ihrer Attribute und machte sie für alle sichtbar.«[26]

Das ist nur zu wahr. Marlene spielte nicht nur großartig, sondern hatte eigene Ideen, interpretierte ihre Figur, gab Lola Lola Unverwechselbarkeit und sah am Schneidetisch zum ersten Mal die Magie, von der sie immer geträumt hatte. Blitzschnell arrangierte sie sich mit Sternbergs Perfektionismus, seinem Misstrauen, der Fixierung aufs Erotische. Sie bekochte ihn mit seinen Lieblingsspeisen und gewann sein Vertrauen durch ihr Verständnis für seine künstlerische Aussageabsicht und die Bewunderung seines Könnens. »Von Sternberg war der Schöpfer, der Herrscher über das Licht, der unvergleichliche Techniker, der Oberbefehlshaber des Films.«[27] Und Sternberg war zufrieden. »Bei den Dreharbeiten war sie wunderbar. Ihre Aufmerksamkeit richtete sich nur auf mich. (…) Sie verhielt sich, als sei sie mein Dienstmädchen.«[28]

Im *Blauen Engel* wird mit viel Lärm das Bühnenbild umgebaut. Rosa Valetti als Guste singt davon, wie sie sich einen Mann aussucht, setzt sich und trinkt Bier. Von ihr will keiner das Lied hören, sie ist zu alt. Dann betritt Lola, jung und frisch, im Rokokokostüm à la Burlesque mit durchsichtigem Reifrock, weißer Perücke und kleinem Dreispitz die Bühne. Das in diesem Kostüm zitierte adlig-elegant-frivole 18. Jahrhundert pries nicht nur die Schönheit, als gäbe es kein Morgen, es fürchtete gleichzeitig das alte Memento mori – Bedenke, dass du sterben wirst –, aus dem das lebenswilde Carpe diem – Genieße den Tag – hervorbrach. Marlene wiegt sich in den Hüften und singt munter vom Frühling mit Sperling und Blütenkelchen. Bin in einen Mann verliebt und weiß nicht, in welchen! Drei Schüler haben sich unters Publikum gemischt. Kinder, heut Abend, da such ich mir was aus, einen Mann, einen richtigen Mann!

Unterbrochen von Zwischenrufen und Ansagen des Kellners folgt Lolas Forderungskatalog männlicher Potenz im Ton einer Frau, die sich das Recht auf eine selbstbestimmte Sexualität erobert hat. Diese Frau dreht sich um die eigene Achse und offenbart, dass ihr Kostüm kein Rückenteil hat. Nichts als schwarz verschnürte Korsage und weißes Höschen mit Rüschenabschluss. Die Zugänglichkeit assoziiert nicht nur die Rokokodame, die sich ihrer Lust hingibt, ohne ihre Unschuld zu verlieren, Sternberg kannte Frau Welt, die mittelalterliche Allegorie der Scheinhaftigkeit alles Schönen. Im Original an Kirchenpfeilern angebracht, zeigt sie die Rückenansicht ihres Skeletts samt Eingeweiden. Wenn Lola sich so präsentiert, steigert sie die Verfallstragik des ersten Liedes. Da bleibt nur noch der Sex: Wie er aussieht, mir egal, irgendeinen trifft die Wahl!

Sternberg experimentiert mit Licht und Schatten, Hell und Dunkel, mit Geräusch und Stille, Ton und Musik, konstruiert ein Bild von Erotik und Begehren, von Kalkül und Nüchternheit, das Gewohnheiten und Gewissheiten zerstört. Doch all das sieht Rath nicht. Er kämpft sich zu den Klängen von *Es war einmal ein treuer Husar* durch dunkle, winkelige Gassen, vorbei an einer rauchenden Straßendirne. Eine schwarze Katze kreuzt seinen Weg, während im *Blauen Engel* die Stimmung einen Höhepunkt erreicht: Lola, hier sitzt die Lohntüte! Die ignoriert die Offerte und richtet den Scheinwerfer auf den Eintretenden.

Aufgerüttelt durch die Flucht eines seiner Schutzbefohlenen entzieht sich Rath jedoch dem Bann, erhebt strafdrohend seinen Stock, stürmt in Lolas Garderobe an dem Paravent vorbei, der den Schüler verbirgt, die Wendeltreppe hoch in ihr Schlafzimmer.

Auf dem Set kümmerte sich inzwischen eine Garderobiere ausschließlich um Marlenes Kostüme.[29] Ein Kimono, schwarz mit bunten stilisierten Blüten, leuchtend blauem Futter und Gürtel, hat sich erhalten. Marlene trug ihn beim Auftragen und Abnehmen des Make-ups und ließ sich darin fotografieren. Selbstbewusst, präsent, entschlossen.[30] In *Shanghai Express* wird sie ein solches Kleidungsstück so dekorativ tragen, dass die japanische Zeitung *Sasiehie* ihr nach Erscheinen des Films einen festlichen Zeremonie-Kimono schenkte, aus moosgrüner Seide mit weißen Kranichen, rot gefüttert.[31]

Marlene Dietrichs Ausdauer und Energie beeindruckten ihren Regisseur. »Sie war nie erschöpft, aber sie trieb andere zur Erschöpfung. Mit ihrer Begeisterungsfähigkeit konnten nur wenige mithalten.«[32] Außerhalb der Drehzeit ließ sie sich lässig rauchend beim Rollenstudium auf dem Diwan fotografieren. Ruth Landshoff beobachtete für *Tempo. Magazin für Fortschritt und Kultur:* »Je vulgärer sie als Lola Lola zu sein hatte, je frecher die Geste, mit der sie die Strumpfbänder schnappen ließ, desto zurückhaltender wurde Marlene. Sie entwickelte damals allmählich jene geheimnisvoll lächelnde Überlegenheit, die nicht alle hübschen Frauen aufweisen, wohl aber solche, die sich ihres Reizes für einen Mann oder für viele Männer bewusst werden.«[33] Sternberg gab ihr die Sicherheit, sich intuitiv auf die Rolle einzulassen, ohne daran zu denken, was sie Dritten preisgab. Die Kamera widmete sich ihr mit ungeteilter Aufmerksamkeit, ließ alles außer ihrem Gesicht, außer ihrem Körper mit dem Durcheinander der Dekoration verschmelzen.

War Josef von Sternberg der Mann, den Marlene sich neun Jahre zuvor im Tagebuch sehnlichst herbeigewünscht hatte: »Wenn doch einer käme und nähme mir meine Sehnsucht fort und sperrte sie ein in einen goldenen Käfig. Wenn doch einer käme und deckte mit seiner Liebe all meinen Kummer zu und nähme mir alle Qual vom Herzen. – Wenn doch einer käme und machte mich durch seine Liebe so selig und freudig, dass ich es mir gar nicht denken könnte, wie ich einmal um meine Liebe habe weinen können.«[34] Beide dementierten Gerüchte um eine Liebesbeziehung. Am 16. November 1929 besuchten sie den Ball der deutschen Filmindustrie in den Festräumen des Zoologischen Gartens.[35] Marlene trug Seemannshosen mit Goldknöpfen, eine breite Schärpe um die Hüften geknotet, Spitze, die ihre üppigen Rundungen nachzeichnete und überging in ein Bustier aus Samt mit Strass und Bordüre. Sie hatte eine Glitzerkette um den Hals geschlungen, auf dem Kopf trug sie einen breitkrempigen Hut, im Mund eine Zigarettenspitze. Auf den Fotos sieht sie aus, als hätte sie sich für einen Abenteuerfilm kostümiert. Doch sie feierte ihren Erfolg. Alle sollten es sehen: Die Piratin hatte den Mann und den Film geentert.

Lola beginnt sich auszuziehen, sobald der echauffierte Gymnasialprofessor ihre Garderobe betritt. Empört fordert sie ihn auf, gefälligst den Hut im Zimmer einer Dame abzunehmen. Ab diesem Moment treibt das Thema Kleidung die Handlung voran. Mit der Warnung, Achtung, jetzt kommt alles runter, flattert ein mit weißen Rüschen besetztes Höschen munter auf Raths Schulter. Er lässt es sinnend durch seine Hände gleiten. Guste nimmt es ihm zürnend weg, um es über die spanische Wand zu werfen. Der dort versteckte Schüler schnappt es sich und stopft es Rath unbemerkt in die Jackentasche. Im Gegensatz zu Max Frischs *Don Juan oder Die Liebe zur Geometrie* fürchtet sich Sternberg nicht vor weiblichen Dessous. Im Gegenteil, sie können – wie dieses große weiße Exemplar – zum

Fetisch werden. Ein Tanzbär und ein trauriger Clown tappen durchs Bild. Lola komplettiert ihr Kostüm mit einem kurzen Rock, über dem Hinterteil lockend emporgebogen. Als sie dazu einen federgeschmückten, breitkrempigen Hut aufsetzt, wird ihr Outfit zur Parodie des männlichen Renaissancekostüms, eine Bühnenrüstung. Sie schnippt an den Beinausschnitten des Höschens und geht ab.

Verwirrt und erregt stürzt Rath ohne Hut davon. Am nächsten Tag wird er mit Zylinder in die Schule gehen, und Lola wird ihm mit dem Zylinder, der förmlichsten aller männlichen Kopfbedeckungen, den Kopf verdrehen. Doch zunächst wischt er sich zu Hause mit dem untergeschobenen Höschen das vor Erschöpfung schweißnasse Gesicht. Das Wäscheteil bietet ihm den Vorwand, zu Lola zurückzukehren. Wieder ist sie mit dem Zurechtzupfen des Kostüms beschäftigt, dies ist nun das Bekannteste des Films, das Zirkuskleid à la Burlesque, eingangs beschrieben. Und darin sieht sie noch aufregender aus als in all den Kleidern, die sie zuvor angelegt hatte. Burlesque ist Unterhaltung, Glamour, Verführung, eine Geschichte ohne Ende.

Das von Rath überreichte Rüschenhöschen fällt zu Boden. Es hat ausgedient. Lola nimmt ihm Stock und Zylinder ab, zieht ihm den Mantel aus, platziert den bereits Willenlosen neben sich am Schminktisch. Schöne Augen, was?, schnoddert sie und spuckt auf die Mascara. Die im Keller verborgenen Schüler beobachten amüsiert die Szene. Rath kriecht unter den Tisch, taucht auf, mit verrutschter Brille, wirren Haaren. Sie bürstet ihn ab, nur um ihm dann Puder ins Gesicht zu pusten.

Franz Hessel charakterisierte Marlenes Spiel unüberbietbar: »Nichts kann auflösender, destruktiver, dämonischer wirken als ihr Verzicht auf alles Dämonische, als die Kinderstubenverwirrung und Kinderstubenordnung des Daseins, das sie vorgaukelt.«[36] Ja, es ist die Puppenwelt der Olympia aus *Hoffmanns Erzählungen,* die Marlene Dietrich hier inszeniert. Unbekümmert lässt sie sich in die Karten schauen. Rath könnte sehen, dass alles nur fauler Zauber ist, wenn er das denn wollte. Doch der wird immer blinder oder hat Coppelius' Brille auf, verteidigt handgreiflich ihre Ehre und erleidet eine Herzschwäche.

Lola rückt den Zylinder. Das Orchester intoniert die Melodie des dritten, schicksalhaften Liedes. Der Zauberkünstler, gespielt von Kurt Gerron (1897–1944), drängt Rath in den Zuschauerraum und präsentiert ihn als Ehrengast. Lola geht derweil auf und ab, schiebt eine der Frauen vom Fass, setzt sich, schlägt die bestrumpften und bestrapsten Beine übereinander und singt mit Augenaufschlag zu Rath. Eine große Geste mit dem Arm von der Schulter bis zum Schuh hinunter unterstreicht ihre Beteuerung. Dann zieht sie lasziv ein Bein an, winkelt es ab. Burlesque: die Herrschaft des Blicks, die Herrschaft der Geste (siehe Seite 52).

Verstörend ist Sternbergs Umkehr der etablierten Geschlechterrollen: Der alte Mann lächelt und dreht sich in unbeholfener Mädchenhaftigkeit. Lola Lola spielt den jungen Verführer. Rath hört zu, aber er hört nichts. Nicht, dass die Männer sie umschwärmen wie die Motten das Licht, dass sie dabei verbrennen und dass ihr das völlig gleichgültig ist. Was er hört und sieht, nimmt er als Versprechen zukünftiger Freuden. Und über Lola flattert wieder der Barockputto aus Pappe. Irgendwo sitzt jemand in den Kulissen und zieht die Strippen. Die illusionslose Jahrmarktswelt des Josef von Sternberg ist reine Makulatur. Der Ausverkauf der Gefühle, er hat lange stattgefunden. Eigentlich tut nichts mehr weh.

War alles ein Traum? Rath könnte aus Lolas Bett aufstehen und nach Hause gehen – angezogen ist er ja noch immer –, und der Film wäre beendet. Doch Lola erwartet ihren Gast ganz weibliche Verführung mit federnbesetztem Morgenmantel und Spitzenneglige, Straußenfederflaum auch auf den Pantoffeln am gedeckten Frühstückstisch, lässt mütterlich spendend Zuckerstücke in seinen Kaffee fallen, eins, zwei, drei, umsorgt ihn, gibt die verspielte Hausfrau. Aus dieser Idylle wird Rath vom Klang der Glocke in die Schule gerufen. Schnell küsst sie ihn und steckt ihm die Nelke ins Knopfloch. Eine Dekoration, die auf etwas hinweisen soll, das vermutlich nicht stattgefunden hat. So, als könnte man Lola Lola kompromittieren, fühlt sich Rath verpflichtet, ihr einen Heiratsantrag zu machen. Das ist das Ende seiner bürgerlichen Existenz.

Inzwischen besuchte alle Welt das Studio in Babelsberg: Buster Keaton, Sergei Eisenstein, George Grosz, Max Reinhardt, die Journalisten. Der Film, der die Zensur mit dem Prädikat künstlerisch passierte, war bereits ein Ereignis. Im Mittelpunkt des Interesses stand das verhaltene Spiel von Marlene Dietrich, das auf die Ausdruckskraft ihres Körpers und ihrer Stimme sowie auf die neue Technik vertraute. Insider raunten, hier werde gerade ein neuer Star geboren. Sternberg bahnte den Kontakt mit Paramount an, die bereits Rudolph Valentino, Gloria Swanson, Pola Negri, Clara Bow und Louise Brooks groß gemacht hatten.

Im Film vergehen die nächsten Jahre für Rath zwischen Verzweiflungsanfällen und devoter Unterordnung und Lolas Warnung *Nimm dich in Acht vor blonden Frauen.* Sternberg kommentierte die Frage der Moral später: »Die Vorstellung, dass ein deutscher Professor Anstand und Sitte vergisst und sich einer Hure an den Hals wirft, war mehr als anstößig.«[37]

Als Clown mit Pappnase und großem steifem Kragen führt Rath das Schicksal in den *Blauen Engel* zurück. Lola, mondän und modern im Leopardenmantel[38], der auf die Gefährlichkeit der blonden Frauen im Lied anspielt und den Marlene später auch privat trägt, trifft dort auf Mazeppa, Kraftakrobat mit auffällig kariertem Mantel und Melone, gespielt von Hans Albers. Während er von Liebe spricht, antwortet sie mit einem eindeutig zweideutigen Blick. Das Spiel beginnt von Neuem.

Im flattrig billig aufreizenden Abendkleid, dessen dünner Stoff den Bauchnabel durchschimmern lässt, warnt sie noch einmal vor Blondinen. Rath sieht durch Schleier ein ausverkauftes Haus. Alle wollen August, den Zauberlehrling, in seiner entwürdigenden Rolle sehen. Doch krähen – wie bei seiner Hochzeit – will er nicht. Das tut er erst, als er Lola in den Armen des Anderen sieht, dann würgt er sie, bis Mazeppa ihn in eine Zwangsjacke steckt.

Ich bin von Kopf bis Fuß auf Liebe eingestellt. Den alten Kontrollblick aufs Publikum gerichtet, sitzt Marlene rittlings auf einem Stuhl in der Mitte der leeren Bühne. Das schwarze, eng anliegende Kleid, mit kleinen Schmucksteinen besetzt, hatte sie selbst entworfen und von ihrer Haushälterin nähen lassen. Der Zimmermannshut als Symbol einer wiedererlangten Freiheit, der Lola müde entgegensieht, stammt aus einem Hamburger Berufsbekleidungsgeschäft und hat sich als einziges Requisit aus dem Film erhalten.[39] Rath schleicht aus dem Bild, um in seiner Schule zu sterben. Die Ermahnung zu Treu und Redlichkeit erklingt noch einmal zum tragischen Ausgang der Geschichte. Am 7. Januar 1930 stand Marlene zum letzten Mal vor der Kamera.[40] Am 22. Januar war letzter Tag im Atelier.[41]

Sieben Tage später bot ein Telegramm der Paramount Pictures Marlene Dietrich einen Vertrag an.[42] Die Ufa, entsetzt von Thema und Darstellungsweise des *Blauen Engels,* machte von ihrer vertraglich vereinbarten Option auf die Schauspielerin keinen Gebrauch. Josef von Sternberg verließ Berlin am 11. Februar.[43] Marlene erwirkte die Auflösung eines Dreijahresvertrags mit der Berliner Bühne und unterzeichnete im Büro des Berliner Paramount-Agenten einen Vertrag für zwei Filme. Sie wird ausschließlich unter Sternbergs Regie drehen, und sie hat eine halbjährige Pause, damit sie sich um ihre Tochter kümmern kann. Das waren, angesichts der politischen und wirtschaftlichen Lage in Deutschland, paradiesische Aussichten.

Während *Gefahren der Brautzeit* am 21. Februar im Roxy-Palast uraufgeführt wurde[44], sang Marlene die Songs aus dem *Blauen Engel* für eine Schallplatte ein. Am 15. März 1930 wurde *Der blaue Engel* freigegeben.[45] Die rechte Presse erging sich sofort in Polemik.[46]

Tatsächlich markiert der Film das Ende einer Ära. Nicht nur Marlene Dietrich, auch Heinrich Mann ging in die USA, ebenso wie sein Schriftstellerkollege Karl Vollmoeller, der Produktionschef Erich Pommer und der Musiker Friedrich Hollaender. Rosa Valetti emigrierte 1933 nach Wien, wo sie 1937 starb. Kurt Gerron wurde in Auschwitz ermordet. In der Bar des Hotel Eden begegnete die von ihrem Stammtisch Abschied nehmende Marlene Dietrich Erich Maria Remarque. Der Autor wird sich acht Jahre später als ihr Liebhaber erinnern, dass er sie im hellgrauen Kostüm mit sehr geraden Schultern sah, und er wird nicht mehr verstehen, dass er sie damals gehen ließ.

Viel Prominenz feierte am 1. April 1930 um 20 Uhr im Gloria-Palast auf dem Kurfürstendamm die Premiere des *Blauen Engels.* Marlene Dietrich erschien in einem langen weißen Chiffonkleid mit Volants. Bereits etwas verschlankt, trug sie es locker fallend, dazu weiße Handschuhe und eine lange Kette mit dunklen Steinen. »Eine elegante und glanzvolle Robe, wie es einem Star entsprach«, lobte Sternberg.[47] Später wird sie einen weißen Pelzmantel umwerfen.

Der Abend gehörte Marlene. Das Publikum applaudierte ihr stürmisch und lange, vor allem den Songs.[48] Ihr Spiel spricht noch heute zu uns. Ihr verdankt der Film, dass er nicht altert bzw. schön altert. Für Cineasten gehört *Der Blaue Engel* zu den größten Klassikern.

Marlenes Zug fuhr kurz nach 23 Uhr vom Lehrter Bahnhof ab. Ein Foto zeigt sie am Fenster des Abteils, den Arm voller Blumen. Sie reiste erster Klasse in Begleitung ihrer Haushälterin Theresia Kunzmann auf dem Ozeandampfer Bremen, elf Decks, vier Fahrgastklassen. Sie hatte sich gerade in außerordentlicher Weise profiliert, der Tonfilm bereitete ihr keine Schwierigkeiten, sie beherrschte die englische Sprache, war in einer Weltstadt aufgewachsen, in der seit Jahren der Kult des Amerikanischen regierte. Sie vertraute Sternberg, sie kannte Wilhelm Dieterle, Lubitsch, Murnau, Eisenstein. Außerdem war sie entschlossen, nur zwei Filme zu machen. Ein überschaubares Unternehmen?

Während der Überfahrt erhielt sie zahllose Telegramme, die begeisterte Pressereaktionen auf den *Blauen Engel* mitteilten.[49] Der *Berliner Börsen-Courier* hatte am 2. April geschrieben: »Alles ist Film, nichts Theater. Zum ersten Mal kommt eine Frauenstimme im Tonfilm mit Timbre, Klangfarbe, Ausdruck heraus. Außerordentlich.«[50] Fünf Tage später jubelte und bedauerte der *Montag-Morgen,* Berlin: »Alles an ihr ist neu und aufreizend; dieser lockende, einladende Gang, diese kühle Verdorbenheit, diese sinnliche Aggressivität in Ton und Bewegung – Marlene Dietrich ist nach Hollywood gegangen. Der deutsche Film ist um eine Künstlerin ärmer.«[51] Am 29. April wird *Die Weltbühne* nachlegen: »Weiß Gott, ob dieser Frau ein zweites Mal so etwas gelingen wird, aber dies hier macht ihr in den Filmateliers einiger Kontinente niemand nach. Dieses herrlich laszive Gesicht, diese hagere stelzende Gestalt mit den schäbigen Seidenhöschen und den unwahrscheinlichen schwarzen Gummistrumpfbändern gehört zu den wenigen wirklich großen Filmeindrücken seit Jahren.«[52] Ab jetzt wird das Attribut Sex-Appeal zu ihr gehören. Ihre Beine erlangen Weltruhm.

Bereits am 3. April 1930 hatte sich Josef von Sternberg gemeldet: »NEUER FILM HEISST MAROKKO NACH DER GESCHICHTE AMY JOLLY AUS DEM BUCH DAS DU IN MEIN GEPÄCK GETAN HAST STOP DU WIRST WIEDER FABELHAFT SEIN.«[53] Paramount hatte die Filmrechte für den Roman von Benno Vigny bereits gekauft.[54] Als Marlene nach ihrem Filmpartner fragte, reagierte ihr Regisseur eifersüchtig, nannte aber den Namen Gary Cooper. Marlene alarmierte sofort Rudi, dass auch er sich bei Sternberg bedanke und ihm alle positiven Kritiken schicke.[55] So wird die Begleitmusik ihrer nächsten sechs Filme und nächsten vier Lebensjahre klingen.

Am Morgen des 9. April legte die Bremen in New York an. Ein Mitarbeiter der Paramount kam an Bord. Ein Foto zeigt Marlene Dietrich in einem bescheidenen unifarbenen Kleid mit Jäckchen, dessen Ärmel mit Pelz besetzt sind. Sie hat eine mit Diamanten besetzte Platinbrosche in Form einer Rose angesteckt, ein Geschenk Sternbergs, trägt dunkle Seidenstrümpfe, Satinpumps mit Verzierung, eine Kappe, die sie ebenso wie das Haar weit aus der Stirn geschoben hat, und sitzt auf einem Berg von Koffern, in einem ihr tragbares Grammophon, zwei Geigenkästen, in einem die singende Säge, verschnürte Taschen, ein Weidenkorb. Ein Bild mit ambivalenter Botschaft. An ihren Mann schrieb sie: »Du weißt, dass ich Anweisungen befolge, aber mich auf das Gepäck setzen?«[56]

Wird sie ankommen? Wird es ein Zurück geben? Sie hat ihre Familie, ihre Freunde, ihr Netzwerk, Menschen, die sie kannten und zu nehmen wussten, und nicht zuletzt ihre Stadt hinter sich gelassen. Sternberg hat sie mit seiner Kamera dazu verführt, doch noch an die große Karriere zu glauben. Dieser wird sie alles unterordnen. Sie wird häufig aus Koffern leben; Schuhkoffer mit kleinen Fächern und Schubladen, Schrankkoffer mit großen Fächern und Schubladen. Ab jetzt notierte sie auf gepackten Koffern den Bestimmungsort und -zweck, vermerkte in Terminkalendern und Listen, welches Kleid sich in welchem Koffer befand und auf welchem Kontinent dieser Koffer stand.

In New York wartete eine Limousine und fuhr Marlene ins Ritz. Dort warteten die Reporter. Sie sollte sich wie zur Cocktail Hour kleiden und wusste nicht, was gemeint war.[57] Jesse L. Lasky,

Mitbegründer der Paramount, stellte sie einer ebenso erwartungsvollen wie skeptischen Presse vor. Miss Dietrich erwähnte Mann und Kind und verstieß damit zum ersten Mal gegen die Regeln Hollywoods.

Marlene wird nicht nur weiterhin über ihre Familie sprechen, sie wird mit ihrem Publikum ihre Ansichten über die Liebe, die Mode, das Kochen teilen. Von Anfang an interpretierte sie die ihr aufgezwungene Konkurrenz mit Greta Garbo außerhalb des Studios auf ganz eigene Weise. Garbo gab keine Interviews, Marlene plauderte. Garbo verbarg ihr Privatleben, Marlene zeigte sich mit ihren Liebhabern in der Öffentlichkeit. Garbo kleidete sich äußerst leger, Marlene wird zur Stilikone.

Nach ihrem ersten Presseauftritt lichtete der New Yorker Society-Fotograf Irving Chidnoff Marlene Dietrich u.a. im weißen Premierenkleid mit Pelzmantel und schmachtenden Posen ab. Ihr Regisseur tobte am Telefon und setzte durch, dass sie nur noch unter seiner Aufsicht fotografiert werden durfte. Zwar hatte er auch verlangt, alle Negative und Abzüge müssten vernichtet werden, doch Marlene rettete einige. Sternberg reiste ihr entgegen. Als beide am 13. April aus dem Zug stiegen, trug Marlene Dietrich ein mädchenhaftes Streublümchenkleid mit Spitzenkragen und eine Filzmütze.[58]

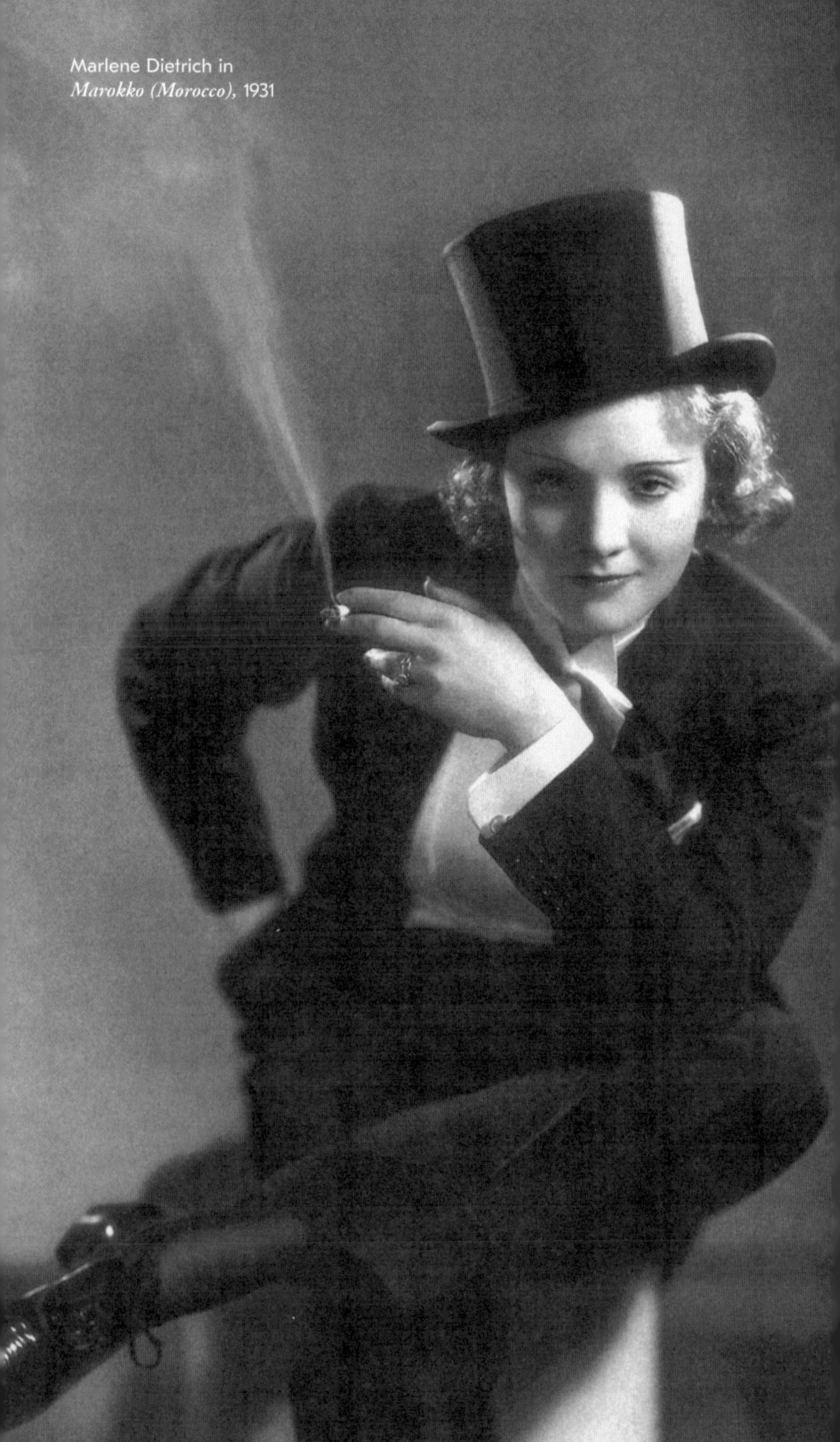

Marlene Dietrich in
Marokko (Morocco), 1931

EIGENE HOSEN UND FREMDE FEDERN

Seit Beginn ihrer Karriere hatte Marlene nach einem Gegenüber wie Josef von Sternberg gesucht. Die Unsicherheiten und Umwege ihrer ersten drei Lebensjahrzehnte schienen beendet. Jetzt wird sie für das vielseitigste der Studios in Hollywood arbeiten, das außerdem über die besten Kostümbildner und Ausstatter verfügte. Paramount Famous Lasky Corporation (später Paramount Pictures), unter der Leitung von Präsident Adolph Zukor und Produktionschef Jesse L. Lasky, realisierte jährlich etwa achtzig Filme. Dank eines multinationalen Vertriebssystems die größte Filmgesellschaft der Welt, kündigte sie die Neue aus Deutschland, Paramounts Antwort auf die Garbo, die große Entdeckung des Jahrhunderts hymnisch an.[1]

Ewiger Sommer und allumfassende Künstlichkeit. Ebenen, Berge, Hügel, vom Stillen Ozean bis zur Wüste und den Rocky Mountains. Riesige unbebaute Flächen. Zitrusfrüchte, Mietvillen mit Agaven, Palmen, Gärten und Pools. Fast märchenhafter Luxus, wohin Marlene auch blickte. Beschwingt berichtete sie ihrem Ehemann am 14. April 1930: »Blumen und ein grüner Rolls-Royce, vom Studio geschenkt. Ich habe zwei Dienstmädchen. (…) Jo hat ein Bankkonto mit 10 000 Dollar vom Studio für mich eröffnet. Er hat mir gezeigt, wie man Schecks schreibt. Ich lege einen für 1000 Dollar bei. Mein erster Scheck. Rahme ihn nicht ein. Benütze ihn. (…) Morgen beginnen wir mit der Arbeit an den Kostümen. Für eines davon be-

Schwarz ist der Anfang von allem, der Nullpunkt, der Umriss, der Behälter – dann der Inhalt.
Christian Lacroix

nutze ich meinen eigenen Frack, in dem mich Jo bei der Party in Berlin gesehen hat.«[2]

»Ich versuche, nichts zu essen«, gestand Marlene Rudi, »in Berlin sah ich gut aus, aber was zu einer drallen Hure aus Lübeck passte, passt nicht zu *Marokko.* Amy Jolly muss elegant und geheimnisvoll sein.«[3] Und ein Star ist ein Star und hat auszusehen wie ein Star, so waren die Gesetze Hollywoods. Sonst gab es Tratsch und Häme: Bei einer Wohltätigkeitsveranstaltung gewahrte Louise Brooks in einem Nebenraum, allein auf einer Rundbank, »eine hübsche, mollige Blondine. Es war Marlene Dietrich. Ihr schönes blondes Haar war dicht gewellt, sie trug ein himmelblaues Chiffonkleid, und die bemerkenswerten Beine steckten in schweren deutschen Seidenstrümpfen«.[4] Auch der Fotograf John Engstead mokierte sich über Marlenes Erscheinung: »Da gingen mindestens 160 Pfund Marlene. Und ganz offensichtlich hatte niemand vorher auf ihre Garderobe gesehen, denn diese massive Dame trat in einem mehrfarbigen, luftigen Chiffonkleid auf. An das Kleid war Flitterkram appliziert, der jedes ihrer Pfunde zur Geltung brachte. Auf dem Kopf trug sie einen Hut aus Pferdehaar.«[5]

Wir wissen, dass Marlene Dietrich 1,67 oder 1,68 Meter groß war und ihr Haar goldblond mit rötlichem Schimmer. Sie hat kaum Konfektion getragen. Kleider aus der frühen Zeit weisen eine Taillenweite von circa 70 Zentimetern auf. Auch ihre Schuhe wurden nach individuellen Leisten hergestellt und tragen keine Größenangaben. Sie entsprechen etwa der Größe 37 oder 38.[6] Jetzt machte sie Diät und Gymnastik, ging zum Stimmbildner und in Schönheitssalons.

Marlene trat zu einem Augenblick in die Geschichte des Films, als ein Gesicht das Publikum zutiefst beeindrucken konnte. Darauf beruhte der exorbitante Erfolg von Greta Garbo.[7] In Marlene Dietrichs amerikanischem Pass von 1939 steht unter Augenfarbe blau. Männer, die sie verehrten wie Alfred

Polgar, sahen genauer hin: »Marlenes Augenfarbe ist grün. Grün in vielen je nach Stimmung und Belichtung wechselnden Tönungen. Genaue Kenner aller Möglichkeiten von Grün sagen, sie habe meergrüne Augen.«[8] Unter den Händen der Studiomaskenbildnerin wurden ihre Augenbrauen nun zu Schmetterlingsflügeln. Falsche Wimpern und ein weißer Strich auf dem unteren Lid ließen die weit auseinanderstehenden Augen noch größer erscheinen. Ein dünner Silberstrich begradigte die Nase optisch. Mit diesen Tricks wirkten die Wangenknochen höher, das Gesicht schmaler, strukturierter, seine Symmetrie ausdrücklich betont. Sternberg wollte ein pures Gesicht. Der in Colorado geborene Paramount-Fotograf Eugene Robert Richee (1896–1972), seit 1921 beim Studio, schoss eine erste Serie im schwarzen V-Ausschnittkleid. Sie zeigt eine elfenhaft zarte Marlene.

Neben Schönheit gehörte Mode zum Kerngeschäft der Filmstudios. Besonders das weibliche Publikum wartete, seit Gloria Swanson den Hollywood-Glamour erfunden hatte, gespannt auf die neuesten spektakulären Kreationen der Kostümbildner, über die Zeitschriften wie *Photoplay* und *Screenland* regelmäßig berichteten und die in der Konfektion kopiert wurden. Also wurden von Marlene erste Kostümstudien fotografiert: Ein schwarzes Samtkleid suggerierte madonnenhafte Unschuld, eine schwarze Kostümjacke mit weißer Spitzenbluse brachte etwas altbackene Damenhaftigkeit. Alles in allem ziemlich unbefriedigend. Der Texaner Travis Banton (1894–1958), Chefkostümbildner des Studios, Star unter den Hollywood-Designern und Modemacher der New Yorker High Society, wird das ändern. In seinem Atelier, luxuriös mit Antiquitäten und Gemälden eingerichtet, verbrachte der Hollywood-Neuling bald seine Tage. »Die Arbeit an den Kostümen geht gut voran und macht mir Spaß. (…) Jo sagt uns, was er will, und Travis und ich reden darüber, wie die Kleider aussehen müssen. (…) Er [T. B.] ist genauso ausdauernd wie ich. Wir beide werden niemals müde.«[9]

Nicht nur im Film, auch bei Marlenes Markteinführung sollte ihr Frack punkten. »Papilein, Jo wurde gebeten, einen Trailer von mir zu machen, damit die Vertriebsabteilung einen Eindruck von mir bekommt.«[10] In dem bereits abgedrehten Imagefilm *Paramount on Parade* mit Gesang und Tanz traten zu Beginn drei Schauspieler im Frack und Zylinder auf. *Introducing Marlene Dietrich* – heute verloren – zeigte sie in Anspielung darauf in diesem elegantesten aller Herrenanzüge. Homoerotischer Touch und direkte Konkurrenz zu männlichen Kollegen – ein doppelter Skandal als Entree für Marlene. »Das Studio war in hellem Aufruhr. ›Slacks‹ (so nennt man hier Hosen). Anscheinend tragen die amerikanischen Frauen keine ›Slacks‹. Hier glaubt man, dass kein Mann eine Frau in Hosen anschaut. Jo sagte zu ihnen: ›Ich bin Miss Dietrichs Regisseur, und was sie trägt, bestimme ich!‹.«[11] Nach Berlin schickte sie erste Stand-Fotos mit der Widmung: »Für meine süße Tami! Marlene.«[12]

Wenn die Kasse stimmte, gewährte Paramount seinen Schauspielern und Regisseuren die größten künstlerischen Freiheiten. Der Sittenkodex und die Verträge Hollywoods aber erlaubten weiblichen und männlichen Stars weder die filmische Darstellung von Homosexualität noch deren öffentliches Ausleben. Folglich verschwiegen sie gegebenenfalls ihre gleichgeschlechtliche Orientierung oder dementierten sie durch Heirat. Um die unverheiratete Garbo rankten sich diesbezüglich seit je Gerüchte, die auch in ihrem maskulinen Kleidungsstil Nahrung fanden. In *Unsichtbare Fesseln* (1929) spielte sie z. B. eine unkonventionelle Frau, die weite helle Flanellhosen zu flachen Schuhen trug; ein Kleidungsstil, den sie auch privat bevorzugte.

Seit ihren Anfängen in Hollywood waren viele Schauspielerinnen als Konkurrenz zu Garbo eingeführt worden und neben dem Vorbild verblasst. Marlene Dietrich wollte sich unbedingt behaupten und machte mit Berliner Androgynie der Goldenen Zwanziger auf sich aufmerksam: »Wir beide [J. S. u. M. D.] wurden zu einer Party im Haus der Schulbergs eingeladen und hatten natürlich nicht die geringste Lust, dahinzugehen. (...) Aus Höflichkeit gingen wir hin. Ich trug meinen Marineblazer, weiße Flanellhosen und eine Segelmütze (um ein bisschen ›schlechten‹ Willen zu demonstrieren). Küsse, Mutti.«[13] Paul wurde zur Sensation des Abends. Wie in ihrer Kindheit konnte Marlene sich auch jetzt mit dem Wechsel der Rolle, der Kleidung, Freiraum schaffen. Sie provozierte, sie siegte. Alle sprachen über sie, aber niemand spottete mehr über ihre Figur. Maria Riva ergänzt, ihre Mutter habe dem Brief ein Foto des »Jachtkostüms« beigelegt. Es habe für eine solche Aufregung gesorgt, dass das Studio vorhabe, Tausende davon zu drucken mit der Aufschrift: »Die Frau, die sogar von Frauen geliebt wird.«[14]

Die bewusst eingesetzten Hosen machten Marlene Dietrich zur perfekten Antithese einer Amerikanerin. Mit ihr bekam das Studio einen Star mit Alleinstellungsmerkmal, eine echte Konkurrentin zu Garbo, obwohl die Filmmagazine schrieben, sie ginge nicht auf Partys, lese die Bücher, die ihr Mann ihr schicke, und sehne sich nach ihrem Kind, kurz, sie sei langweilig. Marlene nutzte die Zeit, weiter an ihrer Figur zu arbeiten: »Ich habe Jo gebeten, dass er mich Schwarz tragen lässt. Ich esse nichts, aber sehe immer noch dick aus. Er findet das nicht, und nichts ist schwieriger zu fotografieren als Schwarz, aber mir zuliebe ist er einverstanden.«[15] Nicht nur ihr zuliebe, sondern auch, weil Schwarz die Aura des Geheimnisvollen und Unergründlichen am besten transportierte, mit der er seine Hauptdarstellerin in *Marokko* umgeben wollte.

Der erste Drehtag begann für Marlene morgens um 6 Uhr mit Schminken, Anziehen und Frisieren. Eine Stechuhr wachte über die Pünktlichkeit. Am 17. Juli 1930 stand sie zu Beginn von Sternbergs suggestivem Panorama der Erotik, in dem alle

Blicke, Dialoge und Gesten mit Begehren aufgeladen sind, irgendwo vor der Küste Nordafrikas an der Reling eines Schiffs.[16] Weiches Licht wirft durch den Nebel Schatten auf ihre Wangen, ein knapper Hut mit Schleier zeichnet die Form des Kopfes. Das Schwarz ihrer Kleider kontrastiert zu den hellen Gewändern der Araber. Alles signalisiert eine faszinierende Fremde. Die Zuschauer erfahren, sie ist eine der Selbstmord-Passagiere. Sie reisen ohne Rückfahrkarte. Sie kehren nie zurück. Die schweren Lider heben sich, Amy Jolly blickt auf den eleganten La Bessière, gespielt von Adolphe Menjou (1890–1963), der ihr seine Hilfe nicht nur beim Wiedereinpacken des heruntergefallenen Koffers anbietet. Ich brauche keine Hilfe, sagt die neue Identifikationsfigur der Traumfabrik: sinnlich und unabhängig. Das Foto von Marlene auf ihrem Kofferberg, jetzt hat Sternberg es neu inszeniert.

Kameramann Lee Garmes (1898–1978) erschuf mit von rechts hoch oben einfallendem Licht, frei nach dem Maler Rembrandt, den klassischen Anblick ihres Gesichts: »Papi, er nahm eine Großaufnahme auf, die längste, die ich je gesehen habe. Im Studio sagt man, es sei der verlockendste ›sexy look‹, der je gefilmt worden ist. (…) Aber wenn man beim Zuschauen weiß, dass ich dabei eins, zwei, drei zähle, dann ist es sehr komisch!«[17] Marlene Dietrich erkannte, dass Sternberg sie Gefühle darstellen ließ, ohne dass sie darüber nachdenken musste.

Auch die Rahmung des Gesichts geriet perfekt: »Er hat den Farbton meiner Haare mit Licht verändert, indem er ein Gegenlicht so geschickt einsetzte, dass es nur die Spitzen meiner Haare berührte und damit einen Lichtring wie einen Heiligenschein erzeugte.« Die lebensvolle junge Frau wandelte sich zum vollkommenen Bild und jubelte: »Er ist ein Dichter, der mit Bildern statt mit Worten schreibt, und statt eines Stiftes benutzt er Licht und eine Kamera. Ich bin sein Produkt, ganz von ihm gemacht. Er höhlt meine Wangen aus mit Schatten, lässt meine Augen größer erscheinen, und ich bin fasziniert von dem Gesicht da oben auf der Leinwand und freue mich jeden Tag auf die Schnellabzüge, um zu sehen, wie ich, sein Geschöpf, aussehe.«[18] Die Fotos stammen von Eugene Robert Richee.

Männer schwingen Fächer, tragen Kreolen in den Ohren und klimpern mit den Wimpern. Marlene steht im weißen Hemd, weißer Weste, weißer Fliege und schwarzen Hosen in der Garderobe eines Nachtclubs, betrachtet sich im Handspiegel, singt und raucht und setzt ihren Zylinder auf. Der Besitzer rät ihr, sich einen Beschützer zu suchen, während er ihr in die Jacke des Fracks hilft. Marlene richtet ihr Einstecktuch. Sie sieht umwerfend aus, in der Herrenkleidung für feierliche und formelle Anlässe, die ihren Ursprung im englischen Frock, einer Jacke der Arbeiter Anfang des 18. Jahrhunderts hatte und bald von jungen Adligen zu informellen Anlässen getragen wurde. Seit dem 20. Jahrhundert ist der Frack schwarz, aus Wolle, mit taillenkurzer Jacke und läuft im Rücken in knielangen Schwalbenschwänzen aus. Revers und Knöpfe sind mit Seidensatin bezogen. Die Frackhose sitzt eng, ohne Bundfalten und Aufschläge. An den Seitennähten befinden sich zwei Seidenbänder – Galons. Darunter gehören dunkle Seiden- oder Wollstrümpfe bis zum Knie und schwarze Lackschuhe. Das Frackhemd ist weiß mit gestärkter Piqué-Brust, ohne doppelte Manschette, früher mit separatem Kragen und Knöpfen. Über dem Hemd wird eine weiße Frackweste mit Revers getragen. Krönender Abschluss: eine weiße Schleife (siehe Seite 76).

Vom Publikum erntet Amy Buhrufe, die sie kaltlassen. Ein junger, gut aussehender Legionär, gespielt von Gary Cooper (1901–1961), ist von ihr so hingerissen, dass er mit den Fäusten für Ruhe sorgt. Jetzt doch ein Beschützer? Sie setzt sich rittlings auf einen Stuhl, beobachtet, raucht, schreitet dann über die Bühne, nimmt lässig auf einem Geländer Platz und singt trotzig auf Französisch vom Tod der Liebe: *Quand l'amour meurt.* Dabei schnipst sie sich den Zylinder kühn aus dem Gesicht, nur um ihn mit souveräner Geste wieder in die Stirn zu schieben. Der junge Legionär salutiert, und Amy schnipst den Zylinder ein wenig nach oben. Ein Gast bietet ihr Champagner an. Die männliche Performance überzeugt. Marlene steigt über die Balustrade und leert das Glas mit einem Zug. Die Haltung der sie betrachtenden Männer imitierend, schenkt sie einer brünetten Schönen einen tiefen Blick. Als die in schrilles Gelächter ausbricht, zieht sie ihr eine Blüte hinterm Ohr hervor, riecht daran, küsst die Frau auf den Mund und dankt ihr durch das Antippen des Zylinders. Eine Abfolge, die sowohl als Imitation, Parodie und Bloßstellung männlichen Verhaltens wie auch als homoerotische Manifestation gesehen werden kann. Dann jedoch riecht Marlene nochmals an der Blume und wirft sie dem Legionär zu. Nun ist er, wie soeben die Frau am Tisch, in der passiv weiblichen Rolle. Amy hat das Publikum auf ihrer Seite.

Neben dem Kuss von Frau zu Frau erzählt die Szene vor allem von einer Frau, die nicht nur keine Hilfe braucht, auch keinen Beschützer, sondern sich in einer Männerwelt behauptet, einer Frau, die sich nicht das weibliche Geschlecht unterwirft, sondern das männliche, wie in allen Sternbergfilmen. Marlene hat auch im übertragen Sinn die Hosen an, schlendert zurück auf die Bühne, verbeugt sich, geht ab. Es ist eine der berühmtesten Crossdresser-Szenen der Filmgeschichte.[19]

Vorbilder für die Sternberg-Inszenierung finden sich in den Londoner Music Halls um die Jahrhundertwende, wo Sängerinnen wie Vesta Tilley, Bessie Bellwood, Ella Shields oder Hetty King in kompletter Herrenkleidung meist junge Mitglieder der Upperclass oder des Militärs spielten und dabei offen Kritik an deren Snobismus übten. Allerdings spielte Marlene nicht nur eine Frau, die eine Männerrolle parodiert, sondern bleibt auch in Männerkleidern eine Frau, wird quasi zum Vexierbild. Sternberg konstatierte kühl: »Diese männliche Attitüde verstärkte ihren Charme.«[20] Gerade er, dessen Filme immer auch den Realitätscharakter der präsentierten Welt hinterfragen, nutzte die Maskerade, um die Seherfahrung seiner Zuschauer zu erschüttern und die Konventionen Hollywoods anzugreifen. Damit nahm er die Prämissen der aktuellen Gender Studies um fast 100 Jahre vorweg.[21]

Marokko gehört zu den heute als Pre-Code bezeichneten Produktionen, eine Phase in der Filmgeschichte Hollywoods zwischen der Einführung des Tonfilms Ende der 1920er-Jahre bis zur Verschärfung der Zensur 1934.

Den Frack trug Marlene Dietrich bis zum Ende ihrer Bühnenkarriere, und unzählige Fans auf der ganzen Welt waren und sind sich einig: niemals war sie schöner als in diesem strengen Schwarz-Weiß.

Im Film ist der Herrenanzug nur Episode. Bereits in der nächsten Szene zeigt Marlene Bein in kurzen schwarzen Samtshorts und bietet dem Publikum Äpfel feil. Die paradiesische Eva oder Paris, der die Göttin mit der Frucht kürt, die ihm sinnliche Liebe mit der schönsten aller Sterblichen verheißt? Amy jedenfalls steckt ihren Zimmerschlüssel Legionär Tom Brown zu und trifft damit genau wie der antike Hirte eine ebenso tragische wie unumkehrbare Lebensentscheidung. Die Liebe, genauer Amys Ausgeliefertsein an die Liebe, übernimmt die Herrschaft über das Schicksal aller Beteiligten. Der Legionär flieht vor so viel weiblicher Hingabe, setzt den Zylinder auf und schreibt auf den Spiegel, er habe es sich anders überlegt. Wie in *Der Blaue Engel* vertauscht Sternberg die tradierten Geschlechterrollen: die entschlossene Frau, der flatterhafte Mann.

Enttäuscht nimmt Amy den Heiratsantrag La Bessières an. Von Tom verabschiedet sie sich im femininen langen weißen Kleid, kombiniert mit schwarzem Hut und schwarzen Handschuhen. Da wissen die Zuschauer noch nicht: die helle Kleidung signalisiert den unwiderstehlichen Ruf der Wüste und den Untergang. Als die Truppe ohne Tom Brown zurückkehrt, bricht Amy, begleitet von ihrem kultivierten Verlobten, überstürzt auf. Beide sind im Film meist nach dem gleichen Prinzip gekleidet. Jetzt jagen sie im hellen, eng gegürteten Trench, den das Kino sich stets für die großen tragischen Momente vorbehält, ihrer Liebe nach. Amy findet Tom schließlich in einer Kneipe mit einer anderen Frau. Ein Herz und Amys Namen hat er wie ein Schuljunge in die Tischplatte geritzt. Jetzt kann sie sich der Fremdenlegion für Frauen nicht mehr entziehen. In Umkehrung der Anfangsszene stapft sie in der Schlussszene ohne Mantel, ohne Hut, ohne Schleier, ohne Koffer barfuß im weißen Rock und weißer Bluse lichtüberflutet hinter den Soldaten, ihren arabischen Frauen und den Ziegen her. Keiner wird sie je wiedersehen. Sie verschmilzt mit dem Sand. Der Wind wird sie verwehen.

Marlene Dietrich dagegen war plötzlich im ganzen Land präsent, auf Reklametafeln, an Hauswänden, in Zeitungen und Fanmagazinen.[22] Im Kino gesehen hatte sie zu diesem Zeitpunkt noch niemand. Paramount bot seinem neuen Star einen Vertrag an, der ihr eine Gage von 3500 Dollar pro Woche sicherte.[23]

Die Vorbereitungen für den nächsten Film schlossen sich von Oktober bis Ende November 1930 an. In *Entehrt* (1931)[24] spielt Marlene die Witwe eines gefallenen Offiziers im Wien des Weltkriegs, die als Prostituierte arbeitet und sich vom Geheimdienst als Spionin anwerben lässt, während eine ihrer Kolleginnen bei strömendem Regen tot aus dem Haus getragen wird. Ich habe keine Angst vor dem Leben, kommentiert sie den Selbstmord. Und auch nicht vor dem Tod. Jetzt wird sie zur Soldatin, die durch ihren Einsatz fürs Vaterland ihre Ehre wieder herstellt. In einer endlosen Abfolge von Szenen und Kostümwechseln, Täuschungen, Verkleidungen, Maskeraden bleibt Marlene die rätselhafte Unbekannte. Ihr Gesicht ist noch makelloser, die Wangenknochen noch stärker akzentuiert, das Haar märchenfeenhaft hell: faszinierend, zum Verlieben. Endlich entflammt sie in romantischer Liebe zu einem gegnerischen russischen Spion, gespielt von Victor McLaglen (1886–1959), verhilft ihm zur Flucht und entwickelt sich zur tragischen Heldin. Travis Banton und Marlene kreierten ein dunkles Kostüm mit Pelzkragen, eine enge Federkappe mit gepunktetem schwarzem Gesichtsschleier, ein kurzes Kleid mit Glockensaum und ein glamouröses Abendkleid. Das beinfreie, paillettenbesetzte Karnevalskostüm der Göttin Pallas Athene mit Stiefeln und Raupenhelm lässt sie fremdschön erscheinen wie nie. Dazu kontrastieren Auftritte in der Ledermontur der Fliegerin und einem männlich geschnittenen Sakko mit weißem Hemd und dunkler Krawatte, Kleider einer mutigen Frau, die zu allem entschlossen ist.

Inzwischen machten der Regisseur und seine Schauspielerin deren Image als Geschöpf Sternbergs zum Grundpfeiler ihres gemeinsamen Erfolgs. Er identifizierte sich mit ihr, wie es Flaubert mit Madame Bovary getan hatte, sie verbarg sich hinter der Protagonistin eines Romans von George du Maurier, aus der ein dämonischer Magier mittels Hypnose eine begnadete Sängerin macht. Während der Dreharbeiten zu *Entehrt* standen sich Trilby und Svengali in Anzug und strengem Schneiderkostüm gegenüber. Sie wirken wie Zwillinge: Die Körpergröße, die Gesichter, selbst die Lockenfrisuren ähneln sich in verblüffender Weise. Sternberg blickt aus dem Bild, Marlenes Augen hängen an seinem Gesicht. Alles drückt die große Nähe aus. Liebende? Vielleicht. Einige Zeit trugen sie die gleichen hellen Anzüge unter hellen Wollmänteln mit großem Revers und Gürteln, Baskenmützen und Schals – Marlene vermittelte neben dem Gleichklang aber auch zunehmend einen Anspruch auf Gleichberechtigung, um die werden sie bis zu ihrem letzten gemeinsamen Film ringen (siehe Seite 89).

Entehrt endet mit der Exekution der Heldin, die dazu Kleider tragen will, in denen sie ihren Landsleuten diente, nicht ihrem Land. In der Gefängniszelle setzt sie mithilfe der blanken Klinge eines Säbels ihre Kappe auf und legt den Schleier darüber. Auf der Hinrichtungsstätte wischt sie einem jungen Offizier mit der Augenbinde die Tränen ab. Als er sich weigert, den Befehl zu ihrer Erschießung zu geben, nutzt sie die Zeit, sich die Lippen nachzuziehen und ein letztes Mal ihre Strümpfe zu richten. Wieder regnet es in Strömen. Und so endet der Film, wie er begonnen hatte, mit dem Blick auf Marlenes Beine. War ihre Filmfigur den ganzen Film über vieldeutig und widersprüchlich, stirbt sie als Frau, die sich selbst treu geblieben ist. Außerdem ist Schönheit in Hollywood stärker als der Tod.

Marlene Dietrich hielt sich in Berlin auf, als der Film am 5. März 1931 im Rialto Theater in New York uraufgeführt wurde. Er entwickelte sich nur zu einem begrenzten Erfolg, doch die Presse lobte ihre Leistung. »In diesem Film emanzipiert sich Marlene Dietrich von Josef von Sternberg, ihrem Regisseur, von dem sie sich in *Morocco* nachgerade hatte unterdrücken lassen. In *Dishonored* dominiert die Dietrich. Sie zeigt (…), dass sie sich ganz genau kontrolliert, dass sie immer weiß, worauf es ankommt.«[25]

Da hatte sie ihren sensationellen Durchbruch bereits geschafft: *Marokko* war am 14. November 1930 im Rivoli Theater in New York und elf Tage später in Grauman's Chinese Theater in Los Angeles präsentiert worden, eine besonders glamouröse Location und eine Premiere für Paramount. Die gesamte Hollywood-Prominenz, darunter Charles Chaplin in Begleitung von Georgia Hale, erwies Marlene die Ehre. Die neue Verkörperung der Erotik erschien an der Seite Josef von Sternbergs im schwarzen Kleid, grünen Abendschuhen und grüner Perlenkette, darüber einen Samtumhang mit Silberfuchsbesatz.[26] Adolphe Menjou, der überragend gespielt hatte, erging es wie Emil Jannings,

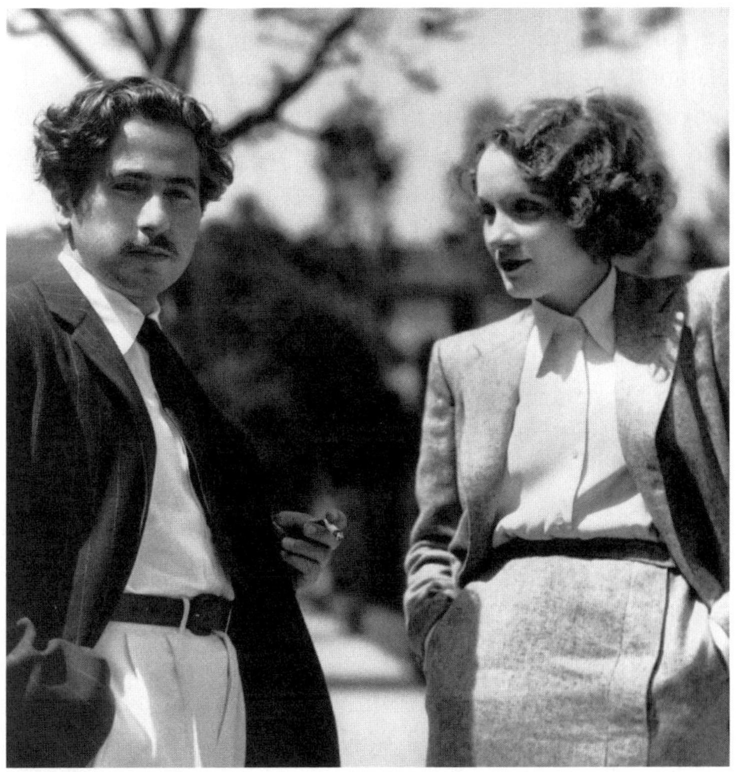

Marlene Dietrich und Josef von Sternberg während der Dreharbeiten von *Entehrt (Dishonored)*, 1931

er verblasste neben der Königin des Films. »Vor allem aber leuchtet Marlene Dietrich, der neuentdeckte Star, eine wirkliche (und sehr ungewöhnliche) Persönlichkeit, wie sie auf der Leinwand noch nicht zu sehen war, eine Schauspielerin eben, Symbol filmischen Glamours.«[27] Amy Jolly brachte ihr die einzige Oscar-Nominierung ihrer Karriere. Marlene Dietrich hatte alle, auch die kommerziellen, Erwartungen übertroffen.

Anfang Dezember kehrte Marlene mit neuen Schrankkoffern in ihre Heimatstadt und zu ihrer Familie zurück. Auf dem Schiff steht sie im schlichten dunklen Kostüm, weißer Bluse, schwarzer Krawatte und kleinem Glockenhut; überhaupt nicht glamourös, sondern geerdet und pragmatisch. Während Berlin sie ein einziges Mal stürmisch feierte, wurde Anfang Dezember *The Blue Angel* in Pasadena uraufgeführt. Marlene beging den Geburtstag ihrer Tochter und ihren eigenen. Erkannte sie ihr Berlin wieder? Die NSDAP war als zweitstärkste Partei in den Reichstag eingezogen. Überall begegneten ihr uniformierte Braunhemden. Viele Menschen waren ohne Arbeit. Remarques *Im Westen nichts Neues,* vom Sohn des jüdischen Hollywoodpioniers Carl Laemmle aus Oberschwaben als Antikriegsfilm produziert, führte zu beispiellosen Ausschreitungen. *Marokko* lief gerade in den Kinos an.

Am 7. Januar sang Marlene bei der Eröffnung des Tingel-Tangel-Theaters von Friedrich Hollaender. Auf Fotos, die in Berlin entstanden, trägt sie am Tage weiter den reduzierten Look: strenge zweireihige Kostüme, Blusen, dunkle Krawatten und Männerhüte. Hubert von Meyerinck sah sie dagegen abends in Rot »in der ersten Reihe des Theaters am Kurfürstendamm, und wir spielten wieder eine Revue, *Alles Schwindel.* Gustaf Gründgens war mit dabei, Theo Lingen und Margo Lion. Nachher begleitete ich Dich auf den Presseball. Die Menge stob vor Dir auseinander und ging rückwärts. Eine mondäne Kühle lag über Deiner glänzenden Erscheinung, und die funkelnden Brillanten an Deinem Hals strahlten nun echt«.[28] Elsa Herzog kommentierte Marlenes Outfit beim Presseball 1931 im *Berliner Lokal-Anzeiger* mit leichter Süffisanz: »Marlene Dietrich trägt ein weißes Georgettekleid mit lila Parmaveilchen, dazu blaßlila Schuhe und Handschuhe, und die zwölf Weißfüchse ihres langen Seidenmantels sind am Kopf leicht lila getönt. Nun, ihre Dollargagen gestatten ihr diese Extravaganz, die wiederum unserer Modeindustrie in schwerer Zeit hilfreich zugutekommt und unzähligen Arbeiterinnen Arbeit schafft, die sonst beschäftigungslos wären.«[29]

Marlene traf Charles Chaplin und den Autor Franz Hessel (1880–1941), der 1931 den bereits zitierten poetischen Essay über sie veröffentlichte: *Engel sollen nicht sterben!*. Sie stand dem Bildhauer Ernesto de Fiori für eine Büste Modell und nahm mit Peter Kreuder und Mischa Spoliansky eine Schallplatte u. a. mit den Songs aus *Marokko* auf. Eine Plattenfirma kaufte ihr die Aufnahme eines Liedes von Hollaender ab, das sie bereits im Februar 1930 auf eigene Kosten produziert hatte: *Wenn ich mir was wünschen dürfte.*[30] Marlene gab sich distanziert, verletzlich. Jetzt war sie zwar eine Berühmtheit, aber sie gehörte nicht mehr dazu.

In Begleitung ihres Ehemanns besuchte Marlene Dietrich die Premiere von *Marokko* Ende März in London. Am 15. April 1931 beehrte sie in Berlin das Modellhaus Max Becker und entschied sich für Sportkleidung, Abendkleidung, Pelze, Abendtaschen, Ansteckblüten, Hüte, Handschuhe.[31]

Einen Tag später begleiteten Rudi Sieber und Willi Forst Marlene zum Zug. Sie trug ein schlichtes Wollkleid[32], darüber den Raubtierpelzmantel aus dem *Blauen Engel,* einen grünen Filzhut auf dem Kopf[33]. Den Wildkatzenlook wählte sie in den Dreißigerjahren auch für einen Hausmantel aus Seidensamt und passende hohe Pantoffeln mit Schnürung und Metallglöckchen.[34]

In Berlin hielt sie ihre Tochter Maria an der Hand, während Peter Kreuders Kapelle ein Abschiedslied intonierte. Freundin Gerda Huber begleitete sie als Gesellschafterin und Kindermädchen für Maria. Rudi Sieber zog bald darauf mit seiner Geliebten Tamara Matul nach Paris und arbeitete dort als Synchronregisseur für Paramount.[35]

Sternbergs Ehefrau Riza Royce hatte Marlene Dietrich wegen Entfremdung der Gefühle ihres Gatten und Rufschädigung auf die enorme Summe von 600 000 Dollar verklagt.[36] Eine aufgeregte Menge Journalisten lauerte in New York und inszenierte den ersten großen Presseeklat um ihre Person. Sie bat Rudi dringend, zwecks Entkräftung dieser Vorwürfe zu ihr und Maria zu reisen. Am 24. April 1931 kamen Mutter und Tochter in Kalifornien an. Sternberg hatte die Art-déco-Villa von Dorothy di Frasso gemietet: abweisend, nach außen abgeschlossen, mit Garten und Pool für Maria.

Das Entsetzen des Studios über die Anwesenheit des Mädchens war groß. Marlene Dietrich hatte nicht nur über ihre Tochter gesprochen, sich bei sehnsüchtigen Telefonaten mit ihr fotografieren lassen, jetzt war sie auch noch erschreckend anwesend. Wie passte das zum Mythos? Sternberg stellte sich hinter Marlene, indem er sie dutzendfach mit ihrer Tochter fotografierte, beide mit Blütenkränzen im Haar oder mit den gleichen bestickten, bodenlangen Kleidern. So viel Weiblichkeit konnte selbst die Frauenvereine und die konservativen Landesteile erreichen.

Im Juli machte Rudi sich auf den Weg in die USA. Seine Ehefrau und seine Tochter holten ihn in Pasadena vom Zug ab. Marlene trug dunkles Sport-Jackett, hellen Hut, gepunktete Krawatte. Maria spottet: »Ihre einzige Konzession an die Rolle der ›begrüßenden Ehefrau‹ war ein weißer Rock statt der üblichen Hosen.«[37] Gemeinsam mit Josef von Sternberg unternahm Familie Sieber Ausflüge, posierte für die Fotografen. Vier Wochen später reiste Rudi zurück nach Paris. Die Ehe der Sternbergs wurde geschieden.[38]

Inzwischen drang das Studio auf die Wiederholung des Erfolgs von *Marokko*. Endlich sollte die Dietrich ihren Mann bekommen. Marlene spielte wieder eine Prostituierte, nun in China in Zeiten des Bürgerkriegs. Sie sang nicht und sie trug keine Hosen, dafür aber ihre bislang extravagantesten Filmkostüme. Im berühmtesten von ihnen umschloss ein Kragen aus den Federn mexikanischer Kampfhähne ihr Gesicht, hell erstrahlte es unter einer eng anliegenden Kappe aus demselben

Material. Einen Tag lang hatten Marlene und Travis Banton den passenden Schleier gesucht.[39] Maria, nun jeden Tag als Helferin an der Seite ihrer Mutter und mit kleinen Aufgaben betraut, begeisterte sich noch als erwachsene Frau: »Das Kleid war lang, der lose Dreiviertelüberwurf aus fließendem Krepp von Federn gesäumt. Wie Meereswellen aus glänzendem Schwarz umschmeichelten sie ihren Hals, fielen über die Schultern auf die Arme hinab und endeten erst dort, wo sie auf das matte Schwarz der enganliegenden Handschuhe aus dem feinsten Glacéleder trafen. Eine lange Kette aus großen Glasperlen lockte das Auge abwärts, die Handtasche mit dem schwarzweißen Art-déco-Muster hielt den Blick auf Hüfthöhe wieder fest.«[40] Travis Banton hatte die Handschuhe, Koffer und Taschen bei Hermès, Paris, herstellen lassen.[41]

Maria wird ihrer Mutter bis zum letzten Auftritt in Sachen Film- oder Showkostüm zur Seite stehen, interessiert an jedem Detail von deren Umgang mit Kleidung und Mode, beeindruckt von Marlenes Kompetenz – über sechs Jahrzehnte hinweg.

Bereits während dieser Vorbereitungen begann Marlene Dietrich sich vehement von ihrem Femme-fatale-Image, das in *Shanghai Express* (1932) einen neuen Höhepunkt erleben sollte, zu distanzieren. Der *Saturday Review* teilte sie am 15. August 1931 ihren Wunsch mit, »interessante Frauen« zu spielen, »Frauen mit komplizierten Charakteren. (…) Ich bin fest entschlossen, mich als Persönlichkeit zu behaupten und so weit wie möglich von der allgemeinen Vorstellung des Vamps auf der Leinwand fernzuhalten«.[42]

Die Dreharbeiten werden bis Ende 1931 andauern.[43] Peking, geschäftiges Treiben, Papierlaternen, Kulis, Hunde, Strohkoffer, Körbe, Kisten, Spruchbänder mit Schriftzeichen. In der Mitte ein übervoller Zug. Eine Sänfte nähert sich, ihr entsteigt Anna May Wong (1905–1961), die Marlene und Sternberg aus Berlin kannten. Dann schiebt sich ein Automobil mit Chauffeur ins

Bild. Marlene Dietrich in Schwarz mit Hahnenfedern taucht ein in ein Meer von Grau, meisterlich verwischt von Kameramann Lee Garmes, teilt dieses Grau, gleitet durch dieses Grau. Der Film präsentiert eines ihrer bekanntesten Gesichter, perfekt, schön und gefährlich, lichtüberflutet und durch Schatten strukturiert, orientiert an Renaissance-Vorbildern wie Leonardo da Vinci oder Raffael, kongenial festgehalten auf den Fotos von Don English. Marlene Dietrich kontrollierte sich inzwischen in einem lebensgroßen Spiegel.

Im Schnellzug bezieht Lily das Abteil neben ihrem Ex-Geliebten, Captain Donald Harvey, Militärarzt und steif gespielt von Clive Brook (1887–1974). Mit ihm beginnt sie einen Disput über Liebe und Verrat, den sie mit einem zum Klassiker gewordenen Satz der Filmgeschichte beendet: Es brauchte mehr als einen Mann, bevor ich Shanghai Lily hieß. Zum Abendessen erscheint die rätselhafte Schöne im bodenlangen schwarzen Kleid. Ihre spektakuläre schwarze Kappe ist mit zwei weißen Reiherfedern dekoriert, von denen eine bis auf ihre Schulter reicht. Wieder ist das Gesicht durch einen Schleier verhüllt. Maria Riva berichtet, wie ihre Mutter nicht mehr zu atmen schien, sobald sie geschminkt und angezogen war, und erst auf dem Set wieder zum Leben erwachte. Während der Dreharbeiten bügelten Helferinnen das Kostüm bei Bedarf an ihrem Körper auf.[44]

Sternberg ließ fast alle Szenen durch Fenster fotografieren. Enge und Gefangenschaft charakterisieren die Situation der Menschen im Zug ebenso wie ihre psychische Disposition. Die Ehrenmänner in Uniform werden sich disqualifizieren, die angeblich unehrenhafte Frau besteht. Und so beginnt zwischen Lily und Harvey ein Spiel um die autoritäre Aura männlicher Kleidung. Marlene, im pelzbesetzten Samtmantel mit hohem Kragen, der ihr Gesicht wie ein Lichtkranz umgibt, zieht den Widerstrebenden zu sich herunter, küsst ihn, nimmt ihm die Militärmütze ab, stößt ihn vor den Kopf, als sie beteuert, nichts

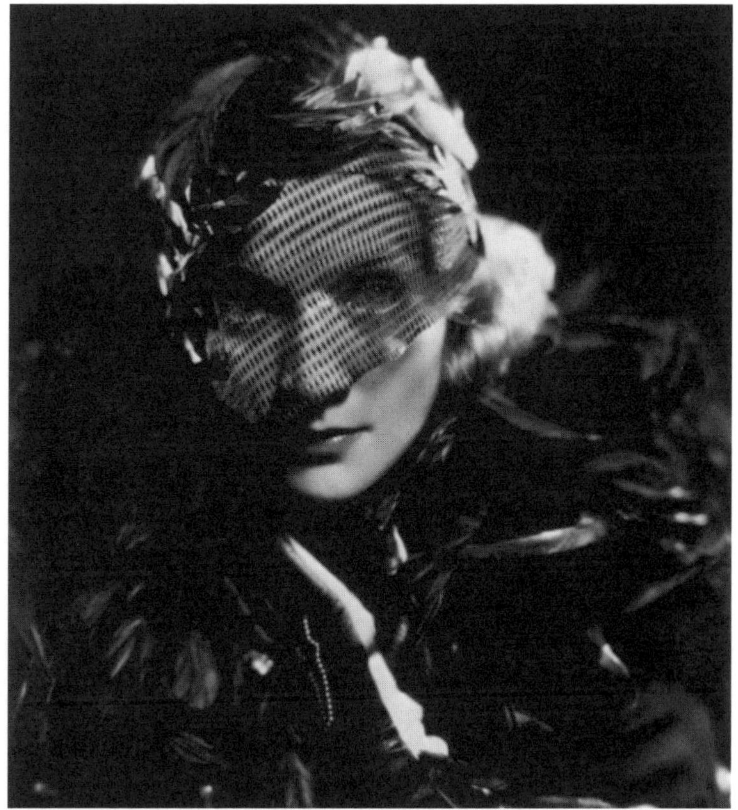

Marlene Dietrich in *Shanghai Express,* 1932

zu bereuen außer, dass sie sich die Haare hat schneiden lassen. Dann setzt sie ihm seine Mütze wieder auf. Sie begehren sich, der Mann und die Frau – aber auf wie unterschiedliche Weise – während er in Hilflosigkeit erstarrt, behält sie die Initiative, die Macht der Verführung stets fest in der Hand.

Der Zug wird von Bürgerkriegsrebellen gekidnappt, Captain Harvey als Geisel genommen. In deren Quartier geht Lily im schlichten hochgeschlossenen schwarzen Samtkleid mit Paillettenkragen und Manschetten zwischen wehenden Schleiern hin und her und wird, so weiblich und sittsam, fast zum

Opfer aggressiver Männlichkeit. Später wird Anna May Wong den übergriffigen Rebellenführer erstechen und damit Lily retten. Der eifersüchtige Harvey jedoch glaubt, sie habe sich Chang hingegeben, um ihn zu retten, und kann ihr das nicht verzeihen. Im Chiffonnegligé mit Federbesatz eilt Marlene über den Gang, hustet, bittet Harvey um eine Zigarette. Er gibt ihr Feuer. Endlich. Als der Zug Shanghai erreicht, ist der Ausnahmezustand Reise beendet.

Auf dem Bahnhof trägt Lily das wehrhafte Kleid und die Kappe vom Anfang, kauft Harvey eine neue Uhr für eine neue Zeit, lässt sich von ihm küssen und entwindet ihm dabei Reitgerte und Handschuhe. Alles kann erneut beginnen! Sternberg, der Marlene Dietrich mit diesem Film ein einzigartiges Image unerreichbarer Schönheit verliehen hatte, kommentierte lapidar, bei diesem Höhepunkt gemeinsamer Ästhetik gehe es eigentlich um den Zug, und schenkte ihr ein Porträtfoto von sich mit der Huldigung: »Was bin *Ich* schon ohne Dich? Jo (nach ›Shanghai Express‹).«[45]

Beim herannahenden Abschluss der Dreharbeiten sehnte Marlene sich nach Berlin und telegrafierte im Oktober an Rudi: »Liebster, rate mir, ob ich angesichts Lage Deutschlands hierbleiben soll.«[46] Für den nächsten Film hatte sie eine weitere Erhöhung ihrer Gage vereinbart.[47] Sie befand sich auf dem ersten Höhepunkt ihrer Karriere, während die USA weiter in der Wirtschaftskrise schlingerten, der Glaube an das Land der unbegrenzten Möglichkeiten und die Chancengleichheit für jeden ins Wanken geriet. 15 Millionen Menschen waren arbeitslos und verspürten wenig Lust auf sentimentale, realitätsferne Filme. Anspruchsvolle Produktionen drehten sich inzwischen um die veränderte Rolle der Frau als tapfere Kameradin oder fürsorgliche Mutter und bescherten Schauspielerinnen große Erfolge. Die Mode dagegen betonte, wie in allen Krisenzeiten, die weiblichen Kurven von Busen, Hüfte und Taille. Der

Rocksaum sank über hohen Pumps fast bis zum Knöchel, und Haare fielen lockig auf Schultern. Eine Weiblichkeit, die Männer erotisch stark ansprach, sich aber stets auch ihrer angeblichen ritterlichen Stärke unterordnete.

Vor diesem durch kontroverse Positionen charakterisierten Hintergrund strebte Marlene Dietrich größeres Mitspracherecht bei der Weiterentwicklung ihrer Karriere an, wollte nicht nur in Richtung zeitgemäßer pragmatischer Weiblichkeit gehen, sondern mit den Freiheiten der Männer gleichziehen. Die gewünschte Wende dokumentierte sie in kompletten Herrenoutfits, steckte ihre Haare unter einen kleinen Hut oder eine Baskenmütze und läutete damit die größte Moderevolution der Zeit ein.

Als die Männer begannen, sich durch eine entschiedene Haltung und einen guten Schneider zu definieren, entwickelte sich der Anzug zum Inbegriff der Herrenmode.[48] Der Dandy des 19. Jahrhunderts läutete eine Kultur männlicher Selbstdarstellung in der Anonymität der modernen Stadt ein. Sein schlichter, körperbetonter schwarzer Anzug verlieh dem Körper eine zeitlose, abstrakte Form, zeigte seine ideale Proportion, unterstrich die Harmonie der Bewegung. Chanel kreierte hundert Jahre später mit dem Kleinen Schwarzen das Pendant für die Frauen.

Männliche Mode legte und legt den Fokus aufs Detail, auf die Qualität der Wollstoffe, die Reversform, das Krawattenmuster. Marlene, inzwischen Perfektionistin in Sachen Passform und Qualität, wollte genau dieses Gefühl subtiler Macht. Darunter trug sie zarte seidene Boxershorts.[49]

Die Presse tat ihren neuen Style zunächst als Publicity-Gag ab, disqualifizierte ihn gar als geschmacklos. Zu provokant ihr Spiel mit den Geschlechterkonventionen. Die *New York Times* schrieb am 13. Dezember 1931 *The mode goes mannish:* »Wenn Sie sich wie Garbo oder Dietrich kleiden möchten, können Sie das in diesem Jahr tun, denn ihre Art von maßgeschneiderter Weiblichkeit ist das letzte Wort in Sachen Schick.«[50]

Im Januar 1932 verkauften Sternberg und Dietrich der Paramount einen Filmstoff um Mutterliebe in einer Dreiecksbeziehung mit dem Titel *East River.* Innerhalb eines Monats sollte daraus ein Drehbuch entstehen.[51] Das Studio verfügte inzwischen über 200 Niederlassungen im In- und Ausland sowie 500 eigene Kinos in den USA. *Shanghai Express* startete am 12. Februar 1932 und steigerte sich zum größten kommerziellen Erfolg aller Dietrich/Sternberg-Produktionen, zum umsatzstärksten Film der Saison, nominiert für drei Oscars: beste Kamera, bester Film, beste Regie. Kameramann Lee Garmes gewann die Auszeichnung. Das Berliner Publikum drängte in den Mozartsaal am Nollendorfplatz.[52] Marlene hatte aktiver und leidenschaftlicher gespielt als in den beiden vorhergehenden Filmen, doch das Publikum sah nur die Femme fatale, das erste und letzte Kleid mit den Federn.

Sofort warf Paramount noch größere Hoffnungen auf die Zukunft. Ab dem 15. Februar bekam Marlene eine erhöhte Gage, und die Dreharbeiten sollten beginnen. Nach mehreren Umarbeitungen und Umwidmungen wurde aus *East River* am 18. März *Blonde Venus.*[53]

Schluss mit den Männerfantasien, mit Leinwandtoden für Partner, die sie kaum kannte oder die ihr »Ich habe es mir anders überlegt« auf den Spiegel schrieben! Her mit einer Frau aus Frauenperspektive, einer Frau, die den wirtschaftlichen Verwerfungen der Zeit ausgesetzt ist und auf sie reagiert, einer Frau, die zwei Männer liebt und ihr Kind. Paramount sah nur das Thema Ehebruch aufleuchten, den Hays-Code auf den Barrikaden, die Kirchen empört und die Frauenvereine entrüstet. Wer sollte sich dann den Film noch ansehen?

Im Frühjahr 1932 verriet *Vogue,* Greta Garbo, Marlene Dietrich und die Drehbuchautorin Mercedes de Acosta ließen in Hollywood beim selben Schneider arbeiten: Watson & Sons. Nicht nur Katherine Hepburn und Barbara Stanwyck begannen ebenfalls Hosen zu tragen. Viele Frauen, sowohl die jungen Selbstbewussten in den großen Städten als auch die Farmersfrauen, die einmal im Monat mit ihrem Pick-up in die nächste Stadt ins Kino fahren durften, sahen auf den Fotos in den Zeitungen und Illustrierten, was Marlene Dietrich verkörperte: Modernität und Emanzipation, Selbstbewusstsein und Freiheit.

Einmal in Schwung, begann Marlene außerdem eine Beziehung mit dem 13 Jahre älteren Maurice Chevalier (1888–1972), Chansonsänger und Tänzer, ebenfalls seit Jahren bei Paramount unter Vertrag, Markenzeichen elegante Kleidung inklusive Strohhut, unter der Regie von Ernst Lubitsch in Musicalproduktionen zuständig für männlichen Charme. Der große Varieté-Star aus Frankreich fühlte sich in Hollywood ebenso einsam wie sie.[54] Marlene und Maurice gingen abends tanzen, sie hatten Spaß, posierten in farblich komplementär gestalteter Herrenkleidung: Sie im hellen Einreiher mit passender Baskenmütze und dunklem Rollkragenpullover, er im Glencheck-Anzug und Schiebermütze in einem mittleren Farbton, darunter ein weißes Hemd.

Die Fotos hatten eine klare Botschaft: Marlene Dietrich war mehr und anders als ihre Rollen, und sie gehörte nicht Josef von Sternberg, jedenfalls nicht privat. Sie gab sich unabhängig, und sie gefiel den Männern. Chevalier schenkte ihr einen Ring mit makellosem, rechteckigem Smaragd und begründete damit ihre Vorliebe für diesen Edelstein.[55] Noch Ende der Fünfzigerjahre sprach der Franzose mit großer Wärme von ihr: »Ich habe keine Gelegenheit ausgelassen, ihr meine Freundschaft und meinen Respekt zu zeigen. (…) Wo auch immer sie gerade sein mag, ich bin sicher, Marlene käme sofort, wenn mir ein Unglück zustieße. Mit Marlene befreundet zu sein, ist meiner Ansicht nach mehr, als eine Liebesaffäre mit ihr erlebt zu haben. Sie ist in der Freundschaft treu wie ein Mann.«[56]

Marlene baute Druck auf, erklärte, sie wollte wieder in Deutschland arbeiten, wenn sie den Film nicht in seiner ursprünglichen Form drehen könnte. Die Rechtsabteilung des Studios plagte sich immer noch mit der Beilegung der finanziellen Ansprüche von Sternbergs Ex-Ehefrau, die ihre Schadenersatzklage schließlich zurückzog.[57] Paramount konfrontierte Sternberg, der sich ebenfalls weigerte, eine geänderte Fassung zu drehen, mit einer Forderung auf Entschädigung und ersetzte ihn durch Richard Wallace.[58] Marlene rief nach Rudi.

In *Blonde Venus* wollte Marlene Dietrich vor allem ihren Jungen lieben. Anfang März gewann dies Thema enorme Brisanz, als der kleine Sohn von Charles Lindbergh entführt wurde. *Photoplay* berichtete darüber, wie Hollywoodstars ihre Kinder schützten, und ging dabei besonders auf Marlenes Wohnsituation ein. Prompt erhielt sie wegen Maria Erpresserbriefe.[59] Verängstigt und aufgebracht drohte Marlene erneut, nach Berlin zurückzukehren, zitierte ihren Mann nun energisch herbei und ließ die Fenster vergittern. Ihr Haus wurde von der Polizei überwacht. Maria bekam rund um die Uhr Leibwächter an die Seite gestellt. Ende April 1932 drohte auch Marlene Dietrich Suspendierung, weil sie sich immer noch weigerte, mit einem anderen Regisseur als Josef von Sternberg zu arbeiten und das laut Vertrag auch konnte. Tallulah Bankhead, für Marlenes Rolle im Gespräch, soll frohlockt haben: »Ich wollte schon immer die Hosen der Dietrich!«[60] Die Presse schrieb und schrieb.

Die Realität hatte das Thema des Films, die Entführung eines Kindes aus Liebe, längst überlagert. Sternberg akzeptierte wohl auch mit Rücksicht auf Marlenes Nerven die Änderungsvorschläge des Studios. Im Mai begannen die Dreharbeiten. Als Rudi Sieber am 5. Juni endlich eintraf, schienen die Wogen geglättet, sodass er drei Tage später nach Deutschland reiste, um ein Angebot, das die Ufa seiner Frau machte, vor Ort zu prüfen.

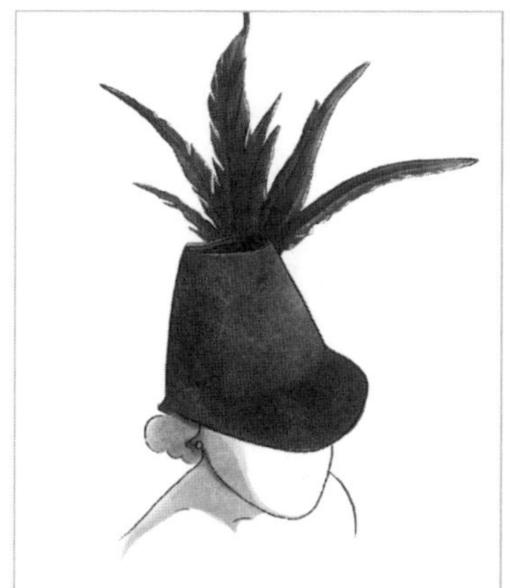

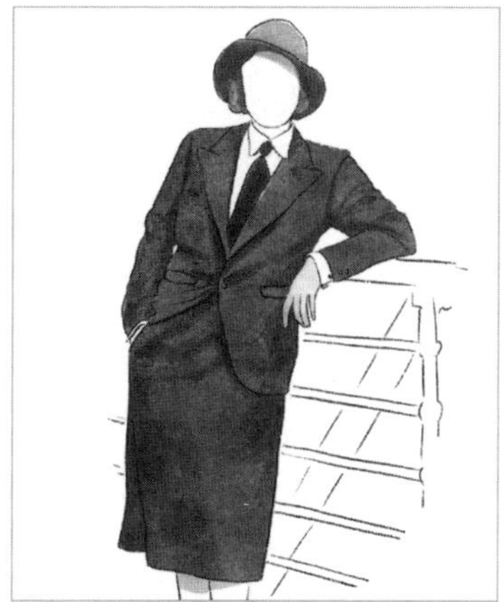

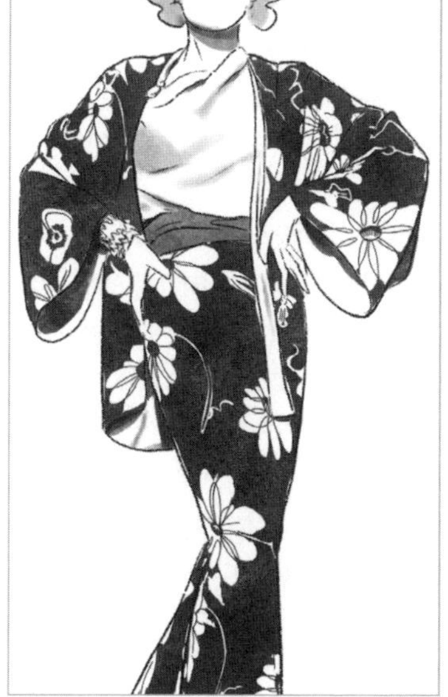

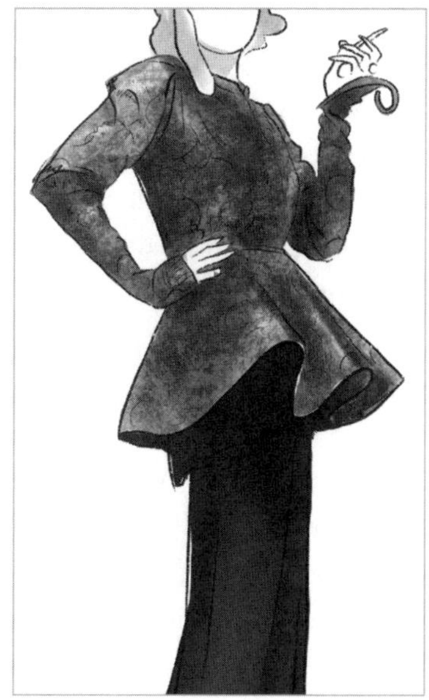

Die Jahre femininer Eleganz von 1930 bis 1939 bevorzugten eine lange schmale, weiblich fließende Silhouette und liebten extravagante Hüte als deren Krönung, wie diese Schildkappe mit Federn. Dazu galt am Tag und am Abend Pelz als ein Muss. Während Marlene bei der Überquerung des Atlantiks zu Beginn des Jahrzehnts dem schlichten Kostüm mit Krawatte und Hut treu blieb, steigerte sie sich in dessen Mitte zu exorbitanter Extravaganz, entworfen von ihrem Kostümbildner Travis Banton oder kreiert in den Pariser Salons der Haute Couture. Sie setzte Modemaßstäbe.

Wieder einmal rückte ein Film Marlenes Kabarettvergangenheit in den Mittelpunkt der Handlung. Zunächst sehen wir sie als deutsche Hausfrau und Mutter in braven weißen Blusen und Schürzen. Als ihr Filmehemann Herbert Marshall (1890–1966) erkrankt, kehrt Helen Faraday ohne sein Wissen in ihren alten Beruf der Nachtclubsängerin und ins Burlesque-Kostüm mit Federboa und Militärmütze zurück. So kann sie die Arztrechnungen bezahlen. Doch während der Ehemann sich zur Kur in Europa aufhält, erliegt sie den Avancen eines reichen, gut aussehenden Politikers, gespielt von Cary Grant (1904–1986), schreitet fremdfinanziert in wunderschönen fließenden Gewändern, kostbaren Mänteln und Pelzen einher und verkörpert erstmals den Aspekt zeitgemäße Modegöttin, wie es bei den Filmen der brünetten Joan Crawford und Kay Francis sowie der blonden Constance Bennett bereits Usus war – nur eben nicht so edel wie jetzt bei Marlene.

Standen sich in Marlenes Dietrichs Leben Josef von Sternberg und Maurice Chevalier eifersüchtig gegenüber, ist es im Film der Ehemann, der sie verstößt. Daraufhin kehrt sie aber nicht zu ihrem Liebhaber zurück, sondern entführt ihren kleinen Sohn, prostituiert sich, trinkt. Die Kleider werden immer abgerissener. Der Vater nimmt ihr schließlich das Kind weg. Helen macht in Paris Karriere, sobald sie sich in Männerkleidung wirft, genauer gesagt in einen weißen Frack mit Zylinder. Dann entsteigt sie einem Gorilla-Kostüm, setzt eine platinblonde Afro-Perücke auf und singt im kurzen blinkenden Kleid *Hot Voodoo.* Ihr Gesicht eine Chiffre von Fremdheit und Macht. Erst in den letzten Minuten versöhnt Helen sich mit ihrem Mann am Bett des gemeinsamen Kindes, der Liebhaber bleibt vor der Etagentür.

Die Einschränkungen der Zensur und zwei unvereinbare Konzeptionen prallten aufeinander: Sternbergs wunderschöne, Begehren erweckende, erschreckend unabhängige Frau und

Marlenes Revolte dagegen, ihr Kampf um Persönlichkeit und komplizierte Charaktere. Was sollte sich für sie à la longue daraus ergeben? Im Film trägt sie Pappmaschee-Kirschen an einem zerfetzten Strohhut.

Nachdem *Blonde Venus* im Juni 1932 abgedreht war, legte Paramount nach den jüngsten Erfahrungen Marlenes nächstem Film einen Roman von Hermann Sudermann aus dem Jahr 1908 zugrunde: *Das Hohe Lied.* Sternberg sollte nicht Regie führen, erklärte sich einverstanden und reiste zur Vorbereitung von *Hurricane* in die Karibik.

Marlene Dietrich fühlte sich im Stich gelassen und bezog mit Maria die ebenso prächtige wie gesicherte Villa im klassizistischen Stil ihrer außerordentlich erfolgreichen Schauspielkollegin Marion Davis am Strand von Santa Monica. Im Juli lernte sie die Schriftstellerin, Drehbuchautorin und Modedesignerin Mercedes de Acosta (1893–1968) kennen, dunkel, graziös, Tochter eines kubanischen Vaters und einer adligen spanischen Mutter. In einer streng spanisch-katholischen Familie in New York aufgewachsen, hatte sie als Kind geglaubt, ein Junge zu sein, und als Teenager für die Rechte der Frauen gekämpft.[61] 1920 erschien ihr erster Roman. Sie begann für Hollywoodstudios zu arbeiten, heiratete, liebte ihr eigenes Geschlecht[62] und gehörte zu einem Zirkel, der als Nähkreis bekannt war.[63] Aktuell schwärmte sie für Greta Garbo, die in *Wie Du mich wünschst* in den Augen vieler eine Parodie auf Marlene Dietrich ablieferte und sich dann für ein Jahr nach Schweden verabschiedete.

Mercedes schrieb dramatische Briefe, trug weiße Herrenkleidung, extravagante schwarze Umhänge und große Hüte. Marlene, deprimiert und einsam, umwarb die Anhängerin religiöser Kulte und vegetarischer Ernährung ebenso leidenschaftlich wie schwärmerisch. Sie überhäufte Mercedes mit Blumen und Geschenken, bekochte sie. Aktivität half gegen den Schmerz des Verlassenwerdens. Alles an der neuen Freundin schien geeignet für die Weltflucht, nach der sie sich sehnte. Fernab der Öffentlichkeit fotografierte Mercedes eine betont schlicht gekleidete Marlene, in weiter Hose, engem schwarzem Pullover, ohne Schmuck oder im hellen Anzug mit einer Nelke im Knopfloch, aber auch heiter im gestreiften Strandpyjama, wie ihn Garbo bereits 1929 in *Unsichtbare Fesseln* getragen hatte. Außerdem spielte Marlene Tennis mit dem späteren Wimbledon-Sieger und Modedesigner Fred Perry, beide in blütenweißer Flanellhose und weißem Seidenhemd bzw. cremefarbenem Pullover. Er war ebenso brünett wie Mercedes. Maria nennt das viele Weiß und die Hosen »die Uniform des Tages«.[64]

Schließlich packte ihre Mutter die Koffer für Europa. Doch Rudi warnte am 16. September entschieden vor einer Reise. »Ich rate Dir, jetzt nicht nach Deutschland zu gehen – politische Situation schrecklich – Neuwahlen – Gefahr eines Bürgerkriegs.«[65] Vier Tage zuvor hatte die KPD einen Misstrauensantrag gegen die Wirtschaftspolitik Reichskanzler von Papens gestellt. Die Mehrheit der Abgeordneten sprach sich gegen die Regierung aus, Reichspräsident Hindenburg löste den Reichstag auf. Neuwahlen waren für den November geplant. Marlene nahm von ihren Reiseplänen Abschied. Einmal mehr schien sie einzig auf den Drehort Hollywood zurückgeworfen.

Am 23. September schritt Marlene Dietrich zum ersten Mal im Gorilla-Kostüm über eine amerikanische Kinoleinwand.[66] *Cinema Quarterly*, Edinburgh, feierte zwar »jede ihrer Posen [als] grandios fotografiert; wie selbstverständlich nimmt sie den Film als das, was er ist – Hintergrund für ihr Ego. Sternbergs Regiestil ist elegant«.[67] In den USA jedoch wirkte das Trauma der Kindesentführung nach. Die meisten Kritiker befanden, dies sei Sternbergs schlechtester Film. »Die Aufnahmen sind entschieden manieriert.«[68] Im Ausland, vor allem in Deutschland rannten die Menschen ins Kino.[69]

Die Premiere von *Im Zeichen des Kreuzes* mit Charles Laughton als Nero am 30. November 1932 besuchte Marlene Dietrich im Smoking und kleinem Herrenhut, ließ sich zwischen Maurice Chevalier im Frack und Gary Cooper im Nadelstreifenanzug fotografieren, zeigte sich also auf Augenhöhe mit den männlichen Stars des Studios.[70] Dabei bediente sie sich eines weiteren Klassikers der britischen Mode, der auf die Mitte des 19. Jahrhunderts zurückgeht, als die Herren sich in vergleichsweise bequemen dunklen Samtjacketts in den Rauchsalon zurückzogen. Ende des Jahrhunderts bevorzugte man diese Jacken in Schwarz und trug sie im häuslichen Bereich auch bei Tisch. Als in den USA ein Herr in solch einer Jacke im noblen Tuxedo Club in New York auftrat, war die amerikanische Bezeichnung für das Smoking-Jackett geboren: Tuxedo, ein- oder zweireihig, aber immer ohne Rückenschlitz. Marlene trug das Revers spitz zulaufend, es kann aber auch als Schalkragen geschnitten sein und ist mit dem gleichen Seidensatin oder -rips besetzt wie der Knopf, der es schließt. Paspelierte Taschen ohne Klappen gewährleisten die gewünschte schmale Silhouette. Fliege und Kummerbund sind obligatorisch zu diesem eleganten Outfit, das Ende der Dreißigerjahre den Frack bei offiziellen Anlässen abzulösen begann.

Einmal mehr zeigte sich Marlene Dietrich als Frau, die Regeln bricht, Verwirrung stiftet, festgefahrene Vorstellungen verrückt. Außerdem proklamiert sie: Ich bin nicht allein!

Die Journalisten reagierten sofort: Verlässt Sternberg Marlene, weil sie Herrenkleidung trägt?[71] Von weiblicher Seite erfuhr Marlene Dietrich dagegen enorme Wertschätzung. Dorothy Donnell Calhoun, Korrespondentin an der Westküste für *Motion Picture Magazine* und *Motion Picture Classic,* blickte in die Zukunft: »Marlene trug lässig und herausfordernd den Smoking, der vielleicht einmal so sehr zum Symbol der Freiheit werden wird wie die Flagge von Betsy Ross – und posierte zuvorkommend für die Zeitungsfotografen. Jede Zeitung in Amerika zeigt Fotos von Marlene in Hosen.«[72]

Weihnachten feierte Marlene mit Maria, Rudi und vielen anderen. Ihr Mann brachte ein Drehbuch der Ufa mit.[73] Im Januar reiste Sternberg nach Berlin. Die US-Presse sprach inzwischen von seinem Verrat an Marlene Dietrich, Sternberg träumte von einem Berliner Film. Träumte er von einem neuen *Blauen Engel?* Auch Marlene wollte weg aus Hollywood, aber sie träumte nicht von Strapsen und Rüschenhosen, sie stieg in einen grauen Sakkoanzug, kombinierte dazu dunklen Rollkragenpullover, dunkle Baskenmütze, weißes Einstecktuch, weiße Handschuhe und ließ sich mit ihrem Rolls-Royce fotografieren. Der Chauffeur in Ledermontur öffnet dem Chef den Wagenschlag.

Die Fotos zeigen es deutlich: Marlene Dietrich bewegte sich im Anzug völlig zwanglos, ging mit großen selbstbewussten Schritten auf einer leeren Straße, strahlte. Ganz Dandy signalisierte sie unzweifelhaft: Ich fühle mich wohl, ich fühle mich frei. Mir gehört die Welt. Dieses urbane Lebensgefühl wird heute zelebriert von Hipstern mit Man-Bun, akkurat gestutztem Bart, umgeschlagenen Röhrenhosenbeinen und teuren Schuhen. Verspottete Marlene die Männer? Konnten Frauen wirklich so aussehen wollen, konnten Frauen sich wirklich so wohlfühlen wollen? So ohne Mann?

Marlenes Auftritt in Hosen steigerte sich zum globalen Medienevent. Sie sammelte Sympathien, stellte sich plakativ gegen die Männerwelt Hollywoods, und sie spielte auf Zeit. Ihr Vertrag band sie nur noch bis Februar 1933.[74] Paramount bedrohte auch sie mit einer Schadenersatzklage.[75]

Am 9. Januar 1933 gab Marlene Dietrich das Kräftemessen auf und traf sich im schwarzen Einreiher, heller Krawatte, weißer Bluse, schwarzer Baskenmütze, die Augen versteckt hinter einer runden Sonnenbrille, mit ihrem zukünftigen Regisseur zum Mittagessen im Restaurant des Studios.[76] Die Gespräche über die Kostüme fanden in ihrem Haus statt.[77] Maurice Chevalier sagte der *Los Angeles Times* am 24. Januar: »Ihr Hang zu Hosen und Smokings ist eine extravagante Marotte; andererseits könnte es jedoch auch sein, dass diese Marotte Mode wird.«[78] Cal York schrieb in *Photoplay:* »Und es wird noch verrückter, wenn man sieht, wie Marlene Dietrich in die luxuriöseste Schneiderei Hollywoods geht, um einen kompletten Herrenanzug in Weiß zu bestellen.«[79]

Inzwischen unterschied die Presse zwischen den Hosen von Garbo und Dietrich. Letztere trug Männerkleidung öfter und kompletter, sah darin aber wesentlich femininer aus. Alle waren sich einig: Marlene wins! Ende des Monats ernannte Hindenburg Adolf Hitler zum Reichskanzler, setzte Hugenberg als Reichswirtschaftsminister ein und löste auf Hitlers Wunsch den Reichstag auf.

Zum ersten Mal seit dem *Blauen Engel* musste Marlene sich in *Das Hohe Lied* (1933) auf dem Set ohne Sternberg behaupten. Regie führte ab Februar der junge armenische Theaterregisseur Rouben Mamoulian (1897–1987), bekannt für seine Eleganz und Stilsicherheit. Das Studio wollte in dem Film ausdrücklich eine feminine Dietrich, die die Anzugauftritte der jüngsten Vergangenheit vergessen ließ.[80] Der bewährte Travis Banton steckte Marlene als Mädchen vom Lande zunächst in Bauerntracht, dann musste sie hinter einem Vorhang die Kleider ablegen, um einem Bildhauer Modell zu stehen. Der verliebt sich zwar in Lily Czepanek, reicht sie aber dennoch weiter an einen Baron, der sie in viel Gründerzeitpomp hüllen lässt und sie als sein Eigentum zur Schau stellt. Als Spielball männlicher Launen zitierte Marlene Goethe, sang ein Schubert-Lied sowie *Jonny* von Friedrich Hollaender und flehte »Wo bist Du, Jo?« ins Mikrofon, vermisste ihr Gesicht, ihre Aura und war von Herzen unzufrieden. Auf dem Set gab sie inzwischen Anweisungen für die Kamerapositionen und begann, die Lampen einzustellen. Sie setzte um, was Sternberg ihr beigebracht hatte. Es war ein Wendepunkt ihres Lebens.

Die Ufa, zum Propagandawerkzeug mutiert, unterbreitete immer noch Angebote. Josef von Sternberg verließ Berlin. Am 27. Februar 1933 brannte der Reichstag. Eine Verhaftungswelle politisch nicht Opportuner setzte ein. Deutschland stellte keine Option mehr für Marlene Dietrich dar. Am 4. März trat Franklin D. Roosevelt sein Amt als Präsident der Vereinigten Staaten an. Damit begann eine zwölf Jahre währende demokratisch bestimmte Epoche.

Greta Garbo hielt sich inzwischen wieder in Hollywood auf und absorbierte die Aufmerksamkeit von Mercedes de Acosta. Marlene Dietrich begann eine Affäre mit Filmpartner Brian Aherne (1902–1986). Der smarte Brite war hingerissen von ihr. Fotos zeigen beide im Tweedanzug, er, fast doppelt so groß wie Marlene, trägt ihn mit Weste und Krawatte, sie mit weißer Bluse und offen wehendem Haar.

Marlenes Filmfigur floh schließlich in die Stadt zurück. Im schwarzen schulterfreien Abendkleid und breitkrempigen Hut mit Reiherfedern zerschmettert sie die Statue und sinkt dem Bildhauer in die Arme.

Nach seinem Start am 19. Juli 1933 in New York wird *Das Hohe Lied* in den USA gut aufgenommen.[81] Die großen Kinos hatten eine Replik der Aktstatue in ihren Foyers aufstellen lassen, wohl damit die Besucher Marlenes Hosen vergaßen. Nach Meinung des *Hollywood Reporters* war es ja so richtig, dass »La Dietrich sich von der Svengali-artigen Dominanz von Sternbergs löst«. Der *Los Angeles Examiner* schrieb: »Noch nie hat eine Trilby ohne ihren Svengali eine derart großartige Leistung erbracht.« *Newsweek* erlebte Marlene als so »lebendig und hinreißend, dass sie [den] Film in einen persönlichen Triumph ummünzt«. Die *New York Times* jubelte gar: »Marlene Dietrich schwebt durch [Song of Songs] mit der lyrischen Grazie einer

Erscheinung, die vom Himmel gesandt wurde, um einen Augenblick zu verschönen.«[82] Der Berliner Kritikerpapst Alfred Kerr, bereits im Pariser Exil, missbilligte zwar den Film, fühlte sich aber beim Anblick Marlenes »von Schönheit erschüttert«.[83] Marlene Dietrich war zur französischen Premiere im September 1933 in Paris erschienen.

Als Anfang Mai die Arbeiten am Film abgeschlossen worden waren, kehrte Brian Aherne nach London zurück. Rudi Sieber telegrafierte seiner Frau: »WÜRDE OHNE NEUEN AMERIKANISCHEN VERTRAG IN DER HAND NICHT NACH DEUTSCHLAND FAHREN DENN DANN KANN DICH NIEMAND DARAN HINDERN DEUTSCHLAND ZU VERLASSEN.«[84] Sternberg hatte bereits Ende März wieder bei Paramount unterzeichnet, nachdem es ihm nicht gelungen war, ohne Marlene bei MGM unterzukommen.[85] Nun unterschrieb auch Marlene Dietrich einen neuen Vertrag mit dem Studio, der ihr ein Veto gegen Regisseur und Drehbuch zusicherte, die Zahl ihrer Filme pro Jahr festlegte und ihre Gage erhöhte.[86]

Dann erreichte sie die nächste Nachricht ihres Mannes: »LAGE IN BERLIN SCHRECKLICH JEDER RÄT DAVON AB DASS DU KOMMST STOP DIE MEISTEN BARS UND THEATER SIND GESCHLOSSEN STOP KINOS UNMÖGLICH STRASSEN LEER ALLE JUDEN VON PARAMOUNT BERLIN SIND ÜBER WIEN PRAG NACH PARIS GESCHAFFT WORDEN STOP ICH ERWARTE DICH IN CHERBOURG.«[87]

Marlene ließ sich traumschön in den Filmkostümen aus *Das Hohe Lied* und im Herrenanzug mit weißer Bluse fotografieren und machte sich mit Maria auf den Weg nach Europa.

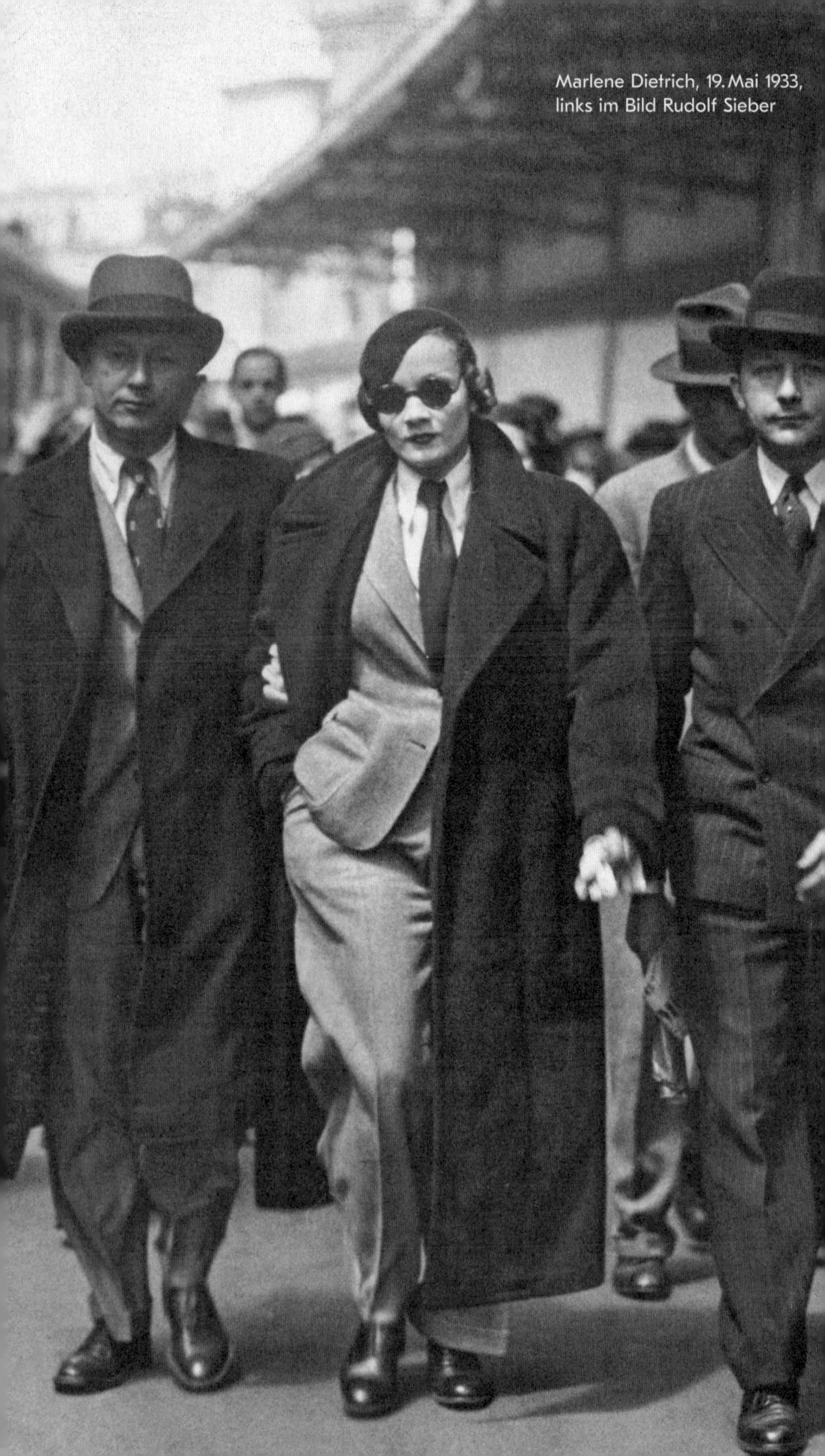

Marlene Dietrich, 19. Mai 1933,
links im Bild Rudolf Sieber

WENN DIE LIEBE STIRBT

Für ihre Reise hatte Marlene Dietrich zahlreiche Anzüge, Hemden, flache Herrenschuhe, Krawatten und Socken im Gepäck. »Noch bevor wir aus dem Bahnhof rollten, begann meine Mutter mit ihrer üblichen Eisenbahnroutine«, erinnerte sich Maria. »Kaum im Abteil, zog sie schon alle Vorhänge zu und zurrte sie fest. (…) Verborgen vor neugierigen Blicken und hinter verschlossenen Türen zog sie ihr Abreisekleid aus und verpackte es, da es nicht mehr gebraucht wurde, in einen bereitstehenden Koffer, der mit einem besonderen Anhänger versehen war. Die nächsten Kleidungsstücke, markiert als ›Ankunft Chicago‹, die schon vor Wochen zusammengestellt worden waren, hingen bereits in einem der Wandschränke in unserem Privatabteil. Als sie alles zu ihrer Zufriedenheit in Seidenpapier gepackt und gefaltet hatte, wurde der jetzt überflüssige Koffer in den Gepäckwagen zu seinen vierzig Zwillingsbrüdern geschickt.« Marlene verwandelte sich in den Augen der Tochter »mit dem geschrubbten Gesicht und dem straff zurückgekämmten Haar« in einen »schönen jungen Mann« im marineblauen Seidenpyjama, über den sie einen Herrenmorgenmantel streifte.[1]

An Bord der Bremen ließ sie sich im weißen Hosenanzug mit weißer Baskenmütze und dunkler Krawatte mit Kaviartupfen fotografieren, betont ernst, verschlossen, beinahe abweisend. Sie verließ das Schiff in Cherbourg und stieg am 19. Mai 1933 auf dem Gare Saint-Lazare in Paris aus dem Zug.

Ich bin überzeugt, man liebt sich nicht bloß in anderen, sondern hasst sich auch in anderen.
Georg Christoph Lichtenberg

Rudi Sieber und der Chef der Pariser Paramount-Niederlassung sowie zahlreiche Reporter und viele Schaulustige warteten auf dem

Bahnsteig. Marlene trug einen langen, leger geschnittenen Kamelhaarmantel, einen klassischen einreihigen Herrenanzug mit weißem Hemd, dunkler Krawatte und Baskenmütze und kreisrunder Sonnenbrille.[2] Energisch und mit finsterem Gesicht schritt sie in flachen Herrenschuhen zwischen all den Männern einher.[3] Es entstanden Bilder unvergänglicher Modernität (siehe Seite 110). Der Pop- bzw. Postfeminismus würde sie als Akt weiblicher Selbstermächtigung bezeichnen.

Zunächst brachte Rudi seine Frau ins Hotel Trianon Palace nach Versailles. Josefine von Losch war aus Berlin angereist.[4] Maria erinnerte sich: »Die französische Presse hatte kritisiert, dass die Dietrich Männerkleidung trug. Journalisten ließen sich in Leitartikeln darüber aus, dass eine ›Dame‹ sich nicht spöttisch über Konventionen hinwegsetze.« Das hielt ihre Mutter jedoch nicht davon ab, »auf den Champs-Élysées ihren Nadelstreifenanzug zu tragen«. Die Menschen sollen ihr wie hypnotisiert gefolgt sein, Verkäuferinnen verließen ihre Waren samt Kunden, in den Straßencafés wurde nicht mehr bedient, Autos bremsten mitten auf der Straße.[5] Marlene drohte in Paris nicht – wie von der Presse geraunt – eine Verhaftung. Sie trat sogar bei einer Wohltätigkeitsveranstaltung der Polizei auf und bekam einen breiten Armreif aus Sandelholz aus dem Hause René Boivin geschenkt.[6]

Ihr Powerdressing brachte sie auf die Titelseiten der großen europäischen und amerikanischen Zeitungen und Magazine. Das *Neue Wiener Tagblatt* schrieb am 30. Mai 1933: »Übrigens haben die Hosen der Marlene Dietrich in Frankreich eine ganze Literatur zur Folge gehabt. Die Presse aller Parteischattierungen interessiert sich für den historischen und juridischen Charakter des Problems, ob Frauen öffentlich in Männerhosen erscheinen können oder nicht.« Auf die Frage *Warum ich Männerkleidung trage* gab Marlene sich praktisch: »Nein, nicht um Sensation zu erregen, trage ich Männerkleidung! Ich bin einfach der logischen

Folge großer Pyjamamode nachgekommen.«[7] Eine Hose ließ sie mit geblümtem Futter im Bund nähen.[8] Marlene Dietrich spielte inzwischen souverän mit Mode, ohne Einschränkungen verteidigte sie ihren aktuellen Look: »[Ich] muss gestehen, dass ich mich niemals angenehmer und besser gekleidet fühlte wie jetzt.«[9]

Konservative Männer wie der Operettentenor und Wiener Schauspieler Fritz Imhoff gaben sich als »entschiedene Gegner jener neuen Mode, die Marlene Dietrich in Hollywood kreiert hat«, zu erkennen. Diese sei »letzten Endes nur die äußerliche Bestätigung der längst bekannten Tatsache, dass heute in der Ehe stets die Frauen die Hosen anhaben«.[10]

Marlene setzte mit ihren Hosen ein feministisches Statement par excellence. Immer mehr Frauen fanden Gefallen an den weiten burschikosen Hosen und genossen die Freiheiten, die sie ihnen gewährten, auch die mentalen. Die Marlene-Hose, wie sie im Brockhaus und den Kostümlexika erscheint, ist eine weite, taillenbetonte Bundfaltenhose mit Aufschlag, hohem Bund, dem klassischen Herrenschnitt nachempfunden. Marlene selbst trug sie u. a. 1942 auf einem Foto László Willingers. Umwerfend schlicht und schön steht sie da, die schwarze Hose kombiniert zur weißen Bluse. Ein Look für die Ewigkeit!

Nach dem Ende des Zweiten Weltkriegs wandten sich die Frauen modisch zunächst von allem ab, was an die jüngste Vergangenheit erinnerte, also auch von der Hose. Doch bereits 1948 kehrte sie als Caprihose, designed von Sonja de Lennart und Teil einer neuen Jugendkultur, zurück. Den ersten Hosenanzug für Frauen, der wieder Skandal machte, kreierte Yves Saint Laurent Mitte der Sechzigerjahre: Le Smoking, ein Abendanzug, getragen von Catherine Deneuve entwickelte er sich zum modischen Symbol der Zweiten Frauenbewegung.

In Deutschland konnte die Hose am 15. April 1970 ihr provokantes Potenzial entfalten, als die 54 Jahre alte Helene-Charlotte (Lenelotte) von Bothmer gegen ein ausdrückliches

Verbot in einem hellen Hosenanzug den Deutschen Bundestag betrat. Ab Mitte der Siebzigerjahre drehte sich die Damenmode verstärkt um männliche Dresscodes. Business-Frauen zogen unifarbene Stoffe, Punkte, Nadelstreifen und Hahnentritt den Blumenmustern vor, wählten maskuline Schnitte, hochgeschlossen, mit markanten Schultern. Hosenanzüge fanden sich in allen Haute-Couture-Kollektionen. Jil Sander machte die edel reduzierte Variante zu ihrem Markenzeichen.

Ende Mai 1933 reiste Marlene mit Maria, Rudi und Tamara nach Österreich.[11] In Wien stieg sie im Hotel Krantz ab, gab Interviews, besuchte das Theater, traf Willi Forst, der gerade *Leise flehen meine Lieder* drehte. In seinen Schubert-Darsteller Hans Jaray (1906–1990) verliebte sie sich.[12]

Beim Herrenschneider KNIZE – k.k. Hof-Schneider seit 1858, Erster Bezirk, Am Graben 13, hatten bereits der Kaiser und die Erzherzöge des Hauses Habsburg arbeiten lassen. In den Zwanzigerjahren verhalf der Designer Ernst Dryden dem Haus als weltweit erstem Herrenlabel zu Ruhm. Zuvor hatte er den legendären Duft KNIZE 10 kreiert. Marlene liebte das Parfum, vor allem aber suchten sie und Rudi sich Fräcke, Smokings, Chesterfield-Abendmäntel, zweireihige Anzüge, Mäntel und Hemden aus.[13] Maria stand staunend dabei: »Allein für die Auswahl der Stoffe benötigten wir einen ganzen weiteren Tag. Meiner Mutter machte dies großen Spaß. Das waren die Kleider, die sie tragen wollte und auf die sie sich freute. Sie war schon immer der Meinung gewesen, dass nur Herrenschneider ihr Handwerk wirklich beherrschten und wahre Künstler seien, und Knize der beste der Welt.«[14]

Zurück in Frankreich, bereitete Marlene Dietrich im Juli im Glaspavillon des Trianon gemeinsam mit dem Orchester Peter Kreuder, dem Texter Max Colpet und dem Komponisten Franz Wachsmann Schallplattenaufnahmen für Polydor vor. Sie sang *Moi, je m'ennuie* und *Assez!* ein.[15] Zur gleichen Zeit setzte

Sternberg das Thema ihres nächsten Films durch: Katharina II., die skandalumwobene Herrscherin Russlands, machtbesessen, grausam. Dass er dabei Greta Garbo übertrumpfen wollte, die als Nächstes *Königin Christine* drehen wollte, ist mehr als wahrscheinlich.

Marlene traf sich mit Margo Lion, die gerade einen Film mit Jean Gabin drehte, und lernte Jean Cocteau kennen. Sie nahm Kontakt zu weiteren deutschen Emigranten auf, meist frühere Kollegen aus Berlin, unterstützte sie emotional und finanziell, organisierte Ausreisen in die USA, übernahm Bürgschaften. Daraus wird sich eine konsequente menschliche und politische Haltung entwickeln, ein Engagement gegen den Nationalsozialismus, das Marlene Dietrich ein Leben lang beibehielt und das sie stets öffentlich machte. In dieser Zeit musste ihr auch klar werden, dass Leben und Arbeiten in Europa in den nächsten Jahren nicht in Betracht kamen.

Paris war Mode, Paris lebte Mode, genauer Haute Couture, diesen einsamen Gipfel französischer Schneiderkunst in exklusiver Maß- und Handarbeit, mit internationaler Geltung, von dem Engländer Charles Frederick Worth Mitte des 19. Jahrhunderts ins Leben gerufen, eine unwiderstehliche Verbindung von Kreativität, Technik und Geschäftssinn, die Konstante der ewigen Veränderung, gleichbedeutend mit der Kunst eine Frage des Nationalstolzes und der Bürgerpflicht. Die Stadt vergöttere ihre Modeschöpfer wie »heilige Monster, Sonderwesen«, befand der englische Fotograf Cecil Beaton.[16]

Zur Präsentation der Herbst/Winter-Kollektionen schickten die Modehäuser Einladungen. Marlene verstand den Wink.

»Die Dietrich war sehr wählerisch. Sie kaufte nicht bei jedem. Sie wusste, welcher Modeschöpfer zu ihrem Image passte und welcher ihm schaden würde. Wir schauten uns also nur die Kollektionen von Patou, Lanvin, Molyneux und Mme. Alix Grès an.«[17] Marlene Dietrich begann, ihren Sonderstatus als exquisite Europäerin mithilfe der Haute Couture auszubauen, ihre inzwischen zarte Statur war wie geschaffen für die neue hohe, schmale, fließende Silhouette. Viele Fotos zeigen, sie entwickelte eine statuenhafte, geradezu architektonische Auffassung von ihrem Körper. Darüber das perfekte Gesicht: engelhaft, hell ausgeleuchtet, überirdisch – rätselhafte weibliche Schönheit.

In Vorbereitung dazu strukturierte sich nun der Tagesablauf neu: Ankunft im Modesalon um 10 Uhr, Anprobe bis 12 Uhr, Mittagessen, danach Anproben bis 17 Uhr, Rückfahrt ins Hotel, Abendessen.[18] Maria fand daran kein Vergnügen: »Die ersten Anproben waren eine Katastrophe. Es war das erste Mal, dass meine Mutter als Star in Paris einkaufte, und niemand hatte sie auf die ›zivilisierte Art, Kleider herzustellen‹ vorbereitet. In unserer Welt konnte eine erste Anprobe an einem Montag stattfinden – und zwei Tage später war ein aufwendiges Kostüm fertig, das von jedem vorstellbaren Kamerawinkel aus gesehen perfekt saß, sowohl in Ruhe wie auch in Bewegung. Doch diese teuren Modehäuser der dreißiger Jahre belieferten Frauen, die Termine bei ihrem Modeschöpfer so nutzten wie ihre ›Friseur‹-Termine – als willkommene Abwechslung, um ihre öden Tage auszufüllen. (…) Sie stand in dem Anproberaum und sah in den Spiegel. Ich wusste genau, was sie dachte. Die Dietrich erwartete von allen Mitarbeitern, dass sie sich mit Leib und Seele der Perfektion ihres Handwerks verschrieben, so wie auch sie es tat! Ich glaube, wir verbrachten die erste Woche damit, Nähte aufzutrennen. (…) Ich verstand die Einwände meiner Mutter; die Qualität der Verarbeitung war unakzeptabel. Die Entwürfe waren wunderbar, aber die Ausführung ließ zu wünschen übrig.«[19]

Ihre Tochter erinnerte sich an ein eng anliegendes Abendkleid aus schwarzem Samt mit ausgestelltem Saum und passend eingefärbten Paradiesvogelfedern. »Sie erhoben sich über ihre nackten Schultern und warfen geheimnisvolle Muster auf ihre schimmernde Haut. Dazu trug sie lange Abendhandschuhe aus demselben Stoff wie das Kleid, ihr breites Armband mit Diamanten und Rubinen, eine prachtvolle, viereckige Diamantbrosche. (…) Wo immer wir auch auftauchten, brach für gewöhnlich jede Unterhaltung mitten im Satz ab.«[20] Fühlten sich die Leute also in den Shanghai Express versetzt (siehe Seite 6)?

I dress for the image, bekannte Marlene später. Maria beteuert, dies sei bereits bei ihren ersten Einkäufen der Fall gewesen. »Die Dietrich kaufte damals keine Kleider, um sie im wirklichen Leben zu tragen. ›Im Leben‹ war sie nur sehr selten. Ein Morgenmantel, eine Kochuniform und eine Kombination ›zum ins Studio gehen‹ reichten monatelang, ohne ersetzt werden zu müssen. Die Kleider in Paris wurden behandelt wie jedes Filmkostüm; jedes Kleid benötigte seine eigenen Accessoires. Wir besuchten also auch Hutmodenschauen. Schuhe wurden speziell für sie entworfen und Handschuhe auf Bestellung angefertigt.«[21] Bei Hermès erstand Marlene Krawatten und Koffer, packte alles in Seidenpapier und etikettierte flache Kartons. Die französischen Modezeitschriften prägten jetzt das Adjektiv marlenesque, wenn sie einen besonders exquisiten Kleidungsstil oder spektakuläres Auftreten in der Öffentlichkeit charakterisieren wollten. In den USA hieß es, die ist Marlene-angezogen.[22] 1934 wird Marlene Dietrich zur meistimitierten Frau der Welt erklärt werden.[23]

Mitte August reiste Marlene nach Salzburg. Sie traf Mutter und Schwester. Jetzt wechselte das Modethema. »Wir suchten Lanz auf, den weltweit besten Schneider für Tiroler Trachten: Dirndl, Umhänge, Hüte, Jägerjacken, Röcke, mit Rüschen besetzte Bauernblusen, Silberknöpfe aus Münzen oder Hirschhornknöpfe, und auf allen Kleidungsstücken Stickereien mit Motiven der Alpenflora und -fauna. (…) Meine Mutter brauchte für ihre Verwandlung nur wenige Minuten. Nun trug sie einen dunkelgrünen Lodenrock, ein schwarzes, maßgeschneidertes Jackett mit einem auffallenden flaschengrünen und festonierten Kragenaufschlag und Silberknöpfen. Flaschengrün war auch der kecke Velourshut mit dem prächtigen Gamsbart.«[24] Das erinnert an Urlaube mit Mutter und Schwester, in denen der Teenager Marlene Trachtenlederhosen anzog und von Henny Porten schwärmte.

Marlene Dietrich wollte sich nicht von Österreich trennen, sie reiste noch einmal nach Wien. Bereits am 30. Mai hatte sie im *Neuen Wiener Journal* zwar ihre Privatsphäre eingefordert, aber auch eine Liebeserklärung an die Stadt abgegeben, indem sie dort den Beginn ihrer »künstlerischen Tätigkeit« verortete. Jetzt beteuerte sie unter der Überschrift *Ich bin leider keine Wienerin!* in *Mein Film,* »Die Stadt lässt einen nicht los!«.[25]

Rudi buchte schließlich Passagen auf dem Dampfer Paris, der am 21. September 1933 in Cherbourg ablegte. Am 26. September kam Marlene mit Maria in New York an. Zurück in der kalifornischen Filmmetropole, bezogen Mutter und Tochter ein riesiges Anwesen im mexikanischen Stil, das Colleen Moore gehörte, in Bel Air, zwischen Santa Monica und Beverly Hills.[26]

Sternberg hatte inzwischen eine Beziehung mit seiner Sekretärin begonnen und damit neue Tatsachen geschaffen. Darüber beklagte Marlene sich zwar bitter in Briefen an Rudi, es hinderte sie jedoch nicht daran, mit Travis Banton intensiv an den aufwendigen und extravaganten historischen Kostümen zu arbeiten. Die Anproben zogen sich über Wochen hin. Zum ersten Mal rückte Sternberg Marlenes Körper durch Kostüme einer fernen Epoche und überwältigenden Luxus von den Zuschauern weg. Ein barocker Modekosmos der Superlative.

Die konfliktgeladenen Dreharbeiten zu *Die scharlachrote Kaiserin* (1934) unter Ausschluss der Presse begannen im Herbst 1933 und dauerten bis zum Frühjahr 1934.[27] Marlene steigt von einer hoffnungsvollen, naiven jungen anhaltinischen Prinzessin Sophie Auguste Friederike zur mächtigen Herrscherin Russlands auf. Eine Messalina des Nordens, wie der erste Zwischentext den Zuschauern ankündigt. Sternberg baute ein manieriertes Historiendrama, das er »eine strenge Stilübung« nannte[28], ließ Tschaikowsky, Mendelssohn Bartholdy und Wagner erklingen und führte meist selbst die Kamera.

Maria spielt die Kinderrolle. Marlene staunt großäugig in mädchenhaften Rüschen unter einer gepuderten Perücke. Dann atmet sie im kostbaren Brautkleid mit antiker Silberspitze hinter Schleiern, begleitet vom Aufflackern einer Kerze bei der Hochzeit mit dem debilen Thronfolger, gespielt von Sam Jaffe (1891–1984), und gewinnt ihre gewohnte Souveränität. Sie ließ sich auf einem Lkw transportieren, weil das Hüftpolster ihres berühmten nerzbesetzten Paradekostüms so breit war, setzte sich den Nerz-Tschako schief in die Stirn und blickte kühn. Im schwarzen Bankettkleid lächelte sie unter tausend Perlen, läutete in der weißen Husarenuniform die Glocken und triumphierte strahlend. Katharinas inneren Wandel zeigt Sternberg mit den Kostümen. Rüschen und Schleifen, Schmuck und Dekor verschwinden in dem Maße, in dem sie ihre Illusionen verliert. Die Macht manifestiert sich in der schlichten, aber überwältigenden Silhouette des Paradekostüms. Zuletzt umschließt die Uniform ihren Körper. Stiefel, Säbel und hohe Mütze runden den Look ab. Marlene schwebt und trippelt in Chiffon mit Schleifen, schreitet würdevoll in steifen Roben und geht herrisch in Hosen.

Sternberg goss Licht über ihr Gesicht, warf Schatten, die ihm dann wieder Kontur verliehen, machte Augen, Nase und Mund leinwandfüllend, schuf eine Apotheose. »Niemals ist die Dietrich so schön gewesen wie hier. Wieder und wieder wird sie in Großaufnahmen gezeigt, hinter Schleiern, hinter dünnen Netzvorhängen, dass einem der Atem stockt. Niemals aber darf sie wirklich lebendig sein. Sie ist gleichsam wie verzaubert von den gewaltigen Dekorationen, durch die sie schreitet.«[29] Noch nie hatte Sternberg weibliches Begehren und weiblichen

Narzissmus so unverhüllt dargestellt. Eine Frau, böse und kalt, gemacht von Männern. Diese Katharina zu lieben verlangt unbedingte Unterwerfung. In dieser Formulierung der Tyrannenherrschaft versöhnt vielleicht einzig Marlenes Schönheit. Ihre Porträts hat Don English fotografiert.

Während Bette Davis in *Der Menschen Hörigkeit* die Kritiker zu Lobeshymnen hinriss und Claudette Colbert in *Es geschah in einer Nacht* auf einen Oscar zusteuerte, katapultierte Sternberg sich und seinen Star ins ästhetische und inhaltliche Aus. Am 19. Mai 1934 besuchte Marlene die Uraufführung von *Die scharlachrote Kaiserin* im Carlton in London. Das Studio setzte für Deutschland und Österreich hohe Werbeetats ein, doch es zeichnete sich anhand der desaströsen Kritiken und der ernüchternden Berichte der Kinobetreiber von fliehenden Zuschauern ab, dass dem Film keinerlei Erfolg beschieden sein würde. Er spielte seine Kosten nicht ein. Was heute als avantgardistisch gefeiert wird, befremdete damals nicht nur die *New York Herald Tribune.* »Der letzte Film von Josef von Sternberg stellt mit seinen geradezu idiotischen Manieriertheiten einen neuen, nicht zu überbietenden Rekord auf.«[30] Die gesamte amerikanische Presse gab sich Marlene Dietrich gegenüber wegen ihrer Treue zu Sternberg allmählich feindselig. Seit Juni war die Production Code Administration (PCA) aktiv. Von nun an und bis in die 1960er-Jahre mussten alle Drehbücher und Filme von diesem Büro begutachtet werden.

Rudi Sieber und Tamara Matul zogen im Juli zu Marlene. Versuche, Mutter und Schwester zur Ausreise aus Deutschland zu überreden, waren gescheitert, aber ihr Ehemann wird beim nächsten Film als Regieassistent mitarbeiten. Er reiste nach Spanien und kaufte Fächer, Haarkämme und Masken.[31] Der Film sollte *Capriccio Espagnol* heißen, dann *The Devil Is a Woman,* auf Deutsch *Der Teufel ist eine Frau,* und schließlich *Die spani-*

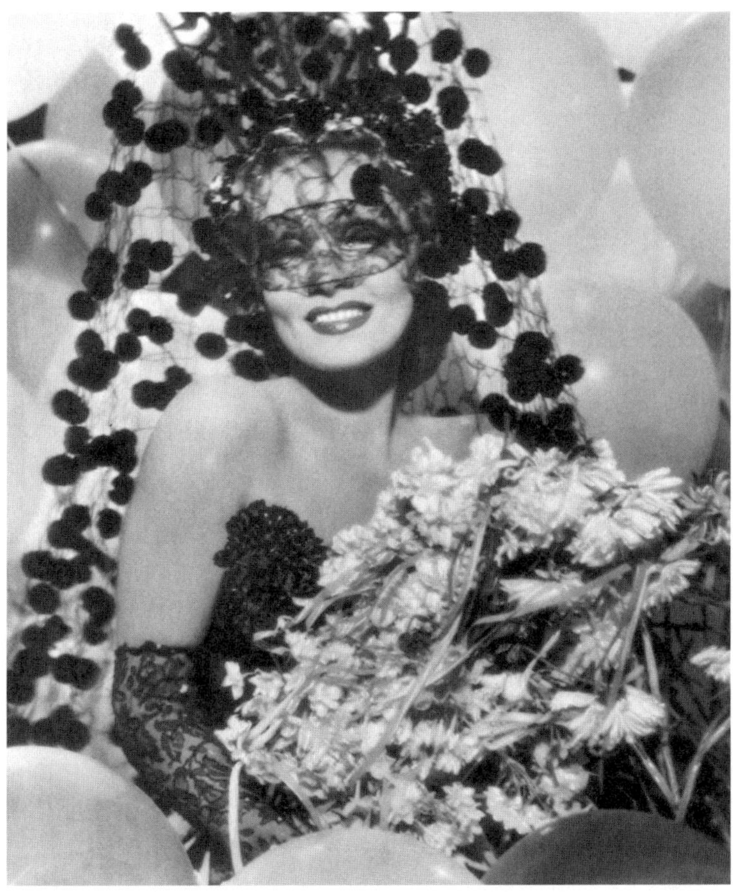

Marlene Dietrich in *Die spanische Tänzerin/Der Teufel ist eine Frau (The Devil Is a Woman),* 1935

sche Tänzerin. Er spielt in einem folkloristisch überzeichneten Spanien und basiert auf einer Novelle von Pierre Louÿs *Die Frau und der Hampelmann* von 1898. Das Thema der Hörigkeit eines älteren Mannes gegenüber einer berechnenden, schönen Frau sahen die Journalisten von Anfang an als autobiografische Anspielung des Regisseurs. Der erste Drehtag datiert auf den 10. Oktober 1934.[32]

Luftballons, Luftschlangen, feiernde maskierte Menschenmassen. Ein junger Mann, Cesar Romero (1907–1994), schiebt sich durchs karnevaleske Gewühl von Sevilla auf der Suche nach hübschen Mädchen. Sein Wunsch soll in Erfüllung gehen: Eine weiße Kutsche fährt vor. Marlene sitzt darin im schulterfreien schwarzen Abendkleid, eine Spitzenhalbmaske vor den Augen. Über den hohen Haarkamm hat sie einen Schleier mit großen schwarzen Pompons gelegt, die schweben wie von transparenten barocken Hüftpolstern gehalten auch über dem engen Rock ihres Kleides. Ein Gipfel Ihrer Kostümpracht (siehe Seite 121). Ausgelassen wirft sie Nelken in die Menge. Der junge Mann schießt mit einem Gummiband auf die Ballons an ihrer Kutsche und erregt so ihre Aufmerksamkeit: Die erste Nahaufnahme ihres Gesichts, hinreißend schön, ein Lächeln, ein auf den Finger gehauchter Kuss, Gelächter, als der von ihr Hingerissene im Trubel zurückbleibt. Als Nächstes eilt sie wie ein wundervoll elegant-erwachsenes Aschenputtel eine breite Treppe hinab. Der Verehrer kann ihr bis zu ihrem Haus folgen, erhält ein Briefchen mit einer Verabredung für den nächsten Abend. Vieles von Sternbergs märchenhaftem Anfang des Films nimmt Marcel Carnés *Kinder des Olymp* (1945), gefeiertes Meisterwerk des poetischen Realismus, vorweg.

Im Café trifft der junge Held, er heißt Antonio, einen deutlich älteren Freund, Don Pasqual gespielt von Lionel Atwill (1885–1946), dem er von der faszinierenden Fremden erzählt. Don Pasqual kennt Concha Perez genau, sie hat ihn die letzten fünf Jahre sämtliche Nerven gekostet und ihm das Herz gebrochen. Davon will er dem bereits Entflammten zu dessen Warnung und Abschreckung berichten. Dass das nicht funktionieren wird, weiß jeder.

Die Erinnerung setzt ein, und wieder spielt ein Zug eine wichtige Rolle. In dem sitzt Concha, bäuerlich gekleidet mit einem Tuch über dem Kopf, eingezwängt zwischen anderen

Fahrgästen, vor sich einen Korb mit einer Gans. Ein Vogelkäfig knallt ihr beharrlich gegen den Kopf. Als eine junge Frau sich mit einem Tanz produziert, stellt Concha ihr so lange ein Bein, bis das Ganze in einer tätlichen Auseinandersetzung endet. Ihr Retter – natürlich Don Pasqual. Das nächste Mal treffen sie sich in einer Zigarettenfabrik, wo Concha arbeitet. Wer jetzt nicht an Carmen denkt! Don Pasqual dagegen fragt sich nur, wie er sie für sich gewinnen kann, begleitet sie nach Hause zu ihrer Mutter, hat unterwegs Essen für die nächsten Wochen gekauft und steckt beiden Frauen Geld zu. Immer wieder wird Concha aus seinem Leben verschwinden, und jedes Mal kommt sie noch schöner, noch eleganter, noch prächtiger zurück. Trägt sie zunächst stark stilisierte spanische Tracht, kann sie sich dank Pasquals Geld bald atemberaubend elegant kleiden, lässt in engen weißen oder schwarzen Schleppkleidern, in denen sie zur Fortbewegung einen Stockschirm benötigt, mit Spitzen-Mantillas und hohen Haarkämmen, wagenradgroßen Hüten jeden Mann neben sich klein aussehen. Eine Extravaganz, die Cecil Beaton für das schwarz-weiße Ascot-Kostüm in *My Fair Lady* (1964), getragen von Audrey Hepburn, wieder aufnahm.

Marlenes Gesicht ist durch extrem hochgezogene Brauen und einen leuchtenden Mund charakterisiert. Die Seidennelken für die Frisur hatte sie bereits im Vorjahr in Paris entdeckt. »Das Studio hat keine, und man weiß ja nie.«[33] Ein Vierteljahrhundert später kommentierte Marlene Dietrich in einem Interview die Entwicklung ihrer Zusammenarbeit mit Josef von Sternberg: »In den Filmen nach dem *Blauen Engel* wurde die Handlung immer unwichtiger, der Dekor raffinierter, die Effekte wurden zwingender und kostspieliger. *Devil* war unser letzter gemeinsamer Film, und ich war darin vollkommen in netzartige und drapierte Stoffe gehüllt.«[34]

Während der Auseinandersetzungen und Versöhnungen mit dem eifersüchtigen Verehrer konzentriert Concha sich hingebungsvoll auf ihre Kleidung oder Frisur, nicht auf ihren Gesprächspartner. Wie Professor Rath könnte auch Don Pasqual sehen, wie das Wunder Frau zustande kommt, dem er sich so bereitwillig ausliefert. Aber auch er will das nicht.

Marlene spielt witzig, komödiantisch, selbstironisch. Ob sie nun Liebe und Leidenschaft heuchelt, von ihren drei Sweethearts singt, Eifersucht vortäuscht oder Empörung inszeniert, immer ist sie die Inkarnation weiblicher Unberechenbarkeit und Selbstbezogenheit, immer schafft sie es, noch mehr zu strahlen als ihre Kostüme. Sie ist so virtuos, dass die Zuschauer über Don Pasquals weinerlich vorgetragenes Liebesleid nur noch schmunzeln können. Auch beim männlichen Zweikampf im Duell will sich die zu erwartende Dramatik nicht einstellen. Liegt das am strömenden Regen oder an Conchas sich munter drehendem Schirm?

Hatte Sternberg Marlene in *Die scharlachrote Kaiserin* zu Beginn an ihre darstellerischen Grenzen gebracht, ließ er sie jetzt brillieren. Der Film ist vielleicht eine böse, ganz sicher aber grandiose Verbeugung vor ihr. Einmal mehr kehrt sich der Regisseur in seinem artifiziellen Karneval des Lebens, angetrieben von sinnentleerten, ritualisierten Gefühlen und Handlungen, von traditionellen Erzählmustern ebenso ab wie von Gewissheiten, von Moral oder den Geschlechterrollen. Wieder führte er selbst eine Kamera. Da seine Stellung im Studio längst durch einen erbitterten Streit mit Ernst Lubitsch ausgehöhlt war, kündigte er an, dieser Film werde sein letzter gemeinsamer mit Marlene Dietrich sein. Sie erfuhr es aus der Zeitung.[35]

Das ewige Rätsel Weib, vor dem schon Sigmund Freud, ein Wiener wie Josef von Sternberg, kapituliert hatte, verlässt im Film schließlich den Jungen, der ihr durchaus gefallen hatte, um zum Alten zurückzukehren. Dieses Mal darf Marlene sagen: Ich hab es mir anders überlegt! Sie lobte: »Eines der modernen Elemente des Films ist seine Ambivalenz.«[36]

Die Dreharbeiten gingen Mitte Januar 1935 zu Ende.[37] Sternberg schrieb Marlene ein abschließendes Fazit: »Ich bin müde, meine Liebe. Ich kann nicht mehr gegen Dich kämpfen, gegen Lubitsch, der mich fast so verachtet, wie ich ihn verabscheue. Und ich kann Dir nichts mehr geben. Ich wiederhole mich nur. Mein Abschiedsgeschenk an Dich wird der bis dahin größte ›Dietrich-Film‹ sein. Ich schenke Dir darin meine ganze Begabung. Du wirst die endgültige Dietrich sehen, und es wird von unseren sieben Filmen Dein Lieblingsfilm sein.«[38]

Als Marlene Dietrich *Die spanische Tänzerin* sah, war sie begeistert: »Was für ein Film! Ein Gesicht schöner als das vorhergehende.«[39] Sie hielt ihn, wie Sternberg vorausgesagt hatte, für den Höhepunkt ihrer Karriere.[40] Die Fotografien stammen wieder von Don English. Sicher hat Marlene den inhaltlichen Bogen zum *Blauen Engel* registriert. Hier wie dort eine unabhängige, selbstbewusste Frau, die ein hartes Leben führt. Hier wie dort ein Mann, der ihr verfällt, weil er ihr verfallen will, wider besseres Wissen und gegen allen Augenschein. Sternberg hatte den Kreis geschlossen. Er drehte mit Marlene Dietrich noch einen kurzen Werbefilm, *The Fashion Side of Hollywood,* in dem Travis Banton eines seiner seltenen Interviews gab, dann ging er auf Reisen.

Der letzte gemeinsame Film startete, deutlich gekürzt unter dem von Lubitsch bestimmten Titel am 3. Mai 1935 im Paramount Theater New York.[41] Marlene Dietrichs Name stand groß auf den Kinoplakaten. Die *New York Times* hielt ihn für den besten Film seit dem *Blauen Engel.*[42] »Es ist nicht schwer zu begreifen, warum Hollywood eine so vehemente Abneigung gegen den neuen Film von Josef von Sternberg zum Ausdruck gebracht hat. Denn der begabte Regisseur und Kameramann hat mit *The Devil is a Woman* einen mokanten, unbarmherzigen Angriff auf das von Hollywood während all der Jahre so andächtig abgehandelte Motiv vom romantischen Sex gestartet.

Sein Erfolg ist zugleich sein Scheitern. Unvermeidlich wird der intellektuellste Film, der jemals in Amerika produziert wurde, von neun Zehnteln des normalen Kinopublikums missverstanden und abgelehnt werden.«[43]

Genau das passierte, und zu allem Überfluss forderte das spanische Innenministerium, dessen Regierung sich durch die Darstellung ihres Landes verhöhnt fühlte, Paramount im Oktober 1935 auf, den Film aus dem Verleih zu nehmen, sonst würden sämtliche Produktionen des Studios in der Spanischen Republik nicht mehr gezeigt. Einen Monat später erklärte sich Paramount zur kompletten Vernichtung des Films bereit.[44] Bei den Filmfestspielen in Venedig 1959 stellte Sternberg seine persönliche Kopie zur Verfügung, die er nicht geopfert hatte. Endlich fand der Film sein Publikum.

Im Jahr 1935 war Josef von Sternberg 41 Jahre alt, einsam, desillusioniert und grauhaarig. Eine Amour fou im Leben und auf der Leinwand lag hinter ihm. Überwinden konnte er sie offensichtlich nie. Noch bei der Präsentation seiner Autobiografie auf der Frankfurter Buchmesse 1968 reagierte er auf die bloße Erwähnung des Namens Marlene Dietrich höchst unbeherrscht.[45] Marlene dagegen bewahrte Haltung und pries ihn konsequent in den höchsten Tönen. Sternberg war das kreative Zentrum des gemeinsamen Filmuniversums gewesen, das sich um ihr Bild drehte. Sie hatte von Anfang an mit ihm um dieses Bild gerungen. Daraus ergab sich die Idee einer selbstbewussten, erfahrenen, unabhängigen Frau, eine weibliche Ikone der Moderne. Jetzt nahm Marlene Dietrich ihre Leinwandpräsenz mit in ein Leben und Arbeiten ohne Josef von Sternberg. Sie hatte alles über die Magie des Gesichts, der Kleidung, der Bewegung und des Lichts gelernt. Sie wird dieses Wissen bis zum Ende ihrer Karriere einsetzen: Der Mythos, der den Mythos entmythisiert.

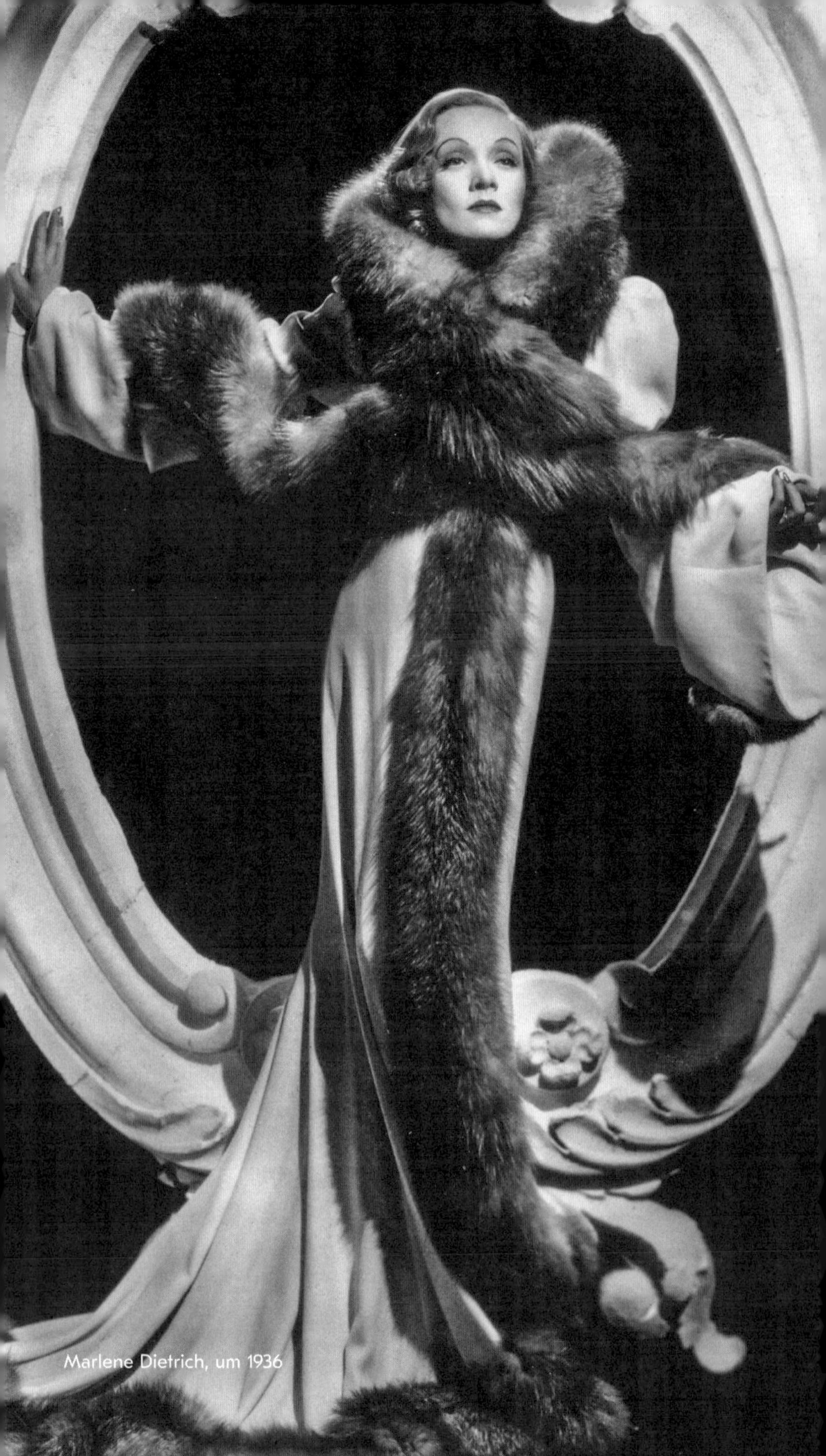

Marlene Dietrich, um 1936

INS GLAMOURÖSE AUS

Zu Marlene Dietrichs Image in Hollywood hatte vom ersten Tag an das eines Josef von Sternberg gehört: kompromisslos, tragisch, überragend, ein Rebell. Ihre persönliche Verbindung brachte das Thema Liebe und Leidenschaft mit in die Bewertung ihrer Arbeit ein. Inszenierten beide nicht mit jedem neuen Film ihren momentanen Beziehungsstatus? Das Publikum war in höchstem Maße beteiligt, zog Schlüsse, liebte die Eine, hasste den Anderen. Wenn es Sternbergs Geschichten schlecht fand, gab er ihm unumwunden recht, denn auf die Geschichte kam es ihm ja gar nicht an. Was er wollte, war, das immer neue Bild der faszinierendsten Frau der Welt auf die Leinwand zu werfen. Wie würde Marlene Dietrich nun ohne den Ästheten und genialen Lichtkünstler arbeiten, dem sie nicht nur Muse seiner Kreativität und Verkörperung seiner cineastischen Fantasien, sondern auch Frau seines Lebens gewesen war? Ganz einfach, sie kontrollierte ihr Make-up und ihr Haar, korrigierte die Lichteinstellungen, retuschierte Fotos und erschien zu Kostümbesprechungen mit eigenen Entwürfen und Stoffmustern. Außer Billy Wilder und Orson Welles wird kein Regisseur sie je wieder dazu bringen, auf der Leinwand etwas anderes zu tun, als Marlene Dietrich zu sein.

Wenn du nicht besser als deine Konkurrentinnen sein kannst, dann ziehe dich wenigstens besser an.
Anna Wintour

In Dorothy di Frassos Haus ließ sich Marlene im Art-déco-Hauskleid mit angeschnittenem Cape von Lucien Lelong zwischen asiatischem Dekor, Dschungelmotiven an den Wänden und weißen Schaffellen auf den Böden fotografieren; meist im Wohnzimmer, unter einem Punktscheinwerfer, den sie auf einen Platz über dem Kamin ausgerichtet hatte.[1] Sie lehnte sich an den Sims und hob den Kopf, um die Sternberg-Beleuchtung ihres Gesichts zu gewährleisten.[2] Am Pool posierte sie für Fotos von Eugene Robert Richee, mit weißer Bluse, weißen Shorts und hochhackigen Pumps, und lachte mit weit geöffnetem rotem Mund – beinahe wie eine Amerikanerin. Cole Porter schrieb Gedichte auf sie. Groucho Marx, Lupe Velez und Shirley Temple parodierten sie.[3] Marlene machte mit Maria Urlaub in New York oder sie ging auf Partys, z. B. von Carole Lombard, in Blazer und Shorts oder auf ein Kostümfest des britischen Schauspielers Basil Rathbone und seiner Frau, wo jeder die Person darstellen sollte, die er am meisten bewunderte. Marlene trat in einem Kleid aus weißem Chiffon und einem sehr naturalistisch gestalteten Schwan auf, der seine Flügel so zart um ihren Oberkörper legte, wie er seinen Kopf zärtlich an ihren Hals schmiegte. Sie war beides: Leda und der Schwan, die schöne junge Königin und Zeus, der sich in sie verliebt und sie schwängert, entworfen vom Chefdesigner der Paramount, Travis Banton. Ihre Begleiterin, Elizabeth Allen, verkörperte Marlene Dietrich in Frack und Zylinder.[4] Spektakulär! Die Presse nannte sie inzwischen »Hollywood's Number One Glamour Girl«.[5]

Wenn Reporter Marlene auf ihr Erscheinungsbild zu Beginn ihrer Karriere in den USA ansprachen, konterte sie: »Diese Theorie, dass ich bei der Ankunft in Amerika unmodern gekleidet und ein einfältiger Hausfrauen-Typ von Schauspielerin gewesen sein soll, ist absurd. Ich kam aus Berlin, einer Weltstadt. Und ich brachte Koffer voll Pariser Kleider mit.«[6] In Los Angeles schlenderte sie über Farmer's Market, kaufte frisches Obst und Gemüse, besuchte die Stände, an denen man sitzen und essen konnte, genoss ein fast europäisches Flair.[7] Die versierte und begeisterte Köchin gab legendäre Esseneinladungen: österreichische Küche, französische Küche, gerne auch Deftiges aus Berlin. Sie soll eine grandiose Kuchenbäckerin gewesen sein.[8]

Marlene freundete sich mit der mexikanischen Kollegin Dolores del Río an, die sie für die schönste Frau Hollywoods hielt, und kümmerte sich um John Gilbert (1897–1936), alkoholkranker Ex-Filmpartner von Greta Garbo; mit dunklen Locken und feurigen Augen Inbegriff des eleganten Stummfilmstars. Mit ihm sprach sie Englisch und hörte Jazz, ging aus und bestand darauf, dass er in ihrem neuen Film mitwirkte. Er hatte eine Tochter im Alter von Maria. War das ein Neuanfang in Liebesdingen?[9]

Im Frühjahr 1935 schloss Paramount, vermittelt durch ihren Agenten Harry Edington, einen Vertrag mit Marlene über zwei Filme.[10] Das in finanzielle Schwierigkeiten geratene Studio wollte ihren Namen mit dem von Ernst Lubitsch (1892–1947) verbinden, dem großen Lubitsch, Meister der Sophisticated Comedy, unangefochtener Star unter den Hollywoodregisseuren, Produktionschef im Haus.[11] Der in Berlin geborene Sohn eines jüdischen Mantel- und Kostümfabrikanten war Ensemblemitglied des Deutschen Theaters gewesen, trat ab 1913 in Stummfilmen auf, arbeitete als Autor und Regisseur. Dabei interessierte ihn die gesellschaftliche und politische Realität kein bisschen. Film war für Lubitsch Kunst, eine Kunst der Bilder, insbesondere der Kostüme, Frisuren, Requisiten, Dekorationen, Räume. »Er dirigierte die größten Statistenheere und inszenierte die leisesten Liebesszenen.«[12] Mary Pickford holte Lubitsch 1922 in die USA, wo er wie Sternberg 1929 seinen künstlerischen Durchbruch mit einem Tonfilm erzielte. Auch bei der Ufa war er für *Der Blaue Engel* die erste Wahl gewesen, aber zu teuer. Bei Paramount hatten er und Sternberg ihre Rivalität weiter gepflegt. Sie verband also eine höchst kontroverse und konflikthafte Geschichte, und es wundert nicht, dass Lubitsch eine neue Dietrich wollte.

In ihrem ersten gemeinsamen Projekt, *Perlen zum Glück* (1936), einer Komödie, basierend auf einem Theaterstück von

Hans (János) Székely, 1933 in Deutschland unter dem Titel *Die schönen Tage von Aranjuez* bereits verfilmt, konnte Lubitsch nur als Produzent fungieren. Die Regie übergab er Frank Borzage (1893–1962) von Warner Brothers, Sohn Tiroler Einwanderer mit einer Spezialisierung auf Western und romantische Filme über zarte Frauen und dominante Männer.[13] Jetzt sollte er im typischen Lubitsch-Touch arbeiten. Hans Dreier kreierte helle Zimmerfluchten, diskrete Eleganz, eine spärliche Ausstattung und distanzierte Atmosphäre. Die Musik stammte von Friedrich Hollaender. Das Budget lag höher als bei jedem Sternberg-Film. Marlene erhielt eine Gage von 200 000 Dollar, das Drehbuch konnte sie erst im letzten Augenblick lesen.[14]

Marlene Dietrichs Kostüme entwarf Travis Banton, unverzichtbar nach wie vor. Freund, Zuhörer und Umsetzer ihrer Ideen, der auch für sie privat Kreationen schuf. Die extravaganten Hüte, die der zeitgenössischen Mode entsprechend das Outfit abrundeten, stammten von Lilly Daché (vermutlich 1898–1989), einer nach eigenen Angaben in Belgien geborenen und 1924 in die USA ausgewanderten Hutmacherin. Begonnen hatte ihre Karriere wenig bemerkenswert als Verkäuferin bei Macy's, doch bald eröffnete sie ein eigenes Hutgeschäft an der Upper West Side. Erstes Aufsehen erregten kunstvoll gewickelte Turbane. Es folgten am Kopf der Trägerin geformte Hüte mit Krempe, Halb-Hüte, Barette mit Kegelspitze, starkfarbige Kappen mit fächerförmigen Aufbauten und solche, die ganz aus Blüten gebildet waren.[15] Für Marlene Dietrich als bevorzugter Kundin des Hauses designte sie exklusive Sondermodelle. Manche kamen später in die Kollektion.

»Sie [M. D.] war eine Perfektionistin«, erklärte Edith Head, die mit Travis Banton für *Perlen zum Glück* arbeitete. Sie sollte später zur Chefdesignerin und zum Synonym für unvergessliche Hollywood-Kostüme aufsteigen und die amerikanische Mode maßgeblich beeinflussen, noch aber war Marlene die Meisterin.

Mit ihr suchte Head 36 Stunden, nur von drei Stunden Schlaf unterbrochen, für eine Szene den richtigen Hut. Sie probierten »Dutzende von Hüten aus, änderten sie, setzten sie schräg auf, nahmen beim einen die Feder ab und setzten sie dem anderen auf, schnippelten an einem Schleier oder einer Krempe herum, tauschten Bänder und Schleifen. Schließlich fanden wir, was wir wollten«. John Engstead erinnerte sich, dass die Suche bei einem schwarzen Hut mit breiter Krempe ihr Ende fand. Lubitsch und Borzage sahen sofort, dass er tiefe Schatten auf Marlenes Gesicht werfen würde. Die von ihnen vorgeschlagenen Alternativen setzte sie absichtlich so lange falsch auf, bis Regisseur und Produzent resignierten. Erst die Arbeitskopien überzeugten Marlene Dietrich, von dem schwarzen, schattenwerfenden Hut abzulassen.[16]

Wo bist Du, Jo?! Sie hat es nur noch gedacht, nicht mehr ausgesprochen.

Zu den Filmkostümen wird Marlene Dietrich ihre eigenen kostbaren Smaragde tragen, die sie nach den Dreharbeiten zur *Scharlachroten Kaiserin* erworben hatte. Ein Armband mit Smaragd-Cabochon von 128 Karat, gefasst von Diamanten, und eine Brosche mit einem ebensolchen mystisch grünen Stein von 97 Karat, beides gefertigt von Trabert & Hoeffer, einem amerikanischen Haus, seit 1929 nicht nur in New York ansässig, sondern auch in Palm Beach und seit 1934 in Los Angeles vertreten. 1936 schloss es sich mit dem französischen Juwelier Mauboussin zusammen.[17] Ein zweites Armband mit Diamanten und einem Smaragd-Cabochon stammte von Paul Flato, Sohn deutscher Einwanderer, seit 1920 einer der besten Juweliere New Yorks, der 1937 einen Laden in Beverly Hills eröffnete und zum bevorzugten Juwelier und Schmuckdesigner der Hollywoodstars avancierte.[18] Sein Armband für Marlene war dem Look von Trabert & Hoeffer angepasst. Der runde Cabochon konnte aus dem Armband herausgenommen und an eine

Ringschiene geklippt werden. Marlene Dietrich setzte Juwelen nicht nur als Höhepunkte ihres Styles ein, Schmuck symbolisierte ihre Familientradition Felsing, Berlin, Unter den Linden.

In einem Brief an Rudi schreibt eine vor Drehbeginn bereits enttäuschte Marlene voller Sarkasmus: »Was das Schönste ist, man führt mich ein. Also meine erste Szene – das erste Mal, dass man mich sieht, in dieser neuen, ganz anderen Rolle sieht – die Szene, auf die alles wartet – denn Lubitsch hat den Mund ziemlich voll genommen: we are going to remake Dietrich – also die erste Großaufnahme von dieser neuen Frau – bist Du sehr gespannt? Aufnahme *meiner Beine* im Auto, gekreuzt. (…) Da staunste, was? Und Du kannst Dir wohl vorstellen, was es da noch für Hoffnung auf ein interessantes Manuskript gibt. (…) [Ich] verlange immer wieder mein Script. Sollte es nicht gut sein, mache ich es auf keinen Fall.«[19]

Die Arbeiten begannen am 16. September und dauerten bis zum 21. Dezember 1935.[20] Außenaufnahmen entstanden mit Doubles in Spanien. An Marlenes Seite stand wie bei ihrer Hollywood-Premiere *Marokko* Gary Cooper. Diesmal spielte er einen amerikanischen Autoingenieur in Paris, der vor seiner Rückreise zwei Wochen Urlaub in Spanien verbringen möchte. Zuvor rammt er jedoch eine große weiße Limousine, ohne dass er die Insassin zu Gesicht bekommt. Der Wagen fährt weiter, der livrierte Chauffeur parkt erneut, hält die Tür auf, Marlene steigt aus, eine schwarze Kappe mit weißen Federn auf dem Kopf, ein weißes Kleid mit schwarzen Handschuhen, schwarzweiße, seitlich geknöpfte Pumps an den Füßen.[21]

Als Madeleine de Beaupré schreitet sie in den Laden eines Juweliers. Dort fragt sie nach Perlen. Die teuerste Kette schlingt sie um den Hals, wickelt sie ums Handgelenk. Ja, sie wird sie nehmen. Sie gibt sich als Frau eines berühmten Psychoanalytikers aus und nennt die Adresse, zu der der Juwelier abends die Perlen bringen soll. In der nächsten Szene fährt eine dunkle

Limousine vor. Marlene trägt ein dunkles Kleid, am Rock mit Pelz verbrämt, eine Waschbär-Stola, eine schräg sitzende Kappe. In der Praxis des Analytikers spielt sie nun die Gattin des Juweliers und erzählt mit Augenaufschlag von dessen Marotten. Der Arzt ist beeindruckt, er wird sich den interessanten Patienten ansehen. Am Abend lässt Marlene sich in der Praxis des Analytikers vom Juwelier die Perlen noch einmal zeigen, dann stellt sie die Herren einander vor. Das Collier in der Hand, verlässt sie die beiden. Die Kleidermagie hat funktioniert.

Auf der Flucht im Cabriolet in heller Sportkleidung mit Schildkappe und Schal begegnet sie dem Autoingenieur aus Detroit und schiebt ihm an der französisch-spanischen Grenze die Kette unter. Rudi Sieber wusste bereits: »Meine Kleider für *Neklace* sind nicht besonders, da sich alles beim Autofahren abspielt und wir nichts als Motoringcostumes haben.«[22]

Den restlichen Film jagt Madeleine in Spanien der Perlenkette nach und flirtet im weißen Abendkleid mit diagonal geschnittenem, fuchsbesetztem Cape im noblen Hotel. Im schwarzen Abendkleid mit Federn auf den Schultern singt sie ein Lied. Im zweireihigen Marineblazer aus blauem Leinen, weißem Rock und Bluse sowie Schuhen, die aus Berlin mitgereist waren, gesteht sie, inzwischen verliebt, den Diebstahl. Auf dem Set freute sich Marlene: »Wenigstens in diesem Film werden Schuhe zu sehen sein!«[23]

Der Mann, den sie derart modisch umgarnt, belehrt beim gemeinsamen Dinner ihre beiden Komplizen, dass man eine Frau wie sie nur übers Knie legen oder ihr die Finger brechen müsse, um sie auf den rechten Weg zu bringen. Marlene lächelt versonnen und bietet zur Ablenkung »Sauce Hollandaise« an. Später gibt sie – auf Wunsch der Zensur – im gepunkteten Blazer und schwarzer Kappe, am Arm ihrer stattlichen Eroberung dem Juwelier die Perlen zurück und kann bis zum Happy End, ihrer Heirat, im hellen Kostüm mit großem Fellkragen und kecker Strickmütze auf dem Kopf, ihre bewundernden Blicke nicht von ihm wenden. Zum ersten Mal hat Marlene Dietrich im Film einen Mann an ihrer Seite, der all ihre Probleme löst. Doch bei welcher Gelegenheit wird sie in Detroit ihre Kleider tragen? Keiner weiß es. Egal, sie hat den ganzen Film über wunderschön ausgesehen und amüsiert gefunkelt.

Im Januar 1936 starb John Gilbert an einem Herzinfarkt und ließ eine tieftraurige Marlene zurück. Die Dreharbeiten zu *I Loved a Soldier* hatten begonnen. Marlene Dietrich spielte ein Zimmermädchen, das sich während des Ersten Weltkriegs in einen Offizier verliebt. Regie führte Henry Hathaway. Fotos zeigen Marlene im Piroschka-Look mit weitem Rock, bestickter Jacke und langen Zöpfen. Es kam zu Konflikten, Verzögerungen. Ernst Lubitsch wurde entlassen, die Produktion abgebrochen.[24]

The Spectator, London, feierte *Perlen zum Glück* nach seiner Erstaufführung am 11. April als den besten Film, »den Marlene Dietrich seit ihrem Abschied von Deutschland gemacht hat (...) Das ganze köstlich-absurde Drum und Dran ist das eines Lubitsch-Films. (...) Marlene Dietrich darf in diesem Film zeigen, dass sie eine Schauspielerin ist, sie darf sogar singen, und was für Erinnerungen an eine billige Tingeltangelsängerin mit schief aufgesetztem Zylinder, die diese raue Stimme wachruft!«[25] *The New York Times* applaudierte: »Nun da sie gehen, atmen, lächeln und die Schultern zucken darf wie ein menschliches Wesen, anstatt eine Leinwand im Louvre zu sein, gewinnt sie einiges von ihrer Frische zurück, die sie im *Blauen Engel* hatte.«[26] Der Film wurde ein großer Kassenerfolg.

Nun wechselte sie das Studio und ging zu David O. Selznick (1902–1965), Sohn eines Stummfilmregisseurs, Drehbuchlektor und Regieassistent bei MGM und Paramount. Nach der Hochzeit mit der Tochter von Louis B. Mayer drehte er mit Greta Garbo *Anna Karenina* und inszenierte zwei Dickens-Verfilmungen. 1936 beschloss er, seine eigene Produktionsfirma

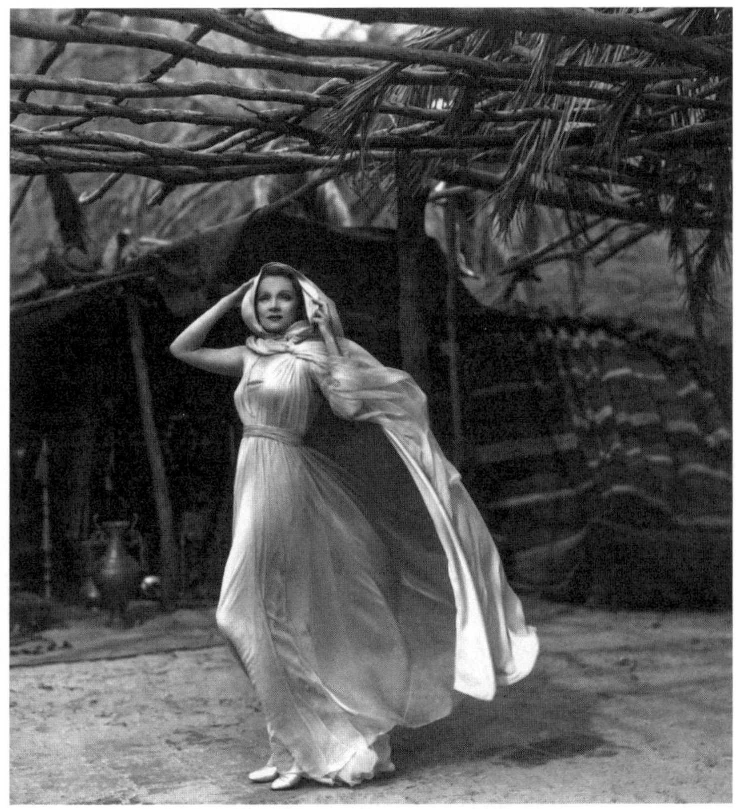

Marlene Dietrich in *Der Garten Allahs (The Garden of Allah)*, 1936

Selznick International Pictures zu gründen. Dafür wollte er Marlene Dietrich in Farbe. Eine Sensation! Ihre Gage war so hoch wie in *Perlen zum Glück.*[27] *Der Garten Allahs* (1936) ist allerdings nur die verstaubte Geschichte eines traurigen Trappistenmönchs, gespielt von Charles Boyer (1899–1978), der aus seinem Kloster flieht und in der Wüste ein schönes, frommes Mädchen heiratet, Marlene Dietrich als Domini Enfilden. Die Romanvorlage von Robert Hichen stammt aus dem Jahr 1904.

Mit dem polnischen Regisseur Richard Boleslawski (1889–1937) konnte Marlene sich nicht anfreunden. Angesichts des holprigen Drehbuchs konzentrierte sie sich auf die Kostüme, für die der in Wien geborene Grafiker und Kostümbildner Ernst Deutsch-Dryden (1887–1938) verantwortlich zeichnete. Der hatte Erfolge als Werbegrafiker in Berlin und Paris vorzuweisen, hatte in Wien KNIZE & Comp. zu Weltgeltung verholfen, war 1929 in die USA ausgewandert, hatte für Macy's und Saks gearbeitet und sich 1933 als Kostümdesigner bei Universal, Columbia und Selznick etabliert. Seine eigene Modelinie bot er ab 1936 in Wien an.

All das soll Marlene nicht davon abgehalten haben, seine Entwürfe schlecht zu finden. War sie nur besorgt um ihre Premiere in Farbe oder um ihre Karriere insgesamt?[28] Jedenfalls wollte sie eine möglichst allumfassende Kontrolle. Dryden hatte Kostüme aus starkfarbiger Baumwolle kreiert, geblieben sind Reithosen und Turban, glänzende Satingewänder, ein weißer Burnus. Den Drama-Look mit Cape, das Spiel mit dem Verborgen-und-doch-sichtbar-Sein bevorzugte Marlene in den nächsten beiden Jahren auch privat.[29] Passend zur subtilen Farbgebung der Landschaftsbilder, die zum Spiegel der Seelenzustände beider Protagonisten werden sollten, entwickelte sie mit Travis Banton das Thema Pastell bzw. Beige vor Wüstensand. Unvergesslich das Chiffonkleid, in dem sie im Wind steht und das ihren Körper modelliert (siehe Seite 137).

Bereits Anfang der Dreißigerjahre hatte die französische Modedesignerin Madeleine Vionnet ein griechisches Schönheitsideal in die Mode gebracht und sich dabei an den Kleidern tanzender Nymphen auf einem Fries im Louvre orientiert. Wie bei den antiken Gewändern garantierte die Architektin der Mode mit einer Naht die Passform, den Rest erzielte sie durch Drapierungen. Zugunsten eines edlen Faltenwurfs verwendete Vionnet elegant fallende Stoffe wie Crêpe Romain, Crêpe de Chine und Seidenmusselin. Marlene Dietrich war Kundin in der Avenue Montaigne, Hausnummer 50. Sie besaß z. B. ein schlichtes Abendkleid aus dunkelgrünem Seidensamt mit schmalen Trägern und langer Schleppe.[30] Ein Lieblingskleid, das Frau, die sich aus Gründen einmal dafür entschieden hat, immer gut aussehen lässt.

Jetzt übertrug sie ihre Kenntnisse der Kreationen von Vionnet auf das Filmkostüm, und David O. Selznick schrieb in einem Brief an Richard Boleslawski: »Marlene hat äußerst angestrengt gearbeitet, sie ist nie vor zwölf oder ein Uhr aus dem Atelier gekommen, nachdem sie jeweils den ganzen Tag hier war, der Kostüme wegen usw. Ich finde, sie hat hinsichtlich der Kostüme Großartiges geleistet; ohne ihre Oberaufsicht wären sie längst nicht so gut geraten, auch hätte es bedeutend länger gedauert.«[31]

Nach den ersten Innenaufnahmen im Studio wechselte die Crew mit 15 Kamelen und 30 Pferden, Schafen, Ziegen und Eseln in ein Zeltlager in der Mohave-Wüste. Dort wurden eine antike Stadt nachgebaut und Telefonleitungen ins Studio nach Culver City verlegt. Marlene nahm Maria mit, die eine Klosterschülerin spielen sollte, später aber herausgeschnitten wurde. Die Produktion dauerte vom 15. April bis zum 8. Juli 1936.[32] Marlene filmte selbst mit ihrer Kleinbildkamera, um die Farben zu testen. Für ihr Make-up war Dorothy Ponedel von Paramount zuständig. Marlene ließ so dick auftragen, dass es Temperaturen bis zu 40 Grad Celsius trotzte. Um die Frisur kümmerte sich wie in Sternberg-Zeiten Nellie Manley, die ihr Haar an jedem Drehtag mit echtem Goldstaub einnebelte.[33] Selznick versuchte vergeblich, dagegen einzuschreiten.[34]

Zurück aus der Wüste, reisten Marlene, Maria und Nellie Manley mit Cadillac, Chauffeur und vielen Koffern nach New York. Dort bestiegen sie die traumhaft luxuriöse Normandie nach Europa. *Vogue* berichtete: Marlene Dietrich »brachte alle Regeln der Astronomie zum Stillstand – die Erde (und das Schiff) drehten sich um *sie*, nicht mehr um die Sonne«.[35]

Sie posierte für die Fotografen mit ihren 60 Gepäckstücken und am Flügel ihrer aus vier Zimmern bestehenden Deauville-Suite. Ihr zu Ehren flimmerte *Perlen zum Glück* über die Leinwand. Marlenes Kommentar: »Im ganzen Film haben die Schuhe gestimmt!«[36]

Von Southampton aus fuhren die Siebers mit ihrer Tochter und Tamara Matul im Juli mit dem Zug nach London.[37] Dem Gedränge der Victoria Station trotzte Marlene in rotem Samt und Nerz.[38] Die englische Presse zeigte sich begeistert. Sie stieg im vornehmen Hotel Claridge's ab und traf den ungarischen Produzenten Alexander Korda (1893–1956), mit dem sie bereits in Berlin gearbeitet hatte. Jetzt schlossen sie einen Vertrag über 450 000 Dollar – die höchste Gage einer Schauspielerin bis dahin.[39]

Korda hatte in London *Das Privatleben des Don Juan* mit Douglas Fairbanks mit größtem Erfolg realisiert, *Katharina die Große* mit Elisabeth Bergner und *Das Privatleben Heinrich VIII.* mit Charles Laughton. Mit Marlene Dietrich produzierte er *Tatjana* (1937), ein opulenter Abenteuerfilm nach dem Roman von James Hilton unter der Regie des Belgiers Jacques Feyder (1885–1948), Mitbegründer des poetischen Realismus im französischen Film.[40] Robert Donat (1905–1958), der in *Der Graf von Monte Christo* und Hitchcocks *Neununddreißig Stufen* überzeugt hatte, sollte den Russisch sprechenden englischen Journalisten A. J. Fothergill spielen, der, im Ersten Weltkrieg nach Sibirien verbannt, während der Oktoberrevolution befreit wird. Auf seiner langen und gefährlichen Reise durch Russland hilft er der schönen und unerschrockenen Gräfin Alexandra Andraxina, abwechselnd vor den Roten und den Weißen zu fliehen.

Passend zu ihrem zu neuen Höhen gesteigerten Image entdeckte Marlene die Haute-Couture-Kreationen der extravaganten Elsa Schiaparelli (1890–1973) für sich.[41] Die in Rom als

Tochter einer piemontesischen Gelehrtenfamilie Geborene war nach der Trennung von ihrem Mann 1922 mit ihrer Tochter von New York nach Paris gezogen. 1927 hatte sie von einer armenischen Strickerin einen schwarzen Pullover mit großer eingestrickter weißer Schleife herstellen lassen, der die Aufmerksamkeit der Hollywood-Autorin Anita Loos erregte. Begeistert empfahl sie all ihren Freundinnen, also Greta Garbo, Gloria Swanson, Norma Shearer, Joan Crawford und Mae West, die Designerin. Ein Jahr später eröffnete Schiaparelli ihre erste eigene Boutique. Sie rückte den Rocksaum nach unten, experimentierte mit Materialien, entwickelte ihr Parfum Shocking Pink, entwarf Accessoires wie Hüte, Handschuhe, Schals und Schmuck und freundete sich mit Pablo Picasso und Salvador Dalí an. Elsa Schiaparelli formte Mode zum kreativ-künstlerischen Ereignis.

Maria sah das anders: »Wir gingen zur Modenschau und meine Mutter vergaß sich selbst. Während mein Vater die Lippen immer fester aufeinanderpresste und ich mich innerlich verkrampfte, geriet meine Mutter in Verzückung und kaufte. (…) Astrologische Symbole auf silbernen Ziermünzen und nachtblauem Samt, Brokatschnüre, die aussahen wie sich windende Schlangen, auf grellrosa gemustertem Damast, eng geschnittene feminine Anzüge mit Überwesten aus schwarzem Fuchs und Hüten, die aussahen wie Puderquasten (…) Alles schockierend und auffallend, aber nichts, was zur Dietrich passte. Schiaparelli wurde eine gute Freundin meiner Mutter. (…) Meine Mutter trug kaum eines ihrer Kleider mehr als einmal, kaufte aber ständig neue.«[42] Erhalten haben sich u. a. zwei Abendanzüge; der eine aus leuchtend blauem Seiden-Cloqué besteht aus einer schmal geschnittenen kurzen Jacke mit aufgesetzten Taschen und kleinem Stehkragen und einer gerade fallenden Hose. Das Augenmerk liegt, wie oft bei Schiaparelli, auf den kunstvollen Knöpfen, die als metallisch-bunte Papageien ausgebildet sind.[43] Das andere Modell ist aus schwarzem Seidensamt. Die kurze

Jacke mit grafisch angeordneter goldener Stickerei, üppigen weißen Perlen und Posamenten-Verschluss, dazu eine locker fallende Hose.[44] Beide Hosen werden über seitliche Reißverschlüsse geschlossen, die Schiaparelli soeben in die Haute Couture eingeführt hatte.[45] Eine dunkle, langärmelige Bluse aus Rayon mit den legendären Zirkus- und Clownsmotiven stammt von Schiaparelli London.[46]

Im August 1936 besuchte Marlene mit Rudi, Tamara und Maria erneut Wien. In Salzburg zeigte sie sich in Tracht und in Begleitung ihres Ehemanns, kaufte bei Lanz ein und besuchte die Festspiele. Außerdem traf sie Betty Stern und Alfred Polgar.[47] Trotz Erkältung ließ sie sich von Cecil Beaton fotografieren, in einer weißen Bluse, ohne Make-up, ohne Schmuck, ohne Pose, leise und verletzlich.

Zurück in London, eroberte sie Douglas Fairbanks jr. (1909–2000), den gut aussehenden und charmanten Sohn des großen Stummfilmschauspielers und selbst bei Paramount unter Vertrag. Der immer gut gelaunte, perfekt posierende Profi war ein Partner, mit dem Marlene selbst in einem England, dessen Upper-class trotz Wirtschaftskrise Höhepunkte gesellschaftlicher Eleganz inszenierte, Aufsehen erregen konnte: das perfekte junge Glamourpaar. Ob sie mit dem Geliebten Ausflüge aufs Land und zu seinen adligen Freunden unternahm oder mit ihm ein Theater besuchte, jedes von ihr getragene Outfit übertraf das vorhergehende. Polizisten mussten Schaulustige zurückhalten, Sicherheitsbeamte Marlene zu ihrem Wagen bringen.[48] Über Josef von Sternberg sprach Marlene nur in den höchsten Tönen. Und sie war sein Meisterwerk.[49] Ein Kunstwerk, das nur sich selber gehörte. A Star bigger than Life.

Marlene liebte es nach wie vor aber auch lässig und ließ sich von Fairbanks' Schneider Anderson & Sheppard in der Savile Row locker fallende Anzüge anfertigen, wie sie dort auch Duke Ellington oder Fred Astaire in Auftrag gaben.[50]

Ihre Juwelen hatte Marlene Dietrich bereits an der Seite von John Gilbert getragen. Jetzt stellte sie sie mit beispielloser Nonchalance zur Schau, trug die beiden exorbitanten Smaragd-Armbänder an einem Handgelenk übereinander. Da gab es nur noch eine Steigerung: ihr Gesicht. Die Konkurrenz auf der Insel hieß Wallis Simpson, hatte den britischen Thronfolger, der im Januar 1936 zum König gekrönt worden war, für sich gewonnen und legte großen Wert darauf, sich teurer anzuziehen als alle anderen Frauen. Außerdem besaß sie eine prachtvolle Schmucksammlung.

Als die Dreharbeiten im August 1936 begannen, bezog Marlene Dietrich eine Wohnung in Fairbanks' Apartmenthaus in Grosvenor Street.[51] Er erinnerte sich später an eine »wunderbar unkonventionelle Geliebte, Philosophin und Freundin – und manchmal ziemlich frech«.[52]

Auf dem Set unterstützte Marlene den an Asthma erkrankten Donat, seine langen Dialoge zu bewältigen. Ein opulentes Entree zeigt sie in weißem Chiffon und großem Hut in Ascot im Jahr 1913. Ansonsten gibt es viele Kostüm-Zitate aus anderen Dietrich-Filmen: das weiße Negligé aus *Perlen zum Glück.* Das Hochzeitskleid aus *Die scharlachrote Kaiserin* mit Diadem und Schleier kehrt als Ballkleid wieder. Marlene trug erstmals lange Haare, einen Chignon oder eine Hochsteckfrisur. Die meiste Zeit über verbarg sie sich jedoch in einer russischen Bauerntracht mit Kopftuch. Später darf sie in Militärmantel und Pelzmütze fliehen, ist also wieder in den für sie typischen androgynen Kontext gestellt. Einmal sitzt Marlene im Film in einer Badewanne, bei den Dreharbeiten rutschte sie auf einem Stück Seife aus und schlitterte der Crew und dem anwesenden Fotografen nackt vor die Füße.

Der verantwortliche Kostümbildner George Benda antwortete auf die Frage eines Journalisten nach den Kostümen: »Reden wir nicht davon, oder Marlene wird uns allesamt verfluchen! Überall will sie Federn haben! (…) Ich entwerfe für sie ein Jungmädchenkleid aus schwarzem Samt mit Brillanten am Arm, sie will es nicht. Ich entwerfe ein ungarisches Bauernkleid, in dem sie unerkannt die Grenze passieren soll, denn eine üble Bande ist hinter ihr her. Sie sagt: ›Ich könnte in diesem grässlichen Zeug niemals eine Liebesszene spielen; ich brauche einen Offiziersmantel, den ich mir um die Schultern hänge …‹. Der blaue Engel hat immer recht!«[53]

Die Presse pflegte inzwischen nicht nur Bewunderung, sondern auch Ressentiments: »Ihr kommt es nur auf ihr eigenes Bild an, auf ihre Erscheinung, ihre Kostüme, ihre fotogene Wirkung. (…) Bei ihrem Kostümkonzept kümmert sie sich weder um das Drehbuch noch um aktuelle Notwendigkeiten, weder um die Situation der Heldin noch um ihr soziales Milieu. Es müssen eben nur ›Marlene-Dietrich-Modelle‹ sein.« Mit Charme und Beharrlichkeit trickste sie angeblich jeden Regisseur aus. »Er glaubt, an Boden gewonnen zu haben, ist sicher, sie beispielsweise davon überzeugt zu haben, dass die Heldin nach zwanzig Tagen Gefängnis nicht so gut frisiert sein kann und ihr Kleid wenigstens ein bisschen verknittert sein sollte. Weit gefehlt! Wenn der Film dann fertig ist, muss er feststellen, dass sich Marlene genauso angezogen hat, wie sie es wollte.«[54] Ihr gleichermaßen leidenschaftliches wie elegantes Spiel blieb dagegen unerwähnt. Die letzte Rate ihrer Gage für *Tatjana* erließ Marlene Dietrich Alexander Korda, mit der Auflage, *I, Claudius* mit Josef von Sternberg als Regisseur zu produzieren.[55]

Weihnachten 1936 verbrachte sie mit ihrer Familie in Paris, Hotel George V.[56] Sie kaufte Kleider, besuchte Colette, Gertrude Stein und Alice B. Toklas.[57] Maria lebte zu der Zeit bei ihrem Vater in Paris und sollte anschließend Schülerin eines exklusiven Internats in der französischen Schweiz werden.

Am 19. November hatte die Premiere von *Der Garten Allahs* in New York in der Radio City Music Hall stattgefunden, dem größten Kinosaal der Stadt. Titelblätter und Rezensionen feierten Marlene – ein zweites Mal befreit von Sternberg – hymnisch. Die *Time* konstatierte: »Wenn *The Garden of Allah* einen Schwachpunkt hat, so ist es die Handlung; seine Stärke ist die weibliche Hauptdarstellerin. Und wenn es eine Schauspielerin gibt, die jeder Kinofan schon immer gern einmal in Fleisch und Blut gesehen hätte – und der Farbfilm kommt diesem Wunsch am nächsten –, dann ist das mit Sicherheit Marlene Dietrich.«[58] Der Film erhielt den Ehren-Oscar für die beste Farbkamera, eine Nominierung für beste Musik und Regieassistenz. Dennoch blieb der Erfolg hinter den Erwartungen zurück.

Marlene Dietrich beantragte im März 1937 in Los Angeles die amerikanische Staatsbürgerschaft und setzte damit den jahrelangen Versuchen eines Joseph Goebbels, sie für Deutschland und die Ufa abzuwerben, ein Ende.[59] Sie unterschrieb bei Paramount für zwei Projekte und bezog ein neues Haus in Beverly Hills. Douglas Fairbanks jr., der einen Filmvertrag mit Selznick abgeschlossen hatte, ließ sich in der gleichen Straße nieder.[60] Doch die große Verliebtheit schien verflogen. Später fragte Marlene Rudi Sieber: »Glaubst du, dass ich mich in ihn verliebt habe, weil er im Frack so toll aussah?«[61] Auf den Fotos lächelt er inzwischen etwas bemüht.

Ernst Lubitsch war ebenfalls zu Paramount zurückgekehrt und würde im nächsten Film mit ihr Regie führen. *Engel* (1937) formulierte eines seiner Lieblingsthemen, die Dreiecksgeschichte, und basierte auf einem ungarischen Theaterstück von Melchior Lengyel.[62] Wie in *Blonde Venus* stand Herbert Marshall Marlene als Ehemann zur Seite. Melvyn Douglas (1901–1981) agierte als ihr Liebhaber. Gedreht wurde von April bis zum 14. Juni 1937.[63] Marlene Dietrichs Aufgabe im Film ist es, konventionelle Moralvorstellungen zu hinterfragen und die zarte Rätselhafte zu geben, deren Persönlichkeitsveränderungen sich an der exquisit eleganten Kleidung von Travis Banton ablesen lassen. »Lubitschs Filme sind gemacht wie Mode und wirken wie Mode. Sie sind verführerisch. Sie wecken Wünsche und Lüste. Er demonstriert von innen, mit den Mitteln des Kinos, unsere Anfälligkeit für Ansteckung. Er zeigt ganz unverblümt, dass davon das Kino lebt.« (F. Grafe)[64]

Marlene Dietrich setzte das Kleiderthema hoch professionell um. Bereits für die von Fotografen begleiteten Besprechungen zu ihren Filmkostümen mit Travis Banton trug sie ein Ensemble aus dem Jahr 1936 von Alix Grès: eine asiatisch inspirierte Kombination aus langem blauem Seidenjersey-Rock und Jacke in blau-goldenem Seidenbrokat, kragenlos, extrem tailliert mit glockig abstehendem Schößchen, auf einen Knopf an der Taille zu schließen. Die Ärmel enden mit versteiften Schnörkeln, wie bei einer Tempeltänzerin. Mit passender Kopfbedeckung und Schuhen war es etwas too much.[65]

Vom Ehemann vernachlässigt, fliegt Marlene als Lady Maria Barker im mit Waschbärenfell besetzten Kostüm mit schräg ins Gesicht geschobener Kappe nach Paris, nimmt unter falschem Namen ein Hotelzimmer, besucht mit einer extravagant gewickelten Kopfbedeckung, einem schwarzen langen Kleid und dem prominenten Smaragdarmband ein diskretes Etablissement, in dem sie vor sechs Jahren offenbar gearbeitet hat. Dort trifft sie einen Mann auf der Suche nach Abenteuern. Nach subtilem Hin und Her verabreden sie sich für den Abend. Im Restaurant trägt sie ein mädchenhaftes schulterfreies Chiffonkleid, an das sie ihre Smaragdbrosche gesteckt hat, löffelt eine Vorspeise aus einem kleinen Silberkelch und ist erstaunt, dass der Mann an ihrer Seite sie begehrt.[66] Im Separee kommt es schließlich zu einem Kuss. Als der Verliebte ihr im nächtlichen Park einen Sträußchen Veilchen kauft, verschwindet Engel, wie er die Unbekannte nennt. Gut, dass sie sich bereits für die nächste Woche am gleichen Ort zur gleichen Stunde verabredet haben.

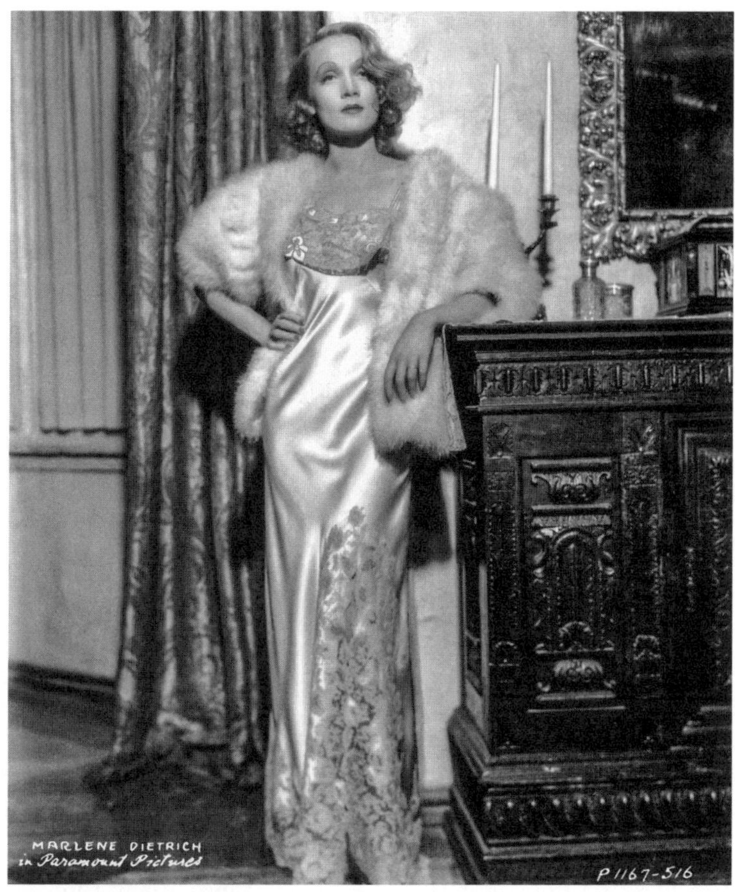

Marlene Dietrich in *Engel (Angel),* 1937

Wieder in London in ihrem bedrückend viktorianischen Herrenhaus, interessiert sich Maria im Marabu-Jäckchen und Seidenneglige für die diplomatischen Missionen des Gatten, hört sich am nächsten Tag beim Frühstück im weißen Kostüm an, dass ihre Ehe für den Butler Vorbildcharakter hat. Beim Pferderennen sieht sie den Unbekannten aus Paris wieder und flieht im langen Kleid mit großem Hut, ganz in Schwarz. Am Abend hat sie sich in eine über und über mit Edelsteinen besetzte Robe geworfen, um ihren Mann in die Oper zu begleiten. Zuvor überlegt sie, ob sie auf all die Pracht auch noch ihre große Smaragdbrosche stecken soll. Diana Vreeland, Chefredakteurin der amerikanischen *Vogue,* überzeugte der Byzantinismus à la Ravenna, dieser Kleid gewordene Mosaikteppich aus Juwelen so sehr, dass sie ihn 50 Jahre nach dem Film im Metropolitan Museum of Modern Art präsentierte.[67]

Am nächsten Tag hat sich ein alter Freund des Gatten zum Lunch angesagt. Dafür wählt Lady Barker ein strenges schwarzes Samtkostüm mit weißer Jabot-Bluse, die Haarlocken etwas ausgebürstet. Tatsächlich, es ist der faszinierende Fremde. Man isst, man redet, man spielt Klavier. Abends entdeckt Maria dann einen Wien-Prospekt. Freude, der ewig beschäftigte Ehemann will mit ihr verreisen! Aber nein, natürlich kommt etwas dazwischen. Sir Frederick wird nämlich misstrauisch, nachdem ihm der Freund von Engel erzählt, der wunderschönen Unbekannten in Paris.

Maria hält ihre Termine und betritt erneut den Salon der russischen Großfürstin, wieder vollständig in Schwarz, dieses Mal mit Zobel geschmückt, dem nächsten großen Hut und einer rechteckigen Diamantbrosche. Dort trifft sie auf den Ehemann, der sie enttarnt glaubt. Endlich ist er eifersüchtig, endlich kann sie ihrer Ehe etwas Spannung abgewinnen. Obwohl sie ihn bittet, es nicht zu tun, geht er ins angrenzende Zimmer und findet es leer. Als er zurückkehrt, steht der Freund neben der Ehefrau. Lord Barker versteht und bietet zum zweiten Mal die Reise nach Wien an, worauf die emanzipierteste Frau des Dreißigerjahre-Kinos sich bei ihm unterhakt, den Liebhaber stehen lässt und zum letzten Mal durch eine Tür geht.

Lubitsch drehte mit Eleganz, Raffinement, Geschmack, aber auch mit Auslassung, Anspielung, einem über die Bande-Spielen scheinbarer Diskretion. Den Türen kommt in *Engel* eine Hauptrolle zu. Hinter jeder kann eine unangenehme

Überraschung warten. Nebensachen können zu Hauptsachen werden, und so unterhalten sich die beiden Männer über die Farben von Lampenschirmen, wenn sie die Frau meinen, die vor ihnen sitzt. Lubitsch umging souverän die inzwischen erheblich erstarkte Zensur, ja er machte sie zum – etwas quälenden – Stilprinzip. Auch aus diesem Grund gilt *Engel* heute als sein subtilster und verkanntester Film.

Nach der letzten Regieklappe spendierte Marlene ihrem Regisseur eine riesige Torte, räumte ihre Studiogarderobe und reiste mit ihrer Friseurin, Maria und Leibwächter erneut auf der Normandie nach Europa.[68] Sie traf Rudi und Tamara in Paris, stieg im Hotel Lancaster ab, diskret versteckt in einer Seitenstraße der Champs-Élysées. Den Sommer 1937 verbrachte sie mit der Familie und Douglas Fairbanks jr. in Österreich. Rudi hatte ein rustikales Bauernhaus in St. Gilgen gemietet. Mit Auftritten in kurzer heller Lederhose soll Marlene in Salzburg für einen Modetrend unter jungen Mädchen gesorgt haben.[69] Zu diesem zünftigen Outfit, bei dem auch der Tirolerhut nicht fehlen durfte, kombinierte sie handgearbeitete Trachtenschuhe mit genageltem Absatz.[70] Erneut traf sie sich mit Alfred Polgar, es entstand die Idee, dass er ein literarisches Porträt von ihr verfasste, wie es Franz Hessel bereits 1931 getan hatte.

Am 2. September 1937 hatte *Tatjana* Premiere in Paris.[71] Fünf Tage später saß Marlene Dietrich mit Josef von Sternberg auf dem Lido in Venedig.[72] Da trat der gut aussehende, elegante und kultivierte Bestsellerautor Erich Maria Remarque (1898–1970) an ihren Tisch. Sie kannten sich vom Sehen, miteinander gesprochen hatten sie noch nicht. Seit dem 30. Januar 1933 war Remarques Leben in Deutschland bedroht. Er hatte sich sofort in sein Haus in Porto Ronco, nahe Ascona am Ufer des Lago Maggiore zurückgezogen und dort im Dezember 1936 *Drei Kameraden* abgeschlossen. Jetzt beugte er sich zu einem Kuss über Marlenes Hand. Die konterte seine Charmeoffensive mit einem »Sie sehen viel zu jung aus, um eines der größten Bücher unserer Zeit geschrieben zu haben«. Dann zog sie eine Zigarette aus dem Etui und ließ sich von ihm Feuer geben. Was sonst?[73]

Boni und das goldene Puma blieben die nächsten beiden Monate zusammen. Fotos zeigen sie in Venedig am Strand, Marlene im weißen Kostüm, Remarque in Badehosen. Dann reisten sie nach Paris, ins Lancaster. Der leidenschaftlich Verliebte ließ Marlenes Suite mit Flieder füllen, dazu kistenweise Champagner der Marke Dom Pérignon anliefern.[74] Ihre romantische Weltsicht, die Liebe zur deutschen Sprache und Literatur, ihr Glaube an die Sterne und ihre tiefe Verachtung für die Nationalsozialisten sowie die aktive Unterstützung von Emigranten verbanden beide.

Marlene besuchte mit Remarque die Salons der Haute Couture. Der Autor folgte ihr bezaubert und betört in ein Märchenland der Eleganz und Perfektion: »Es ist Nacht und ich warte darauf, dass du von New York anrufst (…) du stehst in deinem Zimmer, irgendjemand wird mit dir ausgehen zum Essen, ins Theater, und auf dem Bett liegen die Abendkleider und du weißt nicht, ob du das weiße mit dem goldenen Mieder von Schiaparelli oder das schwarzgoldene von Alix anziehen sollst. Vielleicht auch das mit den schwarzen Pailletten. Oder das grünrote von Alix. Vielleicht auch das hübsche Kostüm von Lanvin, das dich wieder am Hals kratzen wird. Oder das grüngoldene aus Hollywood, aus demselben Stoff, den Mutter Rochas mal im Maxim trug. Oder eines der griechisch gefältelten von Vionnet. Gib mir eine Zigarette, Liebling, – das Anprobieren macht müde. Gesicht im Spiegel! Helles, geliebtes Gesicht. Der kurze Ruck, mit dem du das Haar zurückwirfst. Wieder eine Schulter zu tief. Und das Ganze zieht nach vorn, Tobias muss es zugeben. Sogar Herr Scheerbaum, der doch ein noch röteres Gesicht hat als der Kleine in der Ecke, muss es bestätigen. Und wenn du die Jacken ausziehst – sie gleiten von den etwas zurückgeneigten Schultern, als wenn ein Engel sie dir abnähme. Noch etwas? Ach so, ja, der Mantel, der Waldschratmantel. Wieder nachts voller Heinzelmännchen gewesen. Wie er sich an den Seiten plustert, wie die Backentaschen eines Hamsters. Gar nicht davon zu reden, dass er vorn aufklafft. Du geduldigster aller gefallenen Erzengel.«[75]

Bei Fouquet's trafen Marlene und Boni Hubert von Meyerinck, auch er wie immer aufmerksamer Beobachter von Marlenes modischem Auftritt. »Du hattest einen grünen Pullover an, Marlene, und eine schwarze Mütze auf dem Kopf. ›Hubsi‹, riefst Du noch einmal erstaunt, die Hände vors Gesicht hebend – und schon war ich bei Dir. Es war alles wie früher. Ich habe Dich in diesen Pariser Sommerwochen noch oft gesehen. Erinnerst Du Dich, wie wir die Champs-Élysées entlangschlenderten und die Leute wieder wie beim Presseball in Berlin vor Dir rückwärtsgingen? Du trugst ein schwarzes Jackenkleid, und Dein blondes Haar flatterte im Wind. (…) Kurz bevor ich in meine von SA und SS brodelnde, arme Stadt Berlin zurückfuhr und Du mit Deinen 75 Koffern nach Amerika – die Zahl stimmt –, ging ich noch einmal mit Dir ins Theater zu Maurice Chevalier. Da war Dein Kleid aus schwarz- und grünglitzernden Pailletten, Du trugst lange schwarze Handschuhe und einen nach oben gedrehten Turban. Erich Maria Remarque saß bei Dir in der Loge.« Nachdem Meyerinck bei ihnen Platz genommen hatte, kam Chevalier »und küsste Dir die Hand. Aber Du küsstest ihn auf den Mund, und dann standest Du auf und verbeugtest Dich vor dem wie rasend applaudierenden Publikum, mit einer Verbeugung wie ein Kavalier aus dem französischen Rokoko«.[76]

Dem publikumsscheuen Erich Maria Remarque waren solche Auftritte ein Gräuel, näherten sich Pressefotografen, drehte er sich weg oder verbarg sein Gesicht hinter der Hand. Er war nicht Fairbanks jr., er wird sich bis zum Ende ihrer Beziehung ihren Wünschen widersetzen, mit ihm in der Öffentlichkeit zu glänzen, wollte die Geliebte für sich – und sonst gar nichts.

Marlene kabelte im Oktober ihrem Agenten, dass sie alles in ihrer Macht Stehende unternehmen werde, um in Remarques *Drei Kameraden* die Rolle der Patrice Hollmann zu spielen. Der Autor bot seine Hilfe beim Drehbuch an.[77]

Nachdem sie in der Deutschen Botschaft in Paris die Pässe für sich, Rudi und Maria hatte verlängern lassen, reiste Marlene Ende Oktober 1937 auf der Normandie zurück in die USA. Die *Neue Freie Presse* in Wien berichtete am 2. November über »Marlenes Abschied von Paris. Wenn man in den letzten Wochen in den führenden Pariser Modesalons eines der neuen Modelle der Zwischenkollektion bewunderte, so hieß es gewöhnlich: ›Oh, ceci ist die letzte Bestellung von Marlene Dietrich‹.« Dabei seien stets Modelle in mehreren Farbvarianten entstanden. Als Marlene schließlich zum Abschied winkte, trug sie ein einfaches blaues Kostüm und einen ebensolchen Hut. Vorbei schien die Exaltation von Herrenanzug und Frack. »Marlene Dietrich bestellt mit gutem Geschmack nur solche Modelle, die ihr vorteilhaft erscheinen und die sie dadurch zu Erfolg führen kann.«[78]

Engel nahm am 3. November 1937 im Paramount Theater in New York seinen kurzen Flug auf.[79] Der handlungsarme und modeintensive Film fiel beim Publikum durch. Das Studio beschloss, das nächste Projekt mit Marlene Dietrich auf unbestimmte Zeit zu vertagen. Columbia wollte sie zunächst als George Sand in Hosen, zog sich aber ebenso zurück wie Warner Brothers.[80] Die Arbeitslosigkeit in den USA war inzwischen auf das Rekordhoch von 9,8 Millionen gestiegen. Die Sieger in der Publikumsgunst hießen *Schneewittchen und die sieben Zwerge.* In *Life* stand am 3. Januar 1938 zu lesen: »Woran lag es, dass Miss Dietrich ihr Publikum verloren hat? Einige (…) glauben, dass die Dietrich (…) eine Schöpfung jenes Mannes war, der sie entdeckt und ihre ersten Filme in

Amerika gedreht hat. Und dass kein anderer Regisseur als Josef von Sternberg imstande war, jenen unvergleichlichen Glamour auf die Leinwand zu zaubern. Andere dagegen glauben, dass Sternberg das Talent seines Schützlings zerstört hat. Eine einfachere Erklärung besagt, dass das Zeitalter der exotischen Extravaganz zu Ende ist.«[81]

Remarque kehrte in sein Haus in Porto Ronco zurück und schrieb Marlene leidenschaftliche Briefe. Als die Aufenthaltserlaubnis seiner geschiedenen Frau Jutta Zambona in der Schweiz auslief und sie eine Abschiebung nach Deutschland befürchtete, heiratete er sie am 21. Januar 1938 in St. Moritz ein zweites Mal. Marlene tobte und nahm die Beziehung zu Fairbanks jr. wieder auf. Sie trug Hüte und Mützen aus *Engel,* schmollte unter einer hohen mitternachtsblauen Paillettenkappe von Lucien Lelong[82] oder steckte sich zwei Stoffrosen an eine andere, legte zu ihren beiden Smaragdarmbändern noch das mit den Rubinen an und sah aus, als warte sie darauf, fotografiert zu werden. Ihr Vertrag mit Paramount endete im Februar.

In der Nacht vom 11. auf den 12. März 1938 lösten österreichische Nationalsozialisten in Wien die Regierung ab. Die deutsche Wehrmacht, SS und Polizei übernahmen das Kommando. Eine neue nationalsozialistische Regierung vollzog den »Anschluss« Österreichs. Ende April reiste Marlene mit Maria und Rudi erneut auf der Normandie nach Europa.[83] Vier Tage nach ihr traf Remarque in Paris ein. Der geduldige Frauenversteher begleitete sie zum Juwelier und in Luxusrestaurants. Nicht der einzige Wermutstropfen war die Anwesenheit seiner Ehefrau Jutta.

Im Mai 1938 veröffentlichte der Verband der studiounabhängigen Kinobetreiber Amerikas in allen Branchenblättern, in *Variety* und *The Hollywood Reporter,* eine Anzeige, die u. a. Joan Crawford, Marlene Dietrich und Greta Garbo als *Gift für die Kinokasse* anprangerte.[84] Marlene hatte in den letzten acht

Jahren das Image einer schönen, verführerischen, glamourösen, aber auch unabhängigen Frau aufgebaut. In Hosen hatte sie eine lässige Gleichgültigkeit gegenüber den Modediktaten und dem Frauenbild der Zeit demonstriert, um dann auf unerhört dramatische Weiblichkeit umzusteigen. Sie war auch nach der Zusammenarbeit mit Sternberg perfekt gewesen, aber die mit ihm verbundene, ach so prickelnde Dimension – *The Look of Love* – hatte gefehlt.

Die äußerst angespannte Stimmung in Paris verschlechterte sich weiter, als Erich Maria Remarque am 4. Juli aus Deutschland ausgebürgert wurde. Er empfand eine neue Distanz zu Marlene. Gegenseitig warfen sie sich ihre anderen Partner vor, reisten aber dennoch mit der Dietrich-Familie in die Ferien an die Côte d'Azur, ins Hotel du Cap d'Antibes. Maria erinnerte sich an eine Filmkulisse: elegante Menschen zwischen gestreiften Badezelten, prachtvolle Mittagessen, nächtliche Bälle im nahen Cannes. Marlene wirkt auf ihren privaten Filmaufnahmen in dieser Umgebung gelöst und glücklich, nahm Sonnenbäder, trug einen weißen Badeanzug, Hosenensembles, strickte einen roten Schal, posierte lachend und lernte Familie Kennedy kennen, während Remarque sich zurückzog und an *Liebe Deinen Nächsten* schrieb.

Dann legte die dreimastige Segeljacht der Milliardärin Joe Carstairs (1900–1993) im Hafen an. Eine der reichsten Frauen der Vereinigten Staaten, in Männerkleidern und Herrenhaarschnitt, durchtrainiert und muskelbepackt, eroberte vor Erich Maria Remarques erstaunten Augen seine mädchenhaft entzückte Geliebte im Sturm und entführte sie auf ihr Schiff, wo diese dann im Badeanzug strahlend in der Takelage saß. Anfang August glaubte der Schriftsteller die Beziehung zu Marlene beendet, konnte nicht mehr schreiben, trank. Zur gleichen Zeit gab die Österreicherin Hedy Lamarr in *Algier* als schönste Frau der Welt bejubelt ihr Hollywooddebüt und setzte brünett als

Modehaarfarbe durch. Marlene schaukelte an der Mittelmeerküste weiter auf ihrem Liebeskarussell.

Im Herbst reiste sie mit Joe Carstairs und ihrer Entourage zurück nach Paris. Remarque versuchte erneut, sie zu erobern, ging mit ihr aus, und teilte seine Begeisterung für die Kunst mit ihr. Im Louvre standen sie lange vor der Nike von Samothrake, jener marmornen Sieges- und Friedensgöttin aus dem Jahr 200 v. Chr., in ewiger Schönheit auf der Erde landend, die Flügel gebieterisch ausgebreitet. Marlene Dietrich betrachtete das Gewand – durch den Luftwiderstand an den Körper gepresst. So hatte sie bereits im *Der Garten Allahs* in der Wüste gestanden. Fünfzehn Jahre werden vergehen, bis sie auf diesen durch den Museumsbesuch mit dem Geliebten geadelten Kleiderentwurf zurückgreift.

Erich Maria Remarque nahm in einem Brief vom 19. März 1940 Bezug auf diese letzte gemeinsame Zeit in Paris, Stunden eines bereits verlorenen Glücks: Die »Anproben bei Alix, – die streichelnden Hände, – bei Schiap, – Ihr Stunden voll Gelächter beim Hüteprobieren, – Ihr quatschenden Weiber bei Suzanne Talbot, – Du Abend im Louvre vor der Nike, die eine sanfte Bewegung machte und ihre Schwester grüßte (…) Du September in Paris, (…) ich rufe euch auf, denn eure Gespielin, eure Seele, das Puma ist traurig! Kommt, breitet den Brokat der Erinnerung vor ihm aus, den Teppich, bestickt mit tausend Stunden des Lachens, des Jungseins, des fliegenden Glücks, kommt und singt ihm das große Lied des Lebens.«[85]

In diesem Jahr 1938 eröffnete Cristóbal Balenciaga (1895-1972) in Paris seinen Couture Salon in der Avenue George V. Bevor er zu Beginn des Spanischen Bürgerkriegs über London nach Paris emigrierte, hatte er sich in San Sebastian, Madrid und Barcelona etabliert. Er kombinierte spanische Tradition mit großer Dramatik und zeigte seine Schauen aus Furcht vor Kopien erst mit einem Monat Zeitverzug.

Marlenes erster durch eine Rechnung vom 2. November 1938 belegter Einkauf bei Chanel listet mehrere Rock-Jacke-Kombinationen, die meisten in Schwarz, Taschen, Hüte und zahlreiche Baskenmützen auf. Drei haben sich im Nachlass erhalten. Ebenso ein wunderbar schlichtes Seidensamtkleid mit glockig fallendem Rock und großem Ballerina-Ausschnitt.[86] Ein Kleid für den kleinen Anlass, das Candlelight Dinner, geflüsterte Liebkosungen, Küsse. Am besten hätte sie es ohne Schmuck getragen. Marlene kaufte aber auch ganz profan Stoff vom Meter und Knöpfe.[87]

»Es scheint jetzt wirklich Krieg zu geben«, meldete der Autor am 23. September seiner »Septembergeliebten«.[88] Sechs Tage später erfolgte mit dem Münchner Abkommen die Zustimmung der europäischen Nachbarstaaten zur Eingliederung des Sudentenlandes ins Deutsche Reich. Ein weiteres katastrophales Zurückweichen vor Hitler. Marlene Dietrich saß in Hollywood, ohne Engagement, und unterstützte Flüchtlinge aus Deutschland.

Am 31. Dezember 1938 nahm Remarque in einem 13 Seiten langen Brief innerlich ersten Abschied von Marlene, die sich seit Anfang Dezember wieder in Hollywood aufhielt. Der Brief zeigt, wie gut er sie kannte. »Ich habe dich geliebt, (…) wenn du es überstürztest und deine Wünsche vor dir her galoppierten wie ein Rudel weißer Pferde (…) Du kamst zurück, Jünglingin und Jägerin Diana mit Pfeil und Bogen. Du hattest das Wild erlegt und warst traurig.«[89]

Hitler annektierte im März 1939 die Tschechei. Erich Maria Remarque trat in Begleitung seines Agenten die erste Reise in die Vereinigten Staaten an, blieb zunächst in New York, besuchte Nachtclubs und Jazzbars, fuhr dann weiter zu Marlene nach Beverly Hills, wo er sich mehrere Wochen aufhielt. Universal hatte bereits *Im Westen nichts Neues* verfilmt, während MGM sich *Drei Kameraden* mit Margaret Sullavan in der weiblichen Hauptrolle gesichert hatte. Der Schriftsteller war also in Hollywood eine Berühmtheit. Marlene erhoffte sich vergeblich berufliche Unterstützung von ihm, in Form eines Drehbuchs oder eines Filmstoffs. Gingen sie aus, durchsuchte sie am nächsten Tag die Zeitungen nach Fotos.

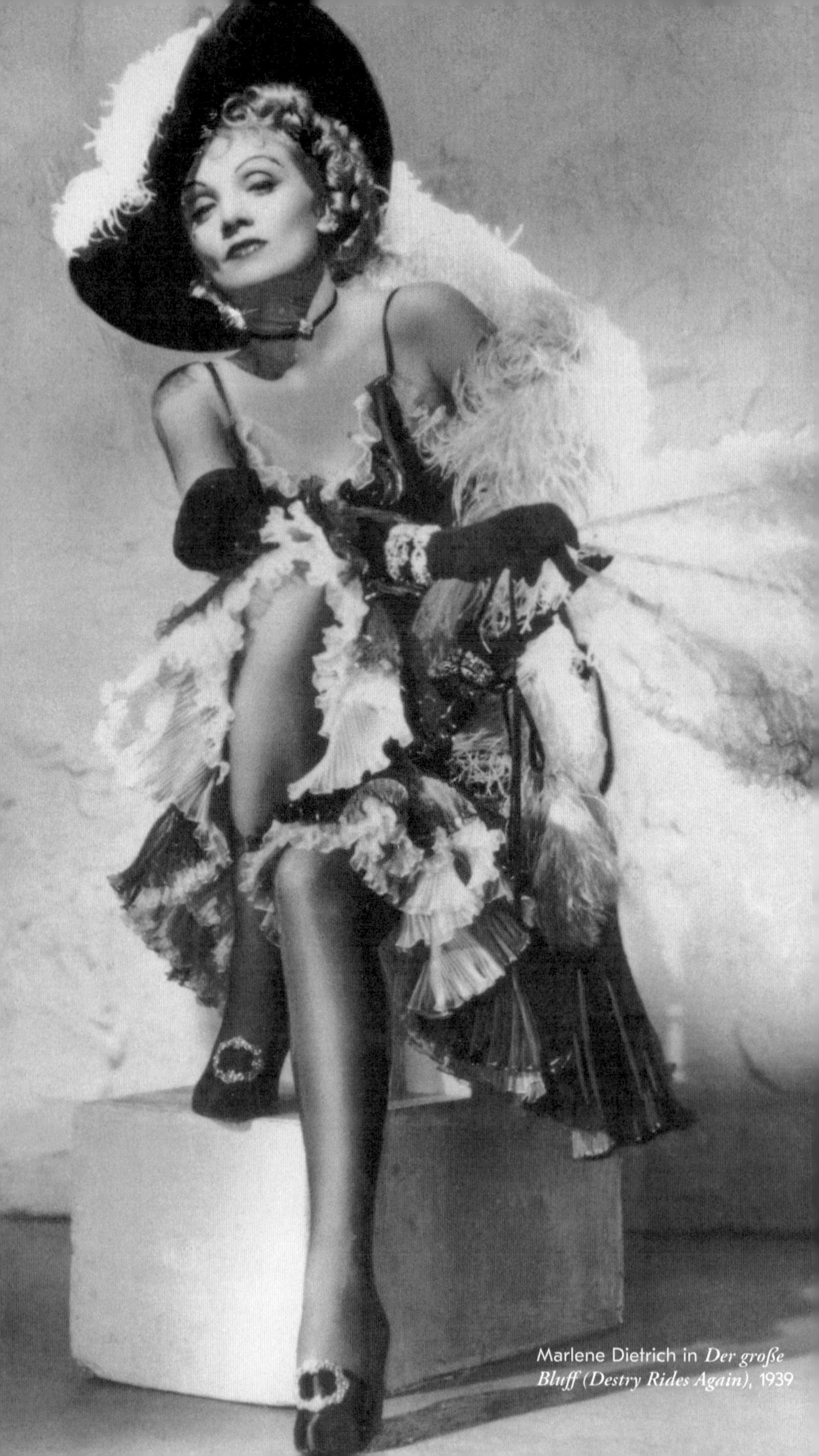

Marlene Dietrich in *Der große Bluff (Destry Rides Again)*, 1939

ALLES AUF ANFANG

Am 28. Juli 1939 erreichte Marlene Dietrich in Antibes ein Anruf des aus Österreich-Ungarn stammenden Produzenten Joe Pasternak (1901–1991). Er kannte sie aus Berlin, hatte sie in *Die Frau, nach der man sich sehnt* im Kino gesehen und die Dreharbeiten zu *Der Blaue Engel* besucht. Vergeblich hatte er sie damals für die kleine Universal Pictures anwerben wollen.[1] Jetzt bot er Marlene, seit Juni im Besitz eines amerikanischen Passes, die Hauptrolle in einem Western unter der Regie von George Marshall (1891–1975), der sich seit 1916 hauptsächlich in diesem Genre betätigte und frühe Stummfilme z. B. mit Stan Laurel und Oliver Hardy gedreht hatte. Ihre Gage würde 50 000 Dollar betragen, also ein Neuntel von *Tatjana*.[2]

Die Dietrich-Legende weiß, Marlene reagierte entsetzt, und nur Rudolf Sieber, Erich Maria Remarque oder Josef von Sternberg oder alle drei gemeinsam hatten sie davon überzeugen können, das Angebot anzunehmen. Wie dem auch gewesen sein mag, sie brach ihren Urlaub ab und reiste in die USA.

Remarque fuhr mit der Dietrich-Familie nach Paris. Rudi besorgte Plätze auf der Queen Mary. Am 30. August 1939 trat der Autor seine zweite Reise in die Vereinigten Staaten an. Auf dem Gelände des Beverly Wilshire Hotels in Hollywood wird er einen Bungalow neben dem von Marlene beziehen. Rudi ließ sich mit Tamara in New York nieder.

> Das schönste Kleidungsstück, das eine Frau tragen kann, ist die Umarmung eines Mannes, den sie liebt.
> *Yves Saint Laurent*

Am 1. September 1939 überfiel die deutsche Wehrmacht Polen. Der Zweite Weltkrieg hatte begonnen. Roosevelt erklärte, die USA würden neutral bleiben. Am 7. September starteten die Dreharbeiten zu *Der große Bluff* (1939), die bis 2. November 1939 dauern sollten.[3] Marlene fand sich im San Fernando Valley mitten in einem Low-Budget-Unternehmen wieder, bei dem alle Beteiligten ständig improvisierten. Das Skript erhielt sie Tag für Tag. Schnell begriff sie, dass der Film die Rolle der Männer in dem amerikanischen Filmtypus schlechthin infrage stellte. Er passte also zu ihrem Image.

Ihre Kostüme erarbeitete Marlene mit der New Yorkerin Vera West (1898/1900–1947), seit 1928 Chefdesignerin bei Universal und Spezialistin für Horrorfilme und Krimis, berühmt für ihre weißen Abendkleider. Marlene Dietrich suchte für ihr Comeback Halt in der Vergangenheit und zitierte die Anfänge ihrer Zusammenarbeit mit Josef von Sternberg: Burlesque und Western, warum nicht, wenn der Western eine Parodie war? Eine erwachsene Lola Lola, die den Amerikanern ebenso charmant wie nachdrücklich den Kopf verdreht? Aber sicher!

Lässig, wild, aggressiv, stark geschminkt, das Gesicht gerahmt von kurzen Korkenzieherlocken, kehrte Marlene auf die Leinwand zurück. Als Bardame Frenchy verschlug es sie nach Bottleneck. Dort steht sie mit den neuartigen Nylonstrümpfen an den legendären Beinen im erdbeerroten Saloon-Kleid[4] mit altgoldener Stickerei und schwarzer Tüllrüsche und dreht sich eine Zigarette.[5] Sie singt *Little Joe, The Wrangler/ You've Got That Look/ See What The Boys In The Backroom Will Have;* Lieder von Friedrich Hollaender und Felix Jackson. In ihren wilden Cowgirl-Schrei stimmen alle Männer ein. Dann hilft sie dem Ganoven Kent, harmlose Siedler beim Poker zu betrügen. Den Gewinn steckt sie sich in den Ausschnitt.

In ihrem von Kleidern überquellendem Zimmer sitzt Frenchy vor dem Spiegel. Weiße Korsage, Rüschenhöschen, großer Hut mit Feder – alles erinnert an den *Blauen Engel.* Den nächsten Bühnenauftritt absolviert sie im schwarzen Kleid. Ein Mann im Publikum küsst vor Erregung eine Holzsäule.

Marlene öffnet den Vorhang, und hinter ihr erscheinen wie auf einer schäbigen Filmbühne zehn Jahre zuvor acht Tänzerinnen.

Als der Sheriff verschwindet, beschwört sein Nachfolger, ein Banjo spielender Trunkenbold, vergangene Heldentaten an der Seite eines Tom Destry. Er holt dessen Sohn, gespielt von James Stewart (1908–1997), in die Stadt, der entspricht jedoch überhaupt nicht den auf ihn gerichteten Erwartungen, hält er doch einer Dame Sonnenschirm und Vogelkäfig, trägt keine Waffe und bestellt im Saloon Milch statt Whisky. Marlene reicht diesem Helden spöttisch Putzeimer und Wischmopp. Einem anderen Mann zieht sie beim Kartenspiel buchstäblich die Hosen aus. Als dessen Ehefrau hereinwütet, um sich die zurückzuholen, prügelt sich Frenchy mit ihr aufs Heftigste, bis Destry ihnen das Putzwasser über die Köpfe schüttet. Die Szene ging in die Filmgeschichte ein. Eigentlich herrscht jetzt Gleichstand im Geschlechterkampf, doch schon stürzt Marlene Dietrich sich auf Destry. Kein Blauer Engel, sondern eine handgreifliche Furie.

Destry wird zum Gespött der Stadt, erweist sich im Folgenden jedoch nicht nur als exzellenter Schütze, sondern findet auch die Leiche des ermordeten Sheriffs und sperrt den Verdächtigen ins Gefängnis. In einer Szene mit Marlene im Negligé darf er ihr sagen, sie hätte ein hübsches Gesicht, wenn sie nur das ganze Make-up wegließe. Die so Getadelte tastet sich über die Lippen, als spüre sie dem Kuss nach, den er ihr nicht gegeben hat, geht zum Spiegel und wischt sich das Rot ab.

Im wirklichen Leben begann Marlene eine Affäre mit James Stewart, der am Beginn seiner Weltkarriere stand. Wenn sie mit ihm ausging, hüllte sie sich entgegen ihrer aktuellen Filmrolle in kostbare Gewänder: »Ihr Körper war in schwarzen Seidenjersey gegossen, der am Fußboden in eine große, absinthgrüne Satinwelle mündete, und am schwarzen Turban wurde das Grün mit einer Krone aus kleinen, dicht liegenden Vogelfedern wiederholt – eine Juno auf grünen Flammen.«[6] Während der Dreharbeiten kannte sie keine Kompromisse, was die Inszenierung ihrer Person betraf, aber sie machte alle Stunts selbst und war freundlich zu den Kollegen.[7]

Szenenwechsel: Marlene in Cowboyhut, kurzem Rock, Weste mit Fransen und Glitzersternen will wissen, was die Jungs im Hinterzimmer so tun und läuft singend auf dem Tresen hin und her. Destry applaudiert. In der nächsten Szene trägt sie einen Morgenmantel und den Paillettenschmetterling aus dem *Blauen Engel* im Haar. Sie ist im Begriff, die Stadt zu verlassen. Beinahe kommt es zum Kuss. Draußen wird geschossen. Jetzt ist auch der neue Sheriff tot. Destry stürmt mit Waffen in den Saloon, und Frenchy mobilisiert die Frauen zum finalen Kampf. Als Kent versucht, Destry mit der Flinte zu erschießen, wirft sie sich schützend vor ihn. Bevor sie stirbt, wischt sie sich noch einmal den Lippenstift vom Mund. Verdeckt von der Hutkrempe, küsst der sanfte Held sie endlich. Nun herrscht Ruhe in Bottleneck. Im Kampf des streitsüchtigen Ehepaares obsiegt der Mann.

Die Leinwandgöttin Marlene Dietrich war in einer Kombination aus Western und Komödie auf der Erde gelandet. Ray Jones, Fotograf von Universal, beschwor ihren unvergänglichen Zauber: »Mit einem einzigen Lichteffekt erreicht man eine kostbare Skulptur von dieser Frau. Ein hohes Schlüssellicht mit Schmetterlingsschatten unter der Nase. Das ist ihre Zauberformel der Fotografie. Sie gibt sie nie auf. Ihr Gesicht ist nie leer. Sie denkt immer an ein schönes Erlebnis und bringt sich selbst in berauschte Laune. Ihre Lippen sind immer leicht offen. Zufälligkeiten gibt es nicht bei ihr. Auch keine Argumente. Sie hat eine Ware zu verkaufen und eine Formel gefunden, wie sie sich gut verkauft. Und dabei bleibt es. Sie ist die einzige Frau, die ich je fotografiert habe, die in Kleidern aufregender wirkt als ohne.«[8]

Was Lubitsch in *Perlen zum Glück* und *Engel* nicht geschafft hatte, schaffte der Western. Eine neue Dietrich war geboren. Marlene hatte sich die alte vom Gesicht gewischt, so wie sie 1933 in *Das hohe Lied* die Statue zerschlagen hatte.

Der große Bluff startete am 29. November 1939 im Rivoli Theater, New York[9] und zeigte endlich eine Marlene Dietrich fürs amerikanische Publikum. Die konnte einstecken und austeilen und sah dabei ebenso verblüffend wie grandios aus. War sie endlich eine von ihnen? Die *New York Post* bejubelte ein »größeres Kunstwerk als die Venus von Milo«[10], *Variety* eine »Schauspielerin mit großem komischen Talent und viel Sinn für Charakterdarstellung«. Sie ist zurück in den »obersten Rängen Hollywoods« und macht den Film »zu einem erstklassigen Meisterwerk«.[11] *The New York World Telegram* freute sich: »Schön und verführerisch wie nur je, feiert Marlene Dietrich in *Destry Rides Again* ein großartiges Comeback (…) und tut deutlich dar, dass sie nur auf die Gelegenheit gewartet hat, um zu zeigen, wie gut sie ist.«[12] *The New York Times* würdigte am 30. November 1939 ihre Strategie: »Marlene Dietrichs Frenchy (…) ist schwer zu vereinbaren mit der posierenden Marlene Dietrich, wie man sie zuletzt in Lubitschs *Angel* sah. Eher denkt man an ihre Darstellung im *Blauen Engel;* wiederum erscheint sie hartgesotten, in voller Kriegsbemalung. (…) Da ist es also, ein Stück des Wilden Westens von anno dazumal, mit einem guten Stück der Marlene Dietrich von anno dazumal darin.«[13] Bei Sternberg hatte Marlene Frauen mit Vergangenheit gespielt, jetzt zitierte sie ihre eigene glorreiche Kinogeschichte.

Greta Garbo meldete sich in *Ninotschka* zurück, auf ihren ausdrücklichen Wunsch hatte Ernst Lubitsch Regie geführt. Der einfache Slogan *Garbo lacht* begeisterte das Publikum. Die Göttliche erhielt für den Film ihre vierte Oscar-Nominierung. Alles in den Schatten aber stellte Selznicks *Vom Winde verweht.*

Am 16. Juni 1940 besetzten deutsche Truppen Paris. Frankreich schloss sechs Tage später mit dem nationalsozialistischen Deutschland einen Waffenstillstand. Emigranten wurden in Lager interniert. Es bestanden kaum noch legale Möglichkeiten, über die Grenzen zu gelangen. Alle, die das Land liebten, sahen seine nationale Identität und Kultur in Gefahr.

Nochmals mit Pasternak drehte Marlene im August 1940 *Das Haus der sieben Sünden* (1940) für Universal Pictures[14], ein unterhaltsames Südseeabenteuer unter der Regie von Tay Garnett (1894–1977), Spezialist für Abenteuerfilme. Dieser Film zitierte *Marokko:* Boni-Komba ist eine Insel, Marlene tritt wieder in einem Nachtclub auf. Jetzt spielt sie eine Frau, die für die pazifische Flotte eine Bedrohung darstellt, eine Frau, gescheitert an den Männern, und singt: *I've Been In Love Before.* Statt eines Legionärs liebt sie Leutnant Brent, den sie am Ende einer Anderen, Jüngeren, Seriöseren überlässt. John Wayne (1907–1979) soll Marlene Dietrichs Wunschkandidat für die Rolle gewesen sein. Er hatte gerade in dem ikonischen Western *Ringo* seinen Durchbruch erlebt. Eine Freundschaft, vielleicht eine Affäre, begann. Beide gingen gemeinsam Jagen, Fischen, spielten Schach. Im Film hob sich ihr zerbrechlicher Glamour besonders wirkungsvoll vor seiner hünenhaft maskulinen Erscheinung ab.

Die US-amerikanische Designerin Irene Lentz (1900–1962), Schwägerin des preisgekrönten Artdirectors Cedric Gibbons, der seinerseits mit Marlenes Freundin Dolores del Río liiert war, arbeitete meist für MGM. Für *Das Haus der sieben Sünden* schuf sie für Marlene Dietrich ein schwarzes Lederkostüm mit weißen Einsätzen, dazu einen riesigen schwarzen Pompon aus Federn mit weißen Spitzen auf dem Kopf.[15] Ebenso divenhaft: ein weißes Tweedkostüm mit Paillettenknebeln und Applikationen. Dazu ein kleiner weißer Federhut, dessen Flügel nicht nur senkrecht emporragen, sondern auch noch von einem Schleier umschmeichelt werden.

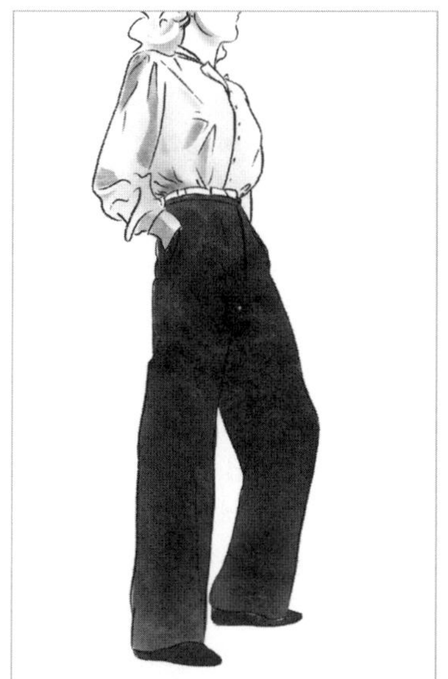

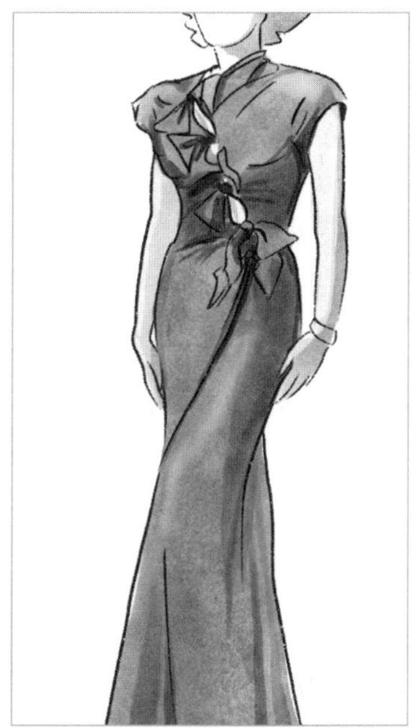

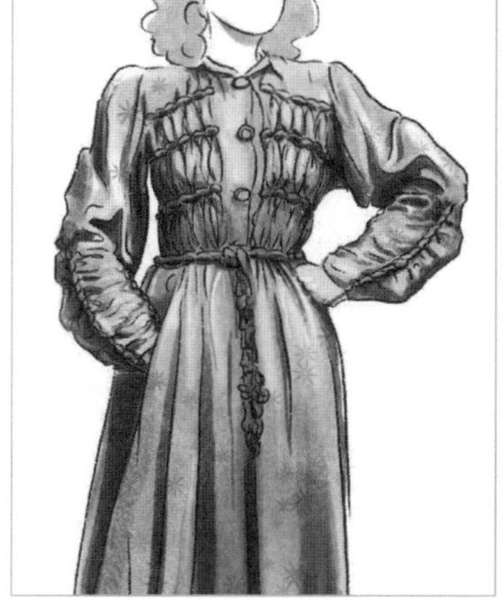

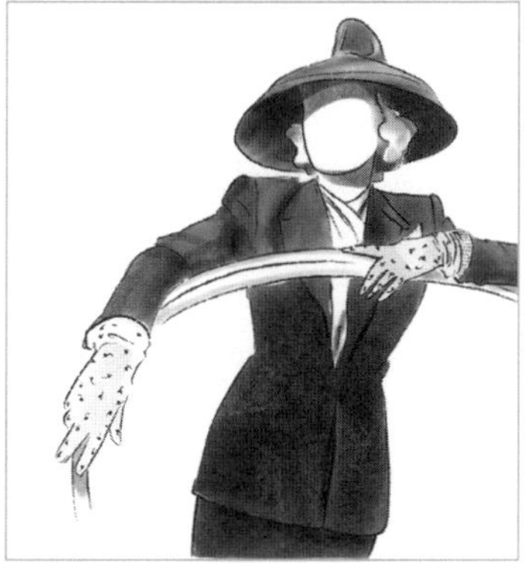

Die Marlene-Hose – dem Herrenanzug entlehnt – aus weichem Wollstoff, hoch geschnitten, gerade fallend mit großer Fußweite, passte zur maskulinen Mode der Kriegsjahre. Marlene Dietrich trug auch strenge Schneiderkostüme mit Herrenhut, aber sie behielt eine feminine Linie mit Wickelbluse und großem Hut bei. Sie hatte sich in einen Franzosen verliebt. Bei ihren Fronteinsätzen trug sie Uniform, abends schlüpfte sie ins Paillettenkleid. Etwas Geborgenheit suchte sie 1945 in einem Morgenmantel von Schiaparelli. Zwei Jahre später feierte Dior die Auferstehung der Mode.

Von großer Bedeutung für Marlenes weitere Karriere sollte sich das erste ihrer sogenannten Nacktkleider erweisen; ein eng anliegendes Futteral aus mehreren Chiffonlagen, von den Schultern bis zum Rocksaum mit Paillettengirlanden bestickt. Dazu trug sie auf den längeren, in die Stirn gekämmten Haaren einen asiatisch anmutenden, filigranen Kopfschmuck aus Metall, gekrönt von einem Dreieck aus weißen Federn, passend dazu ein Fächer. Wundervoll poetische Porträtfotos in der exaltierten Aufmachung schuf John Engstead.

Marlene hatte Spaß an dieser Art von Mode und ließ sich auch privat von Irene einkleiden, die seit Mitte der Dreißigerjahre ihren eigenen Salon im Nobelkaufhaus Bullocks Wilshire in Los Angeles führte. Neben Ginger Rogers zählten Vivien Leigh und Dolores del Río zu Irenes Kundinnen. Marlene zeigte sich häufig gemeinsam mit ihrer mexikanischen Freundin in den Kreationen. Erhalten haben sich in ihrem Besitz ein schwarzes Abendkleid aus Seidenchiffon ohne Ärmel mit markanten Raffungen sowie eine große, mit Pailletten verzierte Wollmütze nach Art der heutigen Beanies.[16] Bei einem Negligé, bestehend aus einem langen, seidenen Hausmantel, über und über mit hellbraunen Marabu-Federn besetzt, darunter ein schlichtes, beiges Seidenhemd, eine Kappe aus Vogelfedern und Stroh, stellt sich die Frage, ob Marlene das jemals trug.[17] Alltagstauglich zeigte sich dagegen ein schlichtes, zweireihiges Wollkostüm mit der neuen maskulinen Silhouette: breite Schultern, großes Revers, gerade fallender Rock, dazu trug Marlene einen markanten Herrenhut, einen Fedora.[18]

Unvergesslich im *Haus der sieben Sünden* bleibt ihr Anblick in der weißen Marineuniform: *The Man's In The Navy.* Ihre Stimme ist tiefer und dunkler geworden. Da ist keine Wehmut mehr wie in *Marokko,* keine Resignation wie in *Blonde Venus.* Da ist nur Übermut.

Der Film bot nicht nur eine Marlene Dietrich in Höchstform, sondern auch die bis dato längste Saalschlacht der Filmgeschichte, und es herrscht ein leicht zweideutiger Ton. Wenn der Leutnant sich in ihrem Kleid verheddert und ein zweiter Mann ihren Hut aufhat, hofft Marlene, die Mädels nicht zu stören. Sie ist herrlich komisch. Ihre Blicke sind provozierend oder nachdenklich. Sie spielt mit Verve und Eleganz. Die Figur der Bijou wird sie fast ein Jahrzehnt lang kultivieren. Im November 1940 kam *Das Haus der sieben Sünden* in den Verleih. Es begeisterte die Kritik, die von Marlenes »gefährlichen Kleidern« schwärmte[19] und sie eine »wirklich begabte Schauspielerin« nannte, »die endlich zu sich selbst gefunden zu haben scheint«.[20] Der Mythos schien menschlich geworden.

Seit 1933 waren ca. 200 000 Deutsche in die USA gekommen. Schriftsteller, Journalisten, Künstler, Regisseure, Komponisten, Schauspieler. Bei Marlene Dietrich fanden sie Unterstützung. Sie übernahm Bürgschaften, bezahlte Fahrkarten, half mit Geld, vermittelte Jobs, spendete für den European Film Fund, von Lubitsch und Wilder ins Leben gerufen. Zwar zeigte sie sich mit Remarque noch im weißen Abendkleid und einem goldenen Lampion-Hut von Alix aus dem Jahr 1937, doch die Beziehung zu dem Schriftsteller, der nicht nur unter ihr, sondern auch unter dem Sprachwechsel und den neuen Lebensbedingungen litt, zerbrach endgültig.[21] Remarque zog in ein Haus in Westwood und schickte Marlene ihre Sachen zurück.

René Clair (1898–1981), gefeiert als größter zeitgenössischer französischer Regisseur, traf nach dem Waffenstillstand zwischen Frankreich und Deutschland am 22. Juni 1940 mit Frau und Kind in den USA ein. Der Pariser hatte internationale Anerkennung mit seinem ersten Tonfilm *Unter den Dächern von Paris* (1930) erworben und Hauptwerke des poetischen Realismus mit Jean Gabin gedreht. Joe Pasternak schlug ihm für Universal Pictures einen Film mit der frankophilen Marlene Dietrich vor.

Ein Brautkleid treibt auf dem Mississippi. In einer Rückblende sehen wir, wie Claire Ledoux, eine europäische Abenteurerin, sich einen reichen, ältlichen Mann, gespielt von Roland Young (1887–1953), angelt, um in die bessere Gesellschaft von New Orleans anno 1841 aufzusteigen: *Die Abenteurerin* (1941), produziert von Januar bis Februar 1941.[22] Marlene spielt mit sehr viel französischem Chichi und trägt Dessous, Negligés, Volants, Reifröcke aus der Mitte des 19. Jahrhunderts, kreiert vom Schweizer René Hubert (1895–1976), der, in Paris ausgebildet, seit 1924 für Hollywood tätig war, vor allem für Gloria Swanson, Marlene Dietrichs Vorgängerin in Sachen Glamour.

Marlene flieht, als ihr schlechter Ruf sie einholt, in eine Doppelrolle, die brave Braut und ihre zwielichtige Cousine, dabei hat sie sich längst in den raubeinigen Kapitän, Bruce Cabot (1904–1972), verliebt. Mit ihm brennt sie kurz vor der eigenen Hochzeit durch und wirft ihr Kleid in den Fluss. Die moralisch empörte Zensur gab *Die Abenteurerin* zunächst nicht frei.[23] Ihre Erstaufführung erlebte sie am 24. April 1941 im Orpheum Theater in New Orleans.[24] Alle drei Hauptdarsteller fielen durch, der ganze Film wurde in der Presse als trivial abgetan. Dennoch besitzt er Charme und Humor. René Clair kommentierte später: »Ein amerikanischer Kritiker schrieb, ich hätte es darauf angelegt, Marlene Dietrich zu parodieren. Das stimmt, aber es geschah mit ihrem Einverständnis, nicht gegen ihren Willen.«[25]

Charlie Feldman brachte Marlene als Nächstes bei Warner Brothers unter Vertrag. Hal B. Wallis leitete die Produktion, Raoul Walsh (1887–1980) führte Regie, ein Spezialist für Kriminal- und Gangsterfilme, der ein aufregendes Leben als Seemann, Rodeo-Reiter und Schauspieler hinter sich hatte, bevor er einer der produktivsten Regisseure Hollywoods wurde.

Mit ihm erarbeitete Marlene Dietrich zum ersten Mal eine amerikanische Rolle: *Herzen in Flammen* (1941), gedreht vom 24. März bis 12. Mai 1941.[26]

Ihre Kostüme stammten von dem US-Amerikaner Milo Anderson (1910–1984), zunächst Schneider bei Samuel Goldwyn, dann bei Warner Brothers Ausstatter aufwendiger Filmbiografien, Historien- und Abenteuerfilme. In den 1940er-Jahren entwarf er vor allem Zeitgenössisches für Humphrey Bogart, Jane Wyman, Olivia de Havilland und Joan Crawford. Marlene trägt – mit der ihr eigenen kühlen Eleganz – dunklen Trench über heller Bluse, Nylons und Lackpumps mit Schleife. Auf den Kopf hat sie wie zu Beginn der Dreißigerjahre eine Baskenmütze gesetzt. Sehr erotisch, très français. Die Anspielung auf *Hafen im Nebel* mit Michèle Morgan ist deutlich.

It's a Man's World. Zwei Männer reparieren Hochspannungsleitungen in einer Arbeitskolonne, kämpfen gegeneinander und gegen die Natur. Beide ringen um die Barsängerin Fay Duval, gerade aus dem Gefängnis entlassen. George Raft (1901–1980) gibt ihr Feuer, und sie blickt ihm tief in die Augen. Zum ersten Mal seit dem *Blauen Engel* spuckt Marlene wieder auf einen Mascara-Block. Zum ersten Mal seit *Marokko* wird ihr Name auf den Plakaten nicht an erster Stelle genannt.[27] Zum ersten Mal schlägt ein Mann sie derb ins Gesicht. Marlene war schon aus Sternbergs Olymp auf den Bretterboden eines Saloons gefallen, nun stürzt sie die Treppe hinab, singt: *He Lied And I Listened* nach der Musik von Hollaender und heiratet ihren Beschützer Edward G. Robinson (1893–1973). Als brave Ehefrau bindet sie sich zu schwarzem Rock und weißer Bluse eine Schürze vor, das hatte sie schon in *Blonde Venus* getan.

Während eines Gewitters kommt es auf einem Hochspannungsmast zum Showdown zwischen den Männern. Der Ehemann stirbt, und Marlene kann endlich den Schläger lieben. Trotz seiner rabiaten Rolle sah Raft in Marlene »die eleganteste

Frau, die je gelebt hat«.[28] Edward G. Robinson fühlte sich von ihr eingeschüchtert. Aber auch er lobte Marlenes Arbeitsmoral, ihre technische Versiertheit, die Tatsache, dass sie »für ihren Schminktisch und Spiegel jeweils dieselbe Beleuchtung« bekam, »wie sie nachher in der Dekoration verwendet wurde«.[29] Premiere hatte der allseits erfolgreiche Film im Juli 1941 im Strand Theater, New York.[30]

Marlenes Tochter nahm inzwischen Schauspielunterricht, legte sich den Künstlernamen Maria Manton zu und spielte Theater.[31] Ihre Mutter hatte sich leidenschaftlich in Jean Gabin verliebt, mit bürgerlichem Namen Jean-Alexis Moncorgé (1904–1976), den Twentieth Century Fox Film Corporation unter Vertrag genommen hatte. Das siebte Kind einer Artistenfamilie stand seit 1930 auf der Bühne, war in *Die große Illusion* (1937) von Jean Renoir als französischer Jagdflieger des Ersten Weltkriegs in deutsche Gefangenschaft geraten. Der bereits erwähnte *Hafen im Nebel* (1938) von Marcel Carné zeigte Gabin als desertierten Soldaten. In *Bestie Mensch* (1938) wurde er schließlich zum Prototyp des harten, zynischen Helden und zum Star. Marlene und er hatten sich 1938 in Paris kennengelernt und in Antibes wiedergetroffen. In Hollywood gab sich der Siebenunddreißigjährige mürrisch und ungesellig. Er hatte ein besetztes Frankreich verlassen und litt darunter, nicht gegen die Nationalsozialisten zu kämpfen. Unwiderstehlich für die Mutter und Romantikerin Marlene. Sie sprach perfekt Französisch, sang mit ihm die *Marseillaise,* kochte französisch, fand ein Haus für ihn, richtete es mit französischen Gegenständen ein und putzte es. Sie las seine Verträge, lernte mit ihm Englisch, schuf eine fürsorgliche Häuslichkeit, entwarf eine Sonderwelt.[32] Das klingt alles ein bisschen nach den Anfängen ihrer Beziehung zu Josef von Sternberg – aber nein, das waren ja Trilby und Svengali gewesen!

Doch Marlene umsorgte Gabin nicht nur, sie fand ihn auch erotisch, männlich, umwerfend. Um ihre neue Weiblichkeit

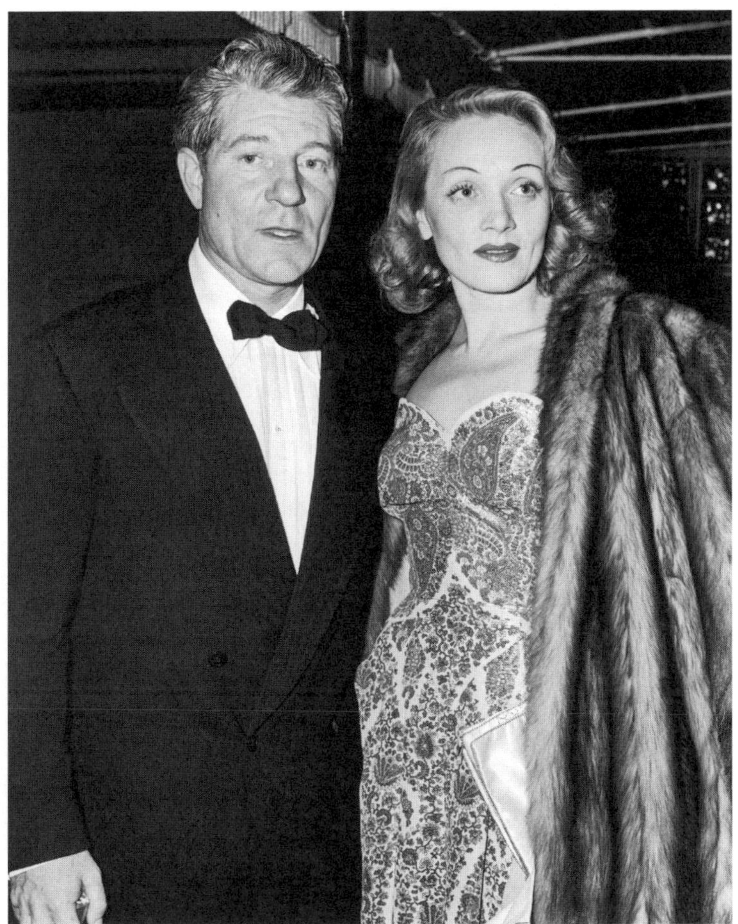

Marlene Dietrich und Jean Gabin, um 1941

an der Seite eines starken Mannes zu demonstrieren, trug sie das Haar länger, glatter, manchmal in einem Knoten geschlungen, und kleidete sich in femininer Zurückhaltung, mit wenig Schmuck. Ein Paisley-Abendkleid, entworfen 1941 von Irene Lentz, trug sie häufig, wenn sie mit Jean tanzen ging. 1944 nahm sie es mit an die Front. Für den Film *A Foreign Affair* ließ sie es von Edith Head nacharbeiten.[33]

Schlichtes Schwarz, wie es Gabrielle Chanel seit den Zwanzigerjahren für die Frau mit Stil proklamierte, kombinierte Marlene mit einem Nerzmantel, dazu als Statement eine große Armspange aus Platin und Gold, entworfen von Fulco di Verdura, der sich auch Chanels große Schmuckkollektionen ausdachte. Gingen sie in Gabins Lieblingslokal, wählte sie Rollkragenpullover und Tweedsakko nach Art der bretonischen Fischer mit passender Mütze.

Marlene kreierte einen Look, wie ihn Catherine Deneuve mit großem Erfolg jahrzehntelang zelebrieren wird und der zu einer Verkörperung französischer Eleganz wurde. All das bildete einen wunderbaren Gegensatz zu Gabins markant wildem Gesicht. Nie sah Marlene Dietrich unangestrengt schöner aus als neben diesem Mann. Ein Leben lang wird sie behaupten, er sei der Einzige gewesen, den sie wirklich geliebt habe.

Schließlich fand sie ein Haus, in das sie beide einzogen. Nun frühstückten sie auf der Terasse. Er schwamm im Pool, sie sah ihm zu, strickte, lachte, war glücklich, trotz der aufmerksamen Nachbarin Greta Garbo. Fotos gemeinsam mit Maria, Rudi und Tamara entstanden an der Seite von Gabin nicht. Jetzt gab es nur das Paar. Marlene genoss das Leben und überließ ihre Karriere ihrem Agenten.

Der machte sich auf die Suche nach dem nächsten Film und fand bei Columbia Pictures einen mit Star-Appeal *Die Lady ist geneigt* (1942), bei dem er als Co-Produzent auftrat. Den Regisseur Mitchell Leisen (1898–1972) und den männlichen Hauptdarsteller Fred MacMurray (1908–1991), die Feldman ebenfalls vertrat, stellte er in dieser Screwball-Komödie ohne geistreiche oder witzige Dialoge Marlene als gefeiertem und exzentrischem Broadway-Star an die Seite.

Ein schwarzer Abendanzug aus Samt wird von Irene Lentz sehr feminin mit weißer Jabotbluse interpretiert, Marlene kombiniert ihn mit dem Haar zur Innenwelle gedreht, Nerzkappe mit Muff und Nerzmantel. In einem goldenen Abendkleid aus engem Plissee à la Fortuny sieht sie aus wie eine Vase und lässt sich auch neben einer solchen ablichten. Höhepunkte des im September und Oktober 1941 produzierten Films sind die Hüte von John Frederics[34], die Firma zweier deutscher Hutmacher mit Geschäft auf der Madison Avenue: extravagant und glamourös. Den richtigen Hut zu tragen wird in der Damenmode so wichtig wie nie.

Lisa Madden kommt eines Tages mit einem fremden Baby in ihr Apartment zurück. Ein herbeitelefonierter Kinderarzt soll ihr alles Wichtige über seine Pflege beibringen. Sie liebt das Kind, doch die Voraussetzung für eine Adoption, verheiratet zu sein, erfüllt sie nicht. Der Arzt, dem sie die Rolle des Ehemanns anträgt, ist um des Geldes willen, das er für seine Forschungen braucht, einverstanden und zieht in die Nachbarwohnung. Nach zahlreichen Verwicklungen löst Liza, inzwischen doch verliebt, ihr Bühnenengagement und flieht mit dem Baby nach Boston. Dort wird es krank, und der Arzt muss kommen. Er operiert, sie steht auf der Bühne, singt mehr schlecht als recht *I Find Love* mit einer Art befranstem Lampenschirm auf dem Kopf, von dem auch die sparsam in Silber gekleideten Tänzer nicht ablenken können, bangt, bis das Kind gerettet ist und sie den Mann bekommt. Während der Dreharbeiten stürzte Marlene Dietrich mit dem Baby auf dem Arm, behielt es aber sicher auf selbigem und brach sich den Knöchel. Das brachte ihr und dem Film die nötige Publicity.[35]

Zeitgleich versuchte MGM, das Image von Garbo noch weiter dem veränderten US-amerikanischen Geschmack anzupassen: *Die Frau mit den zwei Gesichtern.* In einer Doppelrolle spielte sie Sportlerin, Salondame, Freundin und Geliebte – kurz, die perfekte Frau. Ihr Kostümbildner Adrian sah bereits im Vorfeld, dass das nicht funktionieren konnte, und verließ das Studio. Privat suchte Garbo sehr zum Ärger von Marlene

Dietrich die Nähe zu Erich Maria Remarque. Ihr Film kam am 31. Dezember 1941, drei Wochen nach dem Angriff auf Pearl Harbor, in die Kinos. Die Kritik vernichtete ihn. Greta Garbo beendete im Alter von 36 Jahren ihre Karriere.

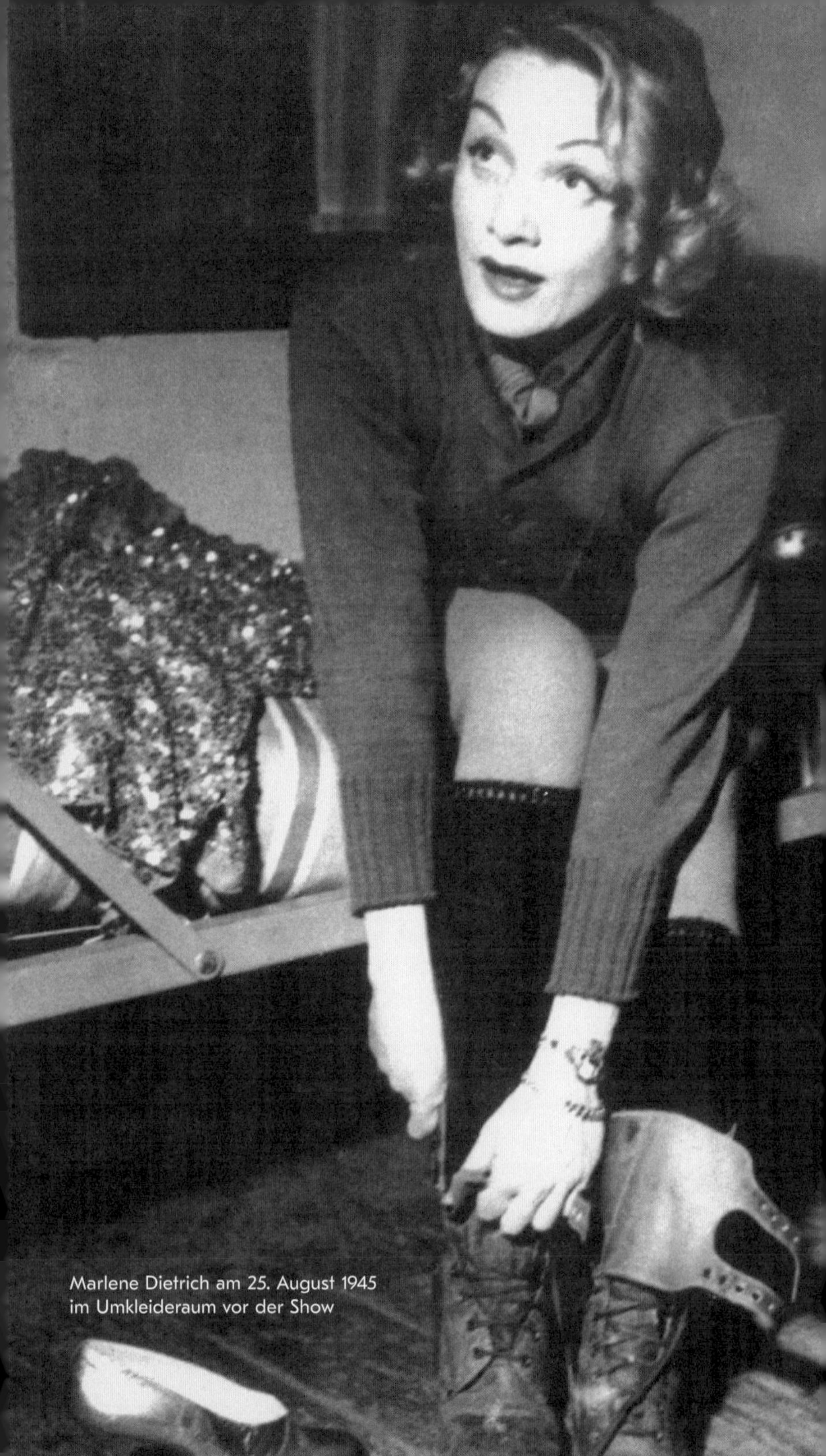

Marlene Dietrich am 25. August 1945
im Umkleideraum vor der Show

IN UNIFORM

Am 27. Dezember 1941 feierte Marlene Dietrich ihren 40. Geburtstag. Seit einem Jahrzehnt war sie atemberaubend schön und alterslos auf der Leinwand präsent. »Natürlich werde ich aufhören«, sagte sie einem Reporter. »Auf der Bühne kann man die Öffentlichkeit hinters Licht führen, aber nicht auf der Leinwand – und ich werde aufhören, solange ich noch ganz oben bin.«[1]

Diese Überlegungen hatten wenig Bedeutung angesichts der Tatsache, dass am 7. Dezember der japanische Flottenverband sowie Torpedos, Bomber und Jäger einen Überraschungsangriff auf die amerikanische Flotte in Pearl Harbor auf Hawaii vollzogen hatten. Die USA und England erklärten Japan den Krieg. Adolf Hitler und Benito Mussolini gaben am 11. Dezember eine Kriegserklärung an die USA ab. Eine Welle patriotischen Eifers brandete empor. Am 22. Dezember 1941 gründete sich das Hollywood Victory Committee mit Clark Gable als Vorsitzendem, als ehrenamtliche »Hilfe der Filmindustrie bei der Unterhaltung der Truppen und zur Unterstützung der Kriegsbemühungen«.[2] Marlene engagierte sich in einem Zeitraum vom 24. Januar 1942 bis 9. September 1943 immer wieder auf Werbetouren durch die Vereinigten Staaten für Kriegsanleihen und brachte mehr Geld in die Kasse als jeder andere Star.[3] Außerdem sang, schrubbte und kochte sie in der Hollywood Canteen und unterschrieb bei Universal einen Vertrag für zwei Filme, die ihr Agent Charles Feldman mitproduzierte.

Es gibt auch eine Fremdenlegion für Frauen.
Marlene Dietrich in Marokko

Von Mitte Januar bis Ende Februar 1942 spielte sie in *Die Freibeuterin* (1942) Cherry

Malotte, eine Frau zwischen zwei Männern, John Wayne und Randolph Scott (1898–1987), zur Zeit des großen Goldrausches.[4] Der Regisseur Ray Enright (1896–1965), in Los Angeles aufgewachsen und als Jugendlicher an frühen Chaplin-Komödien beteiligt, galt als Routinier. Jetzt inszenierte er opulent, mit vielen schrägen Typen, überbordenden Kostümen für Marlene und frivolen Dialogen. Sie trug eine riesige, blonde Hochsteckfrisur der Jahrhundertwende. Der Kleiderreigen der Kostümbildnerin Vera West, die sie schon in *Der große Bluff* ausgestattet hatte, beginnt mit einer weißen, hochgeschlossenen Bluse zum schwarzen Rock, gefolgt von einem Kostüm mit Federboa und einem Hut, der alle Kopfbedeckungen im *Haus der sieben Sünden* bei Weitem toppt, dann ein schwarzes, ziemlich transparentes Negligé, ein Rüschenkleid mit großem Dekolleté, etwas Nerz um den Hals und einen Muff; nicht zu vergessen ein goldenes Abendkleid mit schwarzer Tüllrüsche am Saum, in dem sie John Wayne nach einer endlosen Prügelei mit strahlendem Augenaufschlag in die Arme schließt. Ein Zitat von *Destry* schon nach drei Jahren!

Auf die Premiere von *The Lady is Willing* am 17. Februar 1942 reagierte die Kritik gemischt.[5] Die *New York Times* schrieb »Miss Dietrich kam als betont unmütterliche Femme fatale ganz gut zurecht. Warum sollte sie ausgerechnet wegen eines Babys, das sie in der Eighth Avenue findet, sentimental werden?«[6] Nach dem Ende der Dreharbeiten von *Die Freibeuterin* erholte sich Marlene in La Quinta, einem Wüstenkurort südöstlich von Palm Springs.[7] Gabin hatte inzwischen zwei Filme gedreht, die weitgehend unbeachtet blieben. Im Cowboy-Anzug kamen sie zurück in die Stadt.[8] Kurze Zeit später brachen sie nach New York auf und besuchten an drei Nachmittagen den Salon der Hutmacherin Lilly Daché, in dem Marlene in einen wahren Kaufrausch verfiel: Schals, Kopfbedeckungen, Pelzhandschuhe.[9] Im März erschienen Werbeanzeigen für Lux

Seife, die auf den soeben angelaufenen Film hinwiesen und die Leserin ermahnten, sollte sie eine Romanze herbeisehnen, ihre Gesichtspflege nicht zu vernachlässigen. Marlene zeigt in zwei Schritten, wie die Seife anzuwenden ist.

Die *New York Times* rümpfte über *Die Freibeuterin* die Nase und meinte, Marlene setzte »die raubeinige Tradition der Mae West fort und trägt Rüschenkleider, die eben so viel verbergen wie Fischflossen«.[10] In der Provinz jedoch stieß der Film auf Begeisterung. Marlene verkaufte weiter Kriegsanleihen, empfahl sie in Anzeigen und auf Plakaten, besuchte Krankenhäuser, Militärstützpunkte und spendete Geld.[11] Das FBI schloss nach dreimonatigen Recherchen ihre Akte im Juli 1942 mit dem Vermerk: »Keine Hinweise auf Spionagetätigkeiten von Marlene Dietrich.«[12]

Anfang September bis Ende Oktober 1942[13] drehte sie *Pittsburgh* (1942) unter der Regie von Lewis Seiler (1891–1963), dessen Erfolge in der späten Stummfilmära in Western mit Tom Mix begründet lagen. Seither stand sein Name für harte Männergeschichten, im Krieg, im Gefängnis, in der Wildnis.[14] Zum dritten Mal spielte Marlene mit John Wayne und zum zweiten Mal mit Randolph Scott, diesmal sind beide Bergbaukumpel. Wieder ausgestattet von Vera West, beeindruckt Marlene als Josie Winters John Wayne im schwarzen Kleid und Fuchskollier so nachhaltig, dass er nicht nur an einem illegalen Boxkampf teilnimmt, sondern für sie die Welt aus den Angeln heben möchte, sich dann aber mit einer Anderen verlobt, die besser in seine Karriereplanung passt. Marlene wendet sich enttäuscht im Abendensemble mit weißen Stickereien dem Freund zu. Pittsburgh, wie Wayne im Film heißt, wird zum skrupellosen Geschäftemacher, während die beiden anderen sich für die Verteidigung des Landes engagieren. Unser Land braucht Euch!, spricht Marlene im strengen Kostüm und Herrenhut. Eine männliche Stimme übertönt Flugzeuge und Panzer, Frauen arbeiten in der Waffenindustrie. Marlene, ganz patenter Kamerad mit hochgekrempelten Ärmeln und in Hosen, hakt sich mit Konstruktionsplänen unter dem Arm bei beiden Männern ein. Das Criterion Theater, New York, zeigte den Film am 11. Dezember 1942 zum ersten Mal.[15]

Die Royal Air Force bombardierte Berlin seit Januar 1943, Goebbels rief am 18. Februar im Sportpalast den »Totalen Krieg« aus. Marlene tourte weiter für Kriegsanleihen durch die USA und wirkte zur Unterhaltung der Truppe bei *Follow the Boys* (1944) mit, einer schnell produzierten Revue mit großem Staraufgebot, nochmals unter Beteiligung von Feldman und Universal.[16] Im April 1944 konnte das Publikum sie im bauchfreien Haremskostüm in einer Zaubernummer mit Orson Welles bewundern. Sie hatte ihn über ihre Freundin Dolores del Río kennengelernt und war mit ihm in einer Telepathie-Nummer als Ersatz für Rita Hayworth bereits in seiner *The Mercury Wonder Show* in Los Angeles aufgetreten. Jetzt ließ sie sich unter seiner Regie von zwei Soldaten in der Mitte durchsägen.

Maria heiratete einen Schauspielkollegen, kehrte jedoch, da die Ehe keinen Bestand hatte, bald zu ihrer Mutter zurück.[17] Rudi Sieber synchronisierte in New York für 20th Century Fox.[18] Charles Feldman brachte für Marlene erneut zwei Filme unter Vertrag, zum ersten Mal bei Metro Goldwyn Mayer, dem ehemaligen Studio von Greta Garbo.[19] In *Kismet* (1944), produziert vom 23. Oktober bis 31. Dezember 1943 unter der Regie von William Dieterle, der den Stoff bereits 1930 verfilmt hatte, sang, tanzte und rekelte sich Marlene neben ihrem Partner Ronald Colman (1891–1958) in Pumphosen oder Schleierröcken von Irene Lentz und in Farbe im Palast des Großwesirs im alten Bagdad, das Gesicht flach und maskenhaft überschminkt, die Haut bis zum Äußersten gespannt von der Frisur, die Sydney Guilaroff zu einem monströsen Perückengebilde aus vielen geflochtenen Zöpfen auftürmte.[20] »Wenn sie Beine wollen, kriegen sie Beine!«, hatte sie laut Dieterle zu Beginn der Dreharbeiten geschnoddert, und sie ließ dieser Ankündigung Taten folgen.[21] *Life* konnte auf zahlreichen Bildseiten berichten, wie Marlenes Beine jeden Tag mit Goldfarbe bepinselt wurden. Der zur Entfernung selbiger aufgetragene Methylalkohol ließ sie dann grün schimmern.[22] Zwar erschien Marlene Dietrichs Name im Vorspann erst an zweiter Stelle, doch riesige Plakate mit ihren Beinen zogen die Leute nach der Erstaufführung am 22. August 1944 in die Kinos.[23] Die *New York Herald Tribune* befand, als »durch und durch wirklichkeitsflüchtige Unterhaltung« triebe der Film »den Unsinn auf die Spitze«.[24] Vielleicht war er gerade deshalb in Zeiten des Krieges ein umwerfender Kassenerfolg. Der zweite Film mit MGM wurde nie realisiert.[25]

Jean Gabin hatte endlich den Einberufungsbefehl für die Seestreitkräfte der Forces françaises libres erhalten. Marlene Dietrich wollte sich für die Truppenbetreuung engagieren und beschloss, Kleider, Porzellan, Silber, Möbel, Schmuck einlagern zu lassen bzw. sicher zu verwahren und sich von einem Teil zu trennen.[26] Danny Thomas, Conférencier und Komiker aus Chicago, vermittelte ihr in New York die nötige Bühnenroutine. Schließlich trat sie der US-Armee bei. Für den Fall der Gefangennahme war sie in den Rang eines Captains gesetzt, bekleidete also einen Offiziersrang, ohne einen Sold zu beziehen. Gleichzeitig verzichtete sie auf aktuelle Einkünfte. Am 20. März 1944 sang sie in Fort Meade (Maryland) im beigefarbenen, mit goldenen Pailletten übersäten Kleid vor 1200 Soldaten, spielte die singende Säge und zeigte die telepathische Nummer von Orson Welles – eine Generalprobe.[27]

Anfang April 1944 bestieg Marlene in Uniform in New York mit Danny Thomas, einem Sänger, einem Akkordeonspieler und einer Komödiantin ein Flugzeug, eine Transportmaschine Douglas-C-54 Skymaster.[28] Bei sich führte sie 55 Pfund Gepäck:

glitzernde Abendkleider von Irene Lentz, Pumps, Make-up, Nylons und die singende Säge.[29] Am Handgelenk trug sie ein Armkettchen von Gabin mit der Widmung »Brut à l'ange – Flegel an Engel«, ein Liebespfand und Talisman. Sie selbst hatte nicht nur Gabin, sondern auch Ernest Hemingway (1899–1961), seit März als Berichterstatter für *Collier's Weekly* akkreditiert, ein goldenes Armband geschenkt: »Think of me Papa and be safe«.[30] Die beiden waren Freunde, seit sie sich im Winter 1938 bei einer Atlantiküberquerung auf der Normandie kennengelernt hatten.[31]

Hemingway erinnerte sich später an Marlene als »eine Vision ganz in Weiß. *The Kraut* natürlich. Ein langes, enganliegendes, mit weißen Perlen besetztes Gewand über *diesem* Körper«.[32] Er fand ihre Ausstrahlung umwerfend, sie bezeichnete ihn als den interessantesten Mann, den sie kannte. Der Abenteurer, Krieger, Großwildjäger und Fischer, der sich gerne mit nacktem Oberkörper fotografieren ließ und befand, große Literatur sei ein einsames Geschäft, schrieb ihr aus allen Ecken der Welt, widmete ihr Gedichte, betete sie an und fand sie ungemein erotisch. Immer wieder spielten sie mit dem Was-wäre-wenn.

Marlene Dietrich landete in Casablanca, flog dann weiter nach Rabat. In Algier traf sie Gabin. Am Nachmittag gab sie im Opernhaus vor 3000 Soldaten ein Konzert. Nachdem Danny Thomas mit gespieltem Bedauern verkündet hatte, Marlene könnte leider doch nicht auftreten, sie würde anderweitig gebraucht, stürmte sie im Uniformkostüm auf die Bühne, knöpfte die Bluse auf, bis die Männer tobten, ließ sich von ihrem Bühnenpartner hinter eine spanische Wand ziehen und erschien schließlich in all ihrer funkelnden Schönheit.[33] Die Macht der Kleider! In Algier sang sie zum ersten Mal *Lili Marleen.*[34]

Nach einigen mit dem Geliebten verbrachten Tagen musste Marlene weiter: Tunesien, Sizilien, das italienische Festland. Dort wurde sie der 34. Infanteriedivision aus Texas zugeteilt, lehnte jedwede Sonderbehandlung ab, reiste im offenen Jeep, trug Uniformhosen, Springerstiefel, Eisenhower-Jacke und Stahlhelm, aß mit der Mannschaft, half in der Feldküche, zog sich im Zelt um, schlief auch dort, wusch ihre Wäsche in einem Kübel, kam mit knappen Wasservorräten und defekten Mikrofonen klar, kämpfte gegen Läuse und Ratten. Die GIs malten die Ankündigungen ihrer Konzerte auf Landkarten, zimmerten für sie eine Bühne aus rohen Brettern zusammen. Bei Beginn der Vorstellung drängten sich die Soldaten »in voller Montur (…) mit ihren Waffen, ihren Wasserflaschen, mit allem. Dann begann das Orchester zu spielen, und die Dietrich schlenderte auf die Bühne in ihrem so genannten ›nackten Kleid‹. Es war mit Flitter besetzt, aber zwischen dem Flitter schimmerte es rosafarben – es sah aus, als wären die Pailletten auf den nackten Körper genäht. Dann breitete sie die Arme aus, und die Männer stießen ein animalisches Geschrei aus, fünf oder sechs Minuten lang. Sie brüllten und schrien a-a-a-a-h-h-h. Es war phantastisch, das zu sehen; die Jungs waren völlig weg. Und Marlene ging ganz darin auf. Sie stand nur da und ließ sich davontragen«.[35]

Jeden Abend vollzog Marlene Dietrich mit Make-up und Paillettenkleid die Verwandlung vom Kameraden zur Traumfrau, hauchte »hallo boys«, brachte Glitzer und Glamour, fungierte als Fenster in eine andere Welt, häufig nur von Taschenlampen beleuchtet: Magie pur. Ihr altes Prinzip männlich – weiblich: Marlene Dietrich. Jetzt lebte sie es in Höchstform. Bei den Auftritten entfernte sie sich weiter von ihrem Image als je zuvor, inszenierte eine spielerische Erotik, machte zweideutige Scherze, spielte singende Säge, war nahbar, herzte und umarmte die Männer. *Vogue* berichtete regelmäßig darüber, zeigte Fotos von Marlene im Paillettenkleid auf den Schultern der Soldaten, im schulterfreien Paisley-Abendkleid hinter dem Mikrofon, wie sie Boots gegen Pumps tauscht (siehe Seite 176), in Uniform Suppe austeilt. Marlene Dietrich schwamm auf einer Woge der Bewunderung, in einem Meer des Begehrens: als gäbe es kein Morgen, keine Gefahr, keinen Krieg, nur den einen Blick. Marlene Dietrich wurde Teil der Geschichte des Krieges und der Krieg ein Teil der Geschichte ihres Lebens.[36]

Die Alliierten drangen Ende Mai in Italien vor. Marlene flog nach Neapel, Sardinien und Korsika. Sie lernte Charles de Gaulle kennen. In Anzio sang sie auf einem mit Granaten übersäten Strand. Am 4. Juni 1944 zog sie mit der Truppe in Rom ein. Zwei Tage später konnte sie während eines Konzerts die Landung der Alliierten in der Normandie verkünden. In Bari erholte sie sich dank einer Sonderzuweisung an Penicillin von einer Lungenentzündung.[37] Danach wurden sie und ihre Crew nach New York zurückbeordert.

Am 17. Juni kletterte Marlene Dietrich im Fliegeroverall mit zahlreichen geschenkten Helmen am Arm aus der Maschine.[38] Sie zeigte sich soldatisch, kurz, präzise im Interview, verkaufte erneut Kriegsanleihen, nahm amerikanische Popsongs auf, die über die feindlichen Linien hinweg gesendet werden sollten, und gab Radiointerviews, mit denen sie all jene aufrütteln wollte, für die der Krieg so unendlich weit weg war.[39] Als am 11. Juli für Charles de Gaulle ein Empfang im New Yorker Waldorf Astoria stattfand, gehörte Marlene zu den Gästen.[40] Für ein vielstündiges Interview mit *Vogue* hatte sie sich nicht geschminkt.[41]

Der deutsche Stadtkommandant von Paris kapitulierte am 25. August 1944 vor den Kämpfern der Résistance und den Alliierten und übergab die Stadt unzerstört. Einen Tag später zog Charles de Gaulle mit der Freien Französischen Armee ein. Marlene und ihr Ensemble bestiegen erneut ein Flugzeug und traten ab September in Grönland, Island und England auf. Sie sang im Rundfunk, appellierte an die deutschen Soldaten, den Krieg zu beenden. Dann ging es weiter nach Frankreich, wo General George S. Patton mit der 3. Armee stand. Marlene wird ihn und seine Soldaten über mehrere Monate begleiten, bevor sie Anfang Oktober in Paris eintraf und die Tür des Ritz-Carlton aufstieß, das bis August als Hauptquartier der deutschen Luftwaffe gedient hatte. Ihre Suite mit taubengrauer Tapete und großem geschwungenem Toilettentisch hatte sichtlich gelitten. Die ganze Stadt hatte gelitten. Die gesamte Kriegszeit hindurch war die Haute Couture inexistent gewesen. Kaum waren die Deutschen aus Paris vertrieben, eröffneten die Modeschöpfer ihre Salons.

Ein Foto der amerikanischen Kriegsfotografin Lee Miller (1907–1977) zeigt sie im Uniformkostüm bei Schiaparelli. Dort wählte sie einen fuchsiaroten Morgenmantel aus Seidendamast mit Blumenmotiven, Posamenten und Knebelverschlüssen, Stehkragen und mehrfach gerafften Ärmeln. Die Taille markiert eine gedrehte Seidenkordel. Er entstammte der Kollektion *Zodiac* aus dem Winter 1938/1939.[42] Ein zweites Foto schoss Lee Miller für die Dezemberausgabe der englischen *Vogue* in Marlenes Hotelsuite. Zart und zerbrechlich sitzt sie mit verlorenem Blick auf dem Boden. Unter dem Schiaparelli-Mantel lugen Uniformhosen hervor.[43]

Marlene wurde nun zu ihren Shows nach Ostfrankreich, Belgien und Holland geflogen. Kehrte sie zurück, warteten Champagner und Kaviar im Hotel auf sie, und sie traf Ernest Hemingway in Begleitung von Mary Welsh.[44] Presseberichten, dass General Patton ihr Liebhaber sei, trat sie nicht entgegen.[45] Gabin befand sich in Brest. Als die 3. Armee immer weiter Richtung Deutschland vordrang, wuchs die Gefahr für Marlenes Leben. Sie bekam zwei Leibwächter an die Seite gestellt, und General Patton gab ihr einen Revolver, mit dem sie sich verteidigen, aber auch ihrem Leben ein Ende setzen konnte, sollte sie gefangen genommen werden. Anfang Oktober befreiten die Amerikaner Aachen, Marlene trat im zerbombten Lichtspielhaus auf und fungierte als Dolmetscherin.[46] In Stolberg, das bereits am 20. September übergeben worden war, stand sie wie eine Gestalt von einem anderen Stern in ihrem seidenen Mantel auf der Straße: »Stolberg November 1944 – Sometimes sad.«[47]

Die deutsche Ardennenoffensive ab dem 16. Dezember 1944 stoppte zunächst den Vormarsch der Amerikaner unter großen Verlusten, entwickelte sich dann aber zur entscheidenden Niederlage der Deutschen. Marlene Dietrich und ihre Begleiter fuhren mit dem offenen Jeep durch tief verschneite Wälder. Sie trug keine Handschuhe. Socken und Schuhe waren schnell durchnässt, und sie bekam Frostbeulen an Händen und Füßen, dennoch ließ sie sich gut gelaunt – vermutlich von Robert Capa – fotografieren.[48] Das Weihnachtsfest und ihren 43. Geburtstag verbrachte Marlene damit, die 99. Armee in der Nähe von Bastogne in Belgien nahe der luxemburgischen Grenze, im Zentrum der Kampfhandlungen, zu unterhalten. Sie schlief im Schlafsack auf klirrend kaltem Boden, wusch sich mit Schnee, zog ihre Paillettenkleider an und sang. Sie wird es später als die wichtigste Leistung ihres Lebens bezeichnen.[49] Zurück in Paris, trat Marlene Dietrich zusammen mit Maurice Chevalier und Noël Coward in einem amerikanischen Militärkasino auf den Champs-Élysées auf.[50]

Nach der Befreiung des Konzentrationslagers Bergen-Belsen durch die Briten am 15. April 1945 erhielt Marlene Dietrich Nachricht von Elisabeth. Marlene reiste hin in der festen Überzeugung, ihre Schwester könnte dort nur inhaftiert gewesen sein. Diese hatte jedoch im fünf Kilometer entfernten Wehrmachtslager Bergen gemeinsam mit ihrem Mann Georg Will ein Kino betrieben. Marlene wird diese Erfahrung niemals vergessen. Das Kriegsende am 8. Mai 1945 erlebte sie in Bayern. Einen deutlich gealterten Gabin traf sie in Landsberg am Lech.[51] Sie suchte Rudis Eltern in Aussig, fand die beiden, machte ein Foto und schickte es ihrem Ehemann. Im August kamen die

Siebers aus einem Umsiedlungslager in Thüringen nach Berlin.[52] Wegen einer heftigen Kieferentzündung kehrte Marlene, immer noch in Uniform und Militärstiefeln, am 13. Juli 1945 in die USA zurück. Rudi erwartete sie am New Yorker Flughafen, brachte sie ins St. Regis Hotel und verabschiedete sich.[53] Mehr nicht?! Am 6. und 9. August warfen die Amerikaner über Hiroshima und Nagasaki Atombomben ab. Sechs Tage später erklärte Kaiser Hirohito die Kapitulation Japans. Der Zweite Weltkrieg war beendet.

Marlene kurierte sich aus, wurde von den Medien gefeiert und zusammen mit den Soldaten fotografiert. In Hollywood arbeiten? »Ich bin nicht in der Stimmung. Ich kann mir nicht vorstellen, mich jetzt darauf zu konzentrieren, ob jede Wimper am richtigen Platz sitzt, wie sie das dort von einem verlangen.«[54] Später erinnerte sie sich: »Ich war völlig durcheinander. Ich hatte mich bereits eingewöhnt, niedergelassen und war amerikanische Staatsbürgerin geworden. Nun musste ich mich wieder umstellen, mich wieder eingliedern (…) Ich kam nach Amerika zurück, in ein Land, das nicht im Krieg gelitten hatte, ein Land, das nicht wusste, was seine Soldaten dort drüben auf fremdem Boden durchgemacht hatten. Mein Hass auf die ›sorglosen Amerikaner‹ stammt aus dieser Zeit.«[55]

Mit einem Visum reiste Marlene Dietrich, immer noch Mitglied der amerikanischen Streitkräfte, zurück in ein armes, vom Krieg gezeichnetes Paris. Würde sich der Traum von einem Leben in ihrer Lieblingsstadt erfüllen, die einzig ihren Ansprüchen an Kultur und Eleganz gerecht wurde? Würde es ein Leben geben an der Seite des Mannes, von dem sie glaubte, ihn zu lieben? Glaubte sie das noch? Jean Gabin hatte Zimmer im Hotel Claridge's gemietet, ein Schlafzimmer, einen Salon.

Mitte September erhielt Marlene ein Visum für Berlin und konnte endlich ihre Mutter treffen. Auf dem Flughafen Tempelhof stieg sie am 19. September 1945 im Militärkostüm und

Schiffchen aus der Maschine, in der Hand hielt sie ein Etui mit der singenden Säge. Auch Josefine von Losch, seit März 1943 in der Kaiserallee 135 ausgebombt, trug Kostüm und Krawatte. Das Wiedersehensfoto ging um die Welt. Marlene zog zu ihrer Mutter in ein möbliertes Zimmer in der Fregestraße 70 in Friedenau, wo auch Rudis Eltern ein Unterkommen gefunden hatten. Tagsüber kümmerte sie sich um ihre Angehörigen, abends trat sie vor amerikanischen Soldaten im Titania-Palast in Steglitz und im Olympiastadion auf, nachts tanzte sie in den Offiziersklubs. Ihren deutschen Landsleuten galt sie als Verräterin.[56]

Marlene berichtete Rudi tief erschüttert vom Ausmaß der Zerstörung Berlins.[57] Am 2. Oktober 1945 verließ sie ihre Heimatstadt in einer Maschine der U.S. Air Force in Richtung Frankreich.

Als Josefine Felsing am 3. November 1945, wenige Tage vor ihrem 69. Geburtstag, nach einem Herzinfarkt starb, kehrte Marlene noch einmal nach Berlin zurück, um die Beerdigung zu organisieren. Mit dem Tod der Mutter, betonte sie immer wieder, löste sich ihr letztes emotionales Band zu Deutschland.[58]

Gabin wollte weiterhin Zeichen für eine gemeinsame Zukunft setzen, Marlene heiraten, eine Familie gründen, aufs Land ziehen. Er würde in Frankreich als Schauspieler wieder Erfolge haben, dennoch litt er unter einem Stimmungstief, in das Marlene sich nicht einfühlen konnte.[59] Wie immer nach Rudi Sieber wich sie vor einer dauerhaften Bindung zurück: Jean in Hollywood, oui – Jean in Paris, non! Ihre Karriere war seit eineinhalb Jahrzehnten für sie wichtiger als alles andere, eine Tochter hatte sie seit über 20 Jahren, und Marlene Dietrich auf dem Land, das konnte ja nur als Witz gemeint sein. Einmal hatte sie mit Jean seinen Bauernhof in Sainte-Gemme nördlich von Toulouse besucht, auch für ein Foto ihre Hände probeweise in die Erde gesteckt. Mais c'est ca! Außerdem mussten sie beide beruflich erst einmal einen Neuanfang finden. Gabins Briefe legte sie denen bei, die sie an Rudi schickte.[60]

Der jüngste General der amerikanischen Armee von außerordentlicher Tapferkeit und militärischem Können, gut aussehend und smart, war Marlene während der Ardennenoffensive mit dem Fallschirm quasi vor die Füße gesprungen: James M. Gavin, 82. Division der Luftlandetruppen. In Berlin hatte er sich um Marlenes Mutter gekümmert. Jetzt wurden sie ein Paar. Gabin kultivierte seine Eifersucht in gesteigertem Maße.[61] Marlene zog ins Elysée Parc Hôtel. Am 1. Dezember 1945 gab sie Rudi Einblick in ihre seelische Verfassung: »Ich habe keine Ahnung, was ich tun soll. Wo soll ich leben und mit wem? Du hast nie auf meine Briefe vom September geantwortet, deshalb weiß ich nicht, was Du denkst.«[62] Vier Tage später hatte sie die ersehnte Nachricht von ihrem Mann erhalten und schrieb ihm, dass Gabin einen Brief von General Gavin bei ihr gefunden und die Beziehung beendet habe.

Das karge Leben der unmittelbaren Nachkriegszeit stellte praktische Anforderungen. »Stell bitte fest, wann man offiziell Kleider schicken kann, denn Zivilisten können keine Uniformteile tragen, und kein Laden darf sie färben.«[63] Leidenschaftlich interessierte sie Rudis Reaktion auf Remarques *Arc de Triomphe.* »Hast Du nicht lachen müssen, als ›Jean‹ mich am Ende umbringt? (…) Es ist schlecht übersetzt, und die Liebesszenen sind zu ›literarisch‹ und langweilig, aber es ist eine gute Filmstory. (…) Er stellt mich schlimmer dar, als ich bin, um sich selbst interessanter zu machen, und das gelingt ihm auch. (…) ›Jo‹ auf dem Schiff. Natürlich konnte er keine Frau zur Heldin machen, und den Schauspieler macht er regelrecht lächerlich. Ich bin viel interessanter als Joan Madou.«[64]

Marlene reiste sie nach Biarritz, um sich von ihrer Einsamkeit abzulenken und Vorträge vor den GIs über das Thema Film zu halten. Vor der Abreise informierte sie Rudi von einem Treffen mit Chevalier, der sie als Höhepunkt seines Lebens bezeichnet hatte. »Wenn er so redet, hat er sehr große Ähnlichkeit mit Jean. Er sagte auch, dass er Jeans Eifersucht verstehen kann. Das muss etwas typisch Französisches sein.«[65] Marlene hatte ihren Humor nicht verloren.

Eine kleine Frau im schwarzen Kleid mit einer großen, dramatischen Stimme war die Sensation in Paris. Die Beine fest in den Boden gestemmt, die Hände in die Hüften gestützt, sang sie von Liebe und Leid, verkörperte den unbeugsamen Willen zu überleben, allen Schicksalsschlägen zum Trotz. Die Franzosen liebten Édith Piaf dafür. Marlene, immer empfänglich für Romantik und Pathos, schloss sich dieser Begeisterung an.

Nach langem Überlegen, gescheiterten Plänen und heftigen Auseinandersetzungen drehten Marlene Dietrich und Jean Gabin gemeinsam im Sommer 1946 einen Film in den Studios von Saint-Maurice in Paris.[66] *Martin Roumagnac* unter der Regie von Georges Lacombe (1902–1990), eine Mischung aus tragischer Liebesgeschichte und Provinzposse nach einem Roman von Pierre-René Wolf, für die Gabin seit zehn Jahren die Filmrechte besaß. Marlene spielte Blanche Ferrand, eine unsolide Frau, die eine Tierhandlung betreibt, ihre Turteltauben nur paarweise verkauft und ihren dauereifersüchtigen Liebhaber dazu bringt, sie zu erschlagen und anschließend mitsamt dem für sie errichteten Haus den Flammen zu überlassen. Nachdem der namengebende Bauunternehmer in einem Gerichtsverfahren freigesprochen wird, trifft ihn die Kugel ihres jungen Verehrers.[67]

Trotz all dem spottete die französische Presse nur über die Erscheinungsweise von Marlene Dietrich, ihr dauergewelltes Haar, die Schößchen-Jäckchen, das geblümte Kleid mit Dirndlausschnitt, die große Stoffblume am auf den Hinterkopf geschobenen Hut. Vergessen die Begeisterungsstürme, die sie 13 Jahre zuvor im Herrenanzug ausgelöst hatte, vergessen die zahlreichen euphorischen Berichte über die Kundin der Haute Couture. »Für Marlene Dietrich ist dies ihr erster französischer Film. Das erste Mal spielt die Darstellerin des *Blauen Engels* eine Rolle auf Französisch. Sie beherrscht im Übrigen unsere Sprache vollständig. Vielleicht hat man deshalb den Eindruck, sie nicht ganz wiederzuerkennen. Sie wirkt gehemmter, schwerfälliger als sonst. Sie spielt gut, aber eben nicht außerordentlich gut. (…) Allerdings muss man dazu sagen, dass ihr Gesicht trotz der Jahre eine geradezu wunderbare Ausdruckskraft vor der Kamera bewahrt hat. Die dominante Persönlichkeit ist Jean Gabin.«[68] Frankreich zeigte sich wahrlich von seiner uncharmanten Seite. Marlene flirtete auf dem Set und posierte vor den Fotografen. Seit Juni 1946 stand fest, dass sie ihren nächsten Film wieder in Hollywood drehen würde, bei Paramount und unter der Regie von Mitchell Leisen, der sie bereits, wenig glaubwürdig, in *Die Lady ist geneigt* mit einem Findelkind versorgt hatte.

Im Spätsommer 1946 überquerte Marlene Dietrich den Atlanik, den verärgerten und traurigen Jean Gabin und seine Heiratswünsche, die Aussicht auf ein bürgerliches Leben, erleichtert hinter sich lassend. Sie war nicht nur eine große Eroberin, sie konnte auch prima fliehen. »Nach meiner Repatriierung in die Vereinigten Staaten (ich habe die schmerzlichen Umstände dieser Rückkehr bereits erwähnt) spielte ich wieder, um Geld zu verdienen.«[69]

Goldene Ohrringe, nach dem Roman der ungarischen Exilautorin Yolanda Földes, erzählt die Geschichte der Roma Lydia, die einen englischen Offizier bei ihrer Sippe versteckt und vom Schwarzwald zur Schweizer Grenze, also in Sicherheit, bringt. Mitchell Leisen hebt ihre berühmte Begeisterung fürs Kostüm hervor: »Sie besuchte alle Zigeunerlager in der Nähe von Paris und blieb in einem sogar mehrere Tage. Sie erkundete, wie sie leben und wie sie sich kleiden. (…) Als Marlene [in Hollywood] eintraf, warf sie nur einen kurzen Blick auf die Kostüme und weigerte sich, sie anzuziehen, weil sie wusste, dass sie nicht authentisch waren.«[70] Zu sehen ist eine stark dunkel geschminkte Marlene, die eine Carmenbluse über engem Mieder, Spitzen, Volants und Münzschmuck in den dunklen Haaren trägt, also ein Operettenklischee. Neben ihrem Partner Ray Milland (1907–1986), der gerade mit einem Oscar geehrt worden war, saß sie bei den Dreharbeiten bis zum 17. Oktober 1946 am Lagerfeuer und kochte Fischsuppe oder spielte Zither. Die Spionage-, Abenteuer- und Liebesgeschichte entwickelte sich nach der Premiere am 27. August 1947 zum kommerziellen Erfolg.[71] Die *New York Times* allerdings bedauerte, Marlene Dietrich, den »Inbegriff graziler Eleganz«, als »schmutzige Vogelscheuche« sehen zu müssen.[72]

Gabin legte Leidenschaft auch in einen Abschiedsbrief: »Ich bin nicht länger ein Narr, Marlene; ich bin jahrelang einer gewesen. Du liebst Deine Unabhängigkeit (…) Ich will Dich niemals mehr wiedersehen noch wiedertreffen.«[73] Den letzten Satz unterstrich er drei Mal. Marlene machte im Nerzmantel mit rot geschminkten Lippen Werbung für Woodbury Complete Beauty Cream oder erwachte im weißen Negligé dank dieser Gesichtspflege zu »neuem Glamour«. Als gute Hausfrau und Gastgeberin bot sie Rheingold Beer an.

Kurz vor Weihnachten 1946 kam *Martin Roumagnac* in die Kinos. Aus diesem Anlass reiste Marlene mit ihrem Ehemann auf der Queen Elizabeth nach Europa. An Maria schrieb sie: »Die Leute starren mich so ungeniert an, dass es fast eine Beleidigung ist. Über den Abendkleidern werden meist Kaninchenmäntel und alte Fuchsmäntel getragen, und ich lasse meinen Mantel in der Kabine.«[74] Rudi, den die Presse seit Langem Mr. Dietrich nannte, plante, wieder in Europa Fuß zu fassen, vielleicht als Filmproduzent.[75]

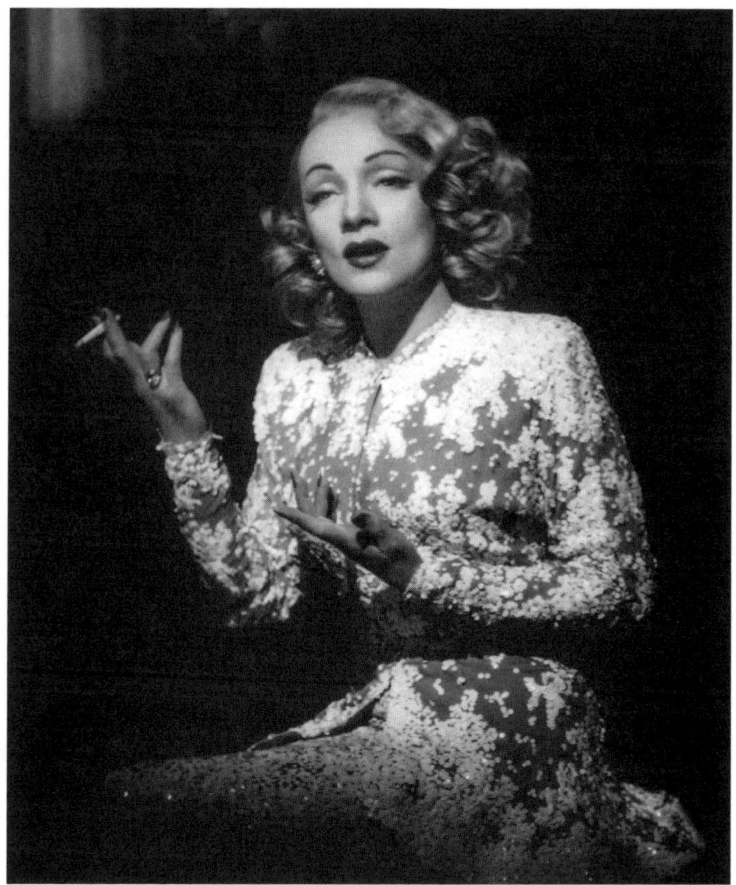

Marlene in *Eine auswärtige Affäre (A Foreign Affair)*, 1947

Billy Wilder (1906–2002) bot Marlene im Frühsommer 1947 die Hauptrolle in einer Komödie an, einer Satire, die im zerstörten Nachkriegs-Berlin spielt und die Beziehungen zwischen Amerikanern und Deutschen, das Wechselspiel Moral und Unmoral beleuchtet. Wilder war im Jahr 1926 als junger Mann aus Wien nach Berlin gekommen, hatte sein Geld als Eintänzer, Journalist und Drehbuchautor verdient, an dem frühen Dietrich-Film *Madame wünscht keine Kinder* mitgearbeitet, das große halbdokumentarische Werk *Menschen am Sonntag* gedreht, war gut befreundet mit Max Colpet und Walter Reisch. 1933 verließ er Deutschland. Seine Großmutter, Mutter und sein Stiefvater wurden wahrscheinlich in Auschwitz ermordet. Er selbst kam 1934 nach Hollywood.

Doch Marlene Dietrich lebte immer noch zurückgezogen in Paris, kochte, häkelte und sträubte sich zunächst heftig gegen den Film. Wilder reiste zu ihr, überzeugt, sie wäre die Einzige, die Erika von Schlütow spielen konnte, Nachtclubsängerin, ehemalige Nazigeliebte, jetzt mit einem US-Offizier liiert, schön, verrucht, desillusioniert und die Einzige, der man sie verziehe: *Eine auswärtige Affäre* (1948).

Am 18. November 1947 stand Marlene Dietrich in West Point in einem Saal mit amerikanischer Flagge und hochdekorierten Militärs, ernst im hochgeschlossenen, dunkel-strengen Kostüm, kleiner Kappe und dezentem Ohrschmuck, die Haare zum Knoten geschlungen, das Gesicht unbewegt, als ein General ihr die Medal of Freedom ansteckt. Die höchste zivile Auszeichnung der Vereinigten Staaten, seit 1945 an Personen vergeben, die im Zweiten Weltkrieg Hervorragendes geleistet hatten.[76] Im November 1950 folgte in Washington die Verleihung des Titels Chevalier de la Légion d'Honneur (Ritterkreuz der Französischen Ehrenlegion), verbunden mit der Aufnahme in den Rang eines Obersten. Marlene trug zu diesem Anlass ein schwarzes Kostüm von Dior. Jetzt lachte sie für die Fotos.[77] 1963 verlieh ihr der belgische König den Leopoldsorden. 1971 nahm Staatspräsident Pompidou ihre Beförderung zum Officier der Ehrenlegion vor. Marlene war auf die ihr verliehenen Ehrenbekundungen sehr stolz.[78]

Ende November begrüßte Billy Wilder Marlene in Los Angeles auf der Union Station mit Blumen.[79] Die Dreharbeiten in den Paramount Studios dauerten von Dezember 1947 bis Februar 1948.[80] Die Originalaufnahmen des zerstörten Berlins hatte Wilder 1945 selbst gedreht, als er im Auftrag der US-Armee am Wiederaufbau einer entnazifizierten Filmindustrie mitwirkte.

Marlene Dietrichs erster Auftritt ist grandios: Sie steht im getupften Pyjama und Morgenrock in einem zerbombten Haus, das Haar zerzaust, das Gesicht mit Zahnpasta beschmiert, Wasser tropft von den Lippen, sie putzt ihre Zähne, gurgelt. Ihr amerikanischer Liebhaber, Captain John Pringel, gespielt von John Lund (1911–1992), kommt fröhlich pfeifend mit einer Matratze über der Schulter daher, die er für sie auf dem Schwarzmarkt eingetauscht hat. Sie lacht ihn an oder aus und spuckt ihm das Zahnputzwasser ins Gesicht. Später empfiehlt sie ihrer Gegenspielerin, der republikanischen Kongressabgeordneten Phoebe Frost, gespielt von Jean Arthur (1900–1991), mit ironischem Lächeln Lippenstift und eine etwas weniger strenge Frisur. Zum Schluss wird sie verhaftet, und Phoebe bekommt den Captain.

Es war Marlenes erste ausschließliche Zusammenarbeit mit der kalifornischen Kostümbildnerin Edith Head (1897–1981), die sie von Paramount kannte. Sie singt in Abendkleidern, die denen von der Front nachgeschneidert oder Originale waren, Lieder von Friedrich Hollaender, der, wie 1930 im *Blauen Engel,* selbst am Klavier saß – Szenen mit Gänsehaut-Faktor: *Black Market, Illusions* und *The Ruins Of Berlin.*

Der Scheinwerfer holt Marlene aus der Dunkelheit. Das Publikum spendet tosenden Applaus. Sneak around the corner. Budapester Straße, fordert die paillettenglitzernde Schönheit die Kunden zum Besuch des Schwarzmarktes auf. Eine Magierin des Nichts, ruhig, unbewegt. Die Hände locken mit lackierten Nägeln, und die Stimme gurrt, doch die Augen sind halb geschlossen, und der Mund ist fest zusammengepresst. Sie bietet eine Kamera an, eine Porzellanfigur, singt im Dreivierteltakt von Rembrandt, Salami und schwarzer Spitzenwäsche aus

Wien, zelebriert einen Handel mit zerbrochenen Idealen, den Ausverkauf einer Kultur: als Berlinerin eine Besiegte, als Amerikanerin eine Siegerin? (siehe Seite 193)

Die Uraufführung fand am 20. Juni 1948 im Paramount Theater in New York statt. Der Film wurde im Folgejahr in den Kategorien Beste Kamera und Bestes adaptiertes Drehbuch für den Oscar nominiert. Die amerikanische Presse konnte sich überwiegend mit der Ironie und Abgründigkeit Wilders nicht anfreunden. Eine Kritikerin jubelte in *Modern Screen:* »Solche Filme gibt's nicht viele. Gehen Sie hin!«[81]

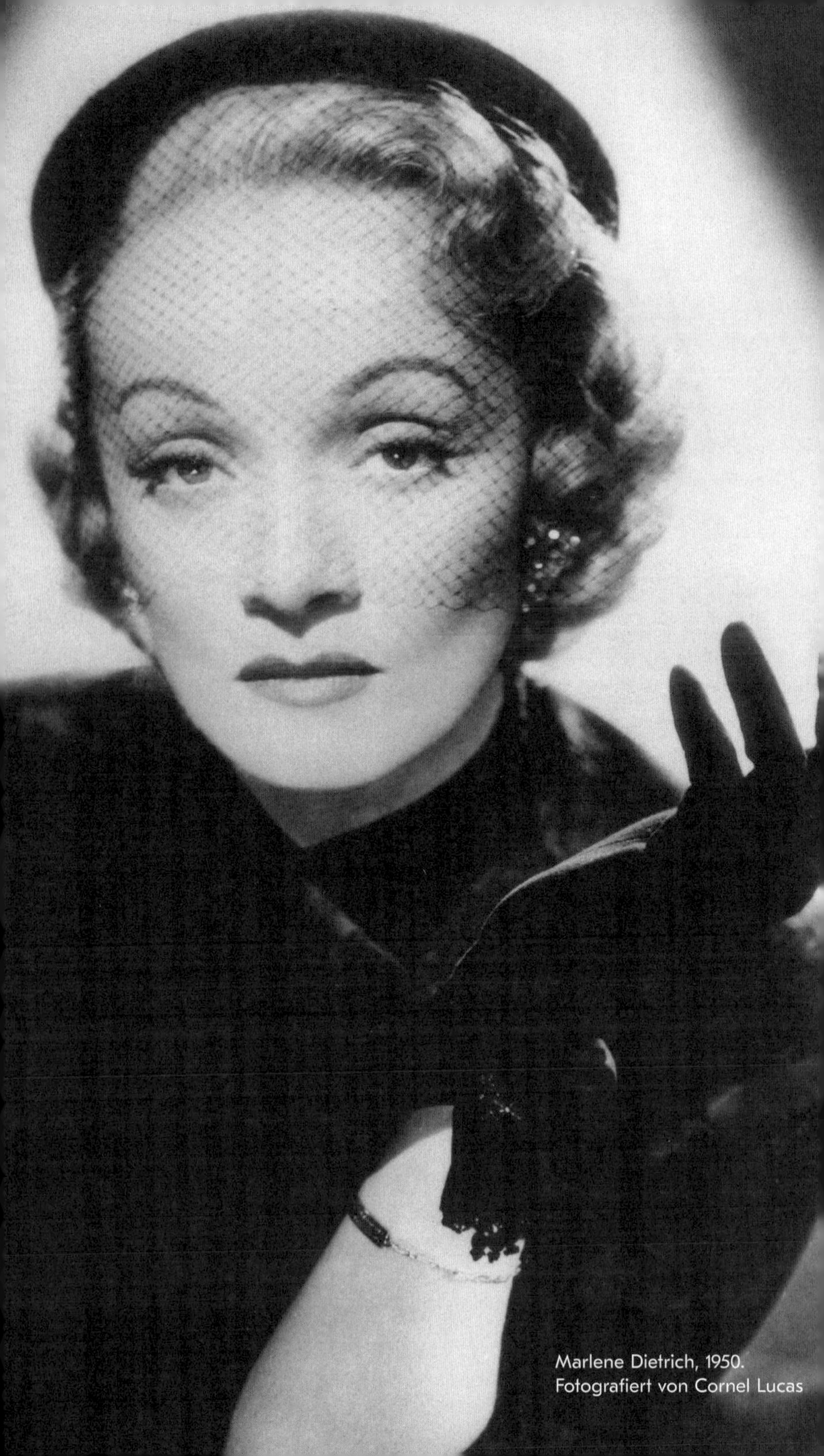

Marlene Dietrich, 1950.
Fotografiert von Cornel Lucas

NO DIOR, NO DIETRICH

Zu Paris hatte Marlene Dietrich immer eine ganz besondere Beziehung gepflegt: die Stadt der Kultur und Eleganz, des Lebensstils und der Mode, die Stadt Remarques, Gabins, die Stadt ihrer großen Lieben. Jetzt deprimierte Paris sie; die Straßen immer noch von den Panzerkämpfen gezeichnet, die Lebensmittelversorgung schlecht. Die Französinnen versuchten verzweifelt, sich modisch zu kleiden, fertigten fantasievolle Hüte und trugen sie zu den kastenförmigen Jacken, engen Röcken und Plateausohlenschuhen der Kriegszeit.

Marlenes Gedanken kehrten immer wieder zu Remarque zurück. Mit ihm hatte sie die Pariser Museen besucht und in Nachtlokalen getanzt. Er hatte sich für jedes noch so kleine Detail ihrer Person interessiert. Inzwischen unterhielt er allerdings eine Liebesbeziehung mit Natalia Pawlowna Paley aus der Zarenfamilie Romanov. Die gestaltete sich zwar auch nicht glücklich, aber unter keinen Umständen wollte er sich wieder an Marlene annähern. Am 10. Januar 1947 schrieb sie aus dem George V an den gemeinsamen Freund Friedrich Torberg (1908–1979): »In meiner Verlorenheit hier heute Morgen war es schön Ihre Schrift zu sehen. (…) Ich stehe also wieder in Koffern wie früher nur da war ich nicht allein.«[1]

Jede neue Mode ist ein Abenteuer.
Pierre Cardin

Einen Monat später, am 12. Februar 1947, präsentierte ein bis dato völlig unbekannter 42 Jahre alter Mann in der Avenue Montaigne 30 seine erste Modekollektion. Christian Dior (1905–1957), in Granville in der Normandie geboren und großbürgerlich aufgewachsen, betonte stets, am glücklichsten als Kind zwischen den Blumenbeeten gewesen zu sein. Diese sollten ebenso wie die Belle Époque mit ihren Tournüren und Korsetts,

Duchesse-Satin, mit Spitzen und Seide, Schleifen und Knöpfen zu Schlüsselbegriffen seiner nostalgischen Mode werden.

Vor seiner grandiosen Premiere in der Haute Couture hatte Christian eine Kunstgalerie geführt, Hüte und Kleider für die Modebeilage des *Figaro* zeichnerisch dokumentiert. In den Kriegsjahren leistete er Wehrdienst und zog 1941 nach Südfrankreich, um eine Obstplantage zu betreiben. Sobald die Ateliers wieder öffneten, kehrte Dior nach Paris und zur Haute Couture zurück, arbeitete mit Pierre Balmain für Lucien Lelong, bis der vermögende Textilfabrikant und Vorsitzende des Verbandes der Baumwollindustrie Marcel Boussac 1946 die Gründung eines neuen Maison de la Mode unter Christian Diors Leitung finanzierte.

Um zehn Uhr an diesem legendären Wintertag drängte sich eine erwartungsvolle Menge im Eingangsbereich des bis zuletzt renovierten Hauses. In den in Perlgrau und Weiß gehaltenen Salons sowie auf der Treppe wimmelte es von Menschen. Dann schickte Christian Dior seine Mannequins los – in traumhaft üppige Cinderella-Gewänder gekleidet, mit schnellem, hartem Schritt und hochmütigen Gesichtern. Neunzig Entwürfe setzten den Akzent auf die Kurven des weiblichen Körpers: abfallende Schultern, wohlgeformte Oberweiten, sanft geschwungene Linien im Dekolleté und Wespentaillen, glockig gebauschte Röcke, die 35 Zentimeter über dem Boden endeten. *Corolle,* der nach oben geöffnete Blütenkelch.[2] Geballte Weiblichkeit, Verführung pur: Ich bin kostbar, ich will beachtet und bewundert werden!

Das modische Manifest des Hauses: *Bar,* ein schwarzer, weiter Rock aus plissierter Wolle zu eng tailliertem Blazer aus cremefarbener Shantungseide, auf fünf Knöpfe zu schließen, mit kleinem Revers und gepolsterten Hüften. Unübertrefflich gut mit einem Kuli-Hut aus Stroh, inszeniert auf einem Foto von Willy Maiwald. Das Kostüm genießt Kultstatus bis heute und begrüßte die Zuschauer bei der großen Gedächtnisausstellung *Christian Dior, Designer of Dreams* im Musée des Arts Décoratifs, Paris, 2017.

Dass Dior ursprünglich hatte Architekt werden wollen, sieht man seiner Mode an. War die erste Kollektion noch floral inspiriert, formten spätere die Silhouette z. B. nach den Buchstaben H, A und Y. Er erfand nicht nur die Silhouette jede Saison neu, sondern dynamisierte gleichzeitig die Vorstellung vom weiblichen Körper!

Mit seiner sehr abstrakten, konstruierten Auffassung von Mode befand Christian Dior sich in größtmöglichem Gegensatz zu Coco Chanel oder Madame Vionnet, bei deren Entwürfen erst die Bewegung bzw. der perfekte Körper einer Frau das Kleid zur Geltung brachte. Der Couturier dagegen zeichnete, polsterte, unterlegte, verstärkte, bis das Kleid stand. In jedes seiner Modelle ließ er im Saum seine Lieblingsblume, ein Maiglöckchen, einarbeiten.

So gab Christian Dior der Mode ihre Konventionen in Form von Korsett, Handschuhen und tadelloser Übereinstimmung aller Accessoires zurück, eine Revolution mit den Mitteln der Tradition. Das Was? Wann? Wozu? Womit? steigerte sich zur zentralen Frage aller gut angezogenen Frauen. Auf erste Kritik am von ihm betriebenen Materialaufwand antwortete Dior, die kurzen Röcke ebenso wie die eckigen Formen würden in Frankreich als Mode unter deutscher Besatzung angesehen. Seine Kleider dagegen entsprächen dem Wunsch der Menschen, sich neu zu erfinden, neuen Regeln zu folgen. Er prophezeite, die Frauen könnten in seinen Kleidern den Krieg vergessen. Das bedeutete natürlich auch, dass Männer, die diese Frauen betrachteten, den Krieg vergessen konnten.

Vogue begleitete Dior von der ersten Stunde an. Carmel Snow, Chefredakteurin von *Harper's Bazaar,* bezeichnete seine Modeideen ebenso euphorisch wie treffend als *New Look.* Und Christian Dior löste in den ihm verbleibenden zehn Lebensjahren sein Versprechen ein, die Haute Couture würde Frankreich wieder groß machen. Der Name Dior wurde zum Inbegriff von Mode.

Marlene Dietrich musste die von Christian Dior meisterhaft inszenierte Trendwende in der Mode an ihre Kindheit erinnern. Auch damals waren die Kleider der Frauen so kompliziert gewesen: gepolstert, schwer, nur mit Korsett zu tragen, mit tausend Haken und Ösen zu schließen. Auch damals hatte all das als besonders weiblich gegolten. Doch die Stilikone und meistimitierte Frau der Welt wusste genau, was Mode bewirken konnte. Obwohl lange weite Röcke und knisternde Unterröcke – also der ganze Prinzessinnenlook – nicht ihrer Erotik entsprachen und sie noch nie am Arm eines Mannes durchs Leben geschwebt war, ließ sie sich durch Jean Cocteau mit Dior bekannt machen und kaufte mehrere Modelle des neuen Versprechens weiblicher Attraktivität und Eleganz. Aus der ersten Kollektion hat sich ein graublaues Wollkostüm mit schmalem Rock, hüftbetonter Jacke und Trompetenärmeln erhalten.[3]

Mitte Oktober 1947 kam Édith Piaf in New York an. Marlene war begeistert, die Freundin wieder um sich zu haben: »Es gibt nur ein Wort, mit dem sich das Wort ›Paris‹ ersetzen ließe, und dieses Wort lautet ›Piaf‹.«[4] Doch der Spatz scheiterte im New Yorker Playhouse in Anwesenheit von Noël Coward, Gene Kelly, Marlene Dietrich und Greta Garbo. Sie entsprach so gar nicht dem Klischee der erotischen Pariserin.

Wie kein Couturier vor ihm hatte Christian Dior die Möglichkeiten des amerikanischen Markts erkannt, und zwar mit so großem Erfolg, dass ihm bereits im Oktober 1947 in Dallas ein wichtiger Modepreis überreicht wurde.[5] Mit dem Neiman Marcus Award for Distinguished Service in the Field of Fashion, 1938 ins Leben gerufen und benannt nach der 1907 in Dallas gegründeten gleichnamigen amerikanischen Nobelkaufhauskette, wurden neben Dior der britische Designer

Norman Hartnell, Hoflieferant der Königin, der italienische Schuhdesigner Salvatore Ferragamo und Irene Lentz ausgezeichnet, die für Marlene in *Das Haus der sieben Sünden* die Kostüme entworfen hatte und deren prominentestes Model sie eine Zeit lang gewesen war.

Einen Monat nach Diors Triumph in Dallas ließ Marlene sich gemeinsam mit Maria von Horst P. Horst (1906–1999) für die amerikanische *Vogue* im für den deutschen Fotografen typischen dramatischen Hell-Dunkel inszenieren. Ihre Tochter hatte inzwischen den Bühnenausstatter und Beleuchter William Riva geheiratet. Sollten die Fotos ein gutes Verhältnis von Mutter und Tochter dokumentieren? Auf jeden Fall sind sie ein Bekenntnis zum neuen Stern am Modehimmel, denn Marlene trägt ein Kleid aus der in Dallas präsentierten zweiten *Corolle* Kollektion: *Chandernagor,* aus schwarzem Wollcrêpe. Als Reaktion auf die inzwischen zahlreichen Proteste gegen seinen Modeluxus nicht nur in Frankreich, sondern auch in den USA, wo ein Little Below the Knee Club sich der Sichtbarkeit des weiblichen Beins verschrieb, hatte Dior die Röcke etwas kürzer und schmaler gemacht.[6] Der von *Chandernagor* liegt in der Taille an, ist in drei Stufen gearbeitet, nimmt aufgrund seines glockigen Schnittes nach unten an Weite zu und ist – ein Charakteristikum des Hauses – komplett mit steifem Material gedoppelt. Die Oberweite wird durch Polster am Busen und vor den Achseln betont. Den großen Ausschnitt umrahmen Stickereien aus Glasperlen und -steinen in Pink, Gold und Weiß. Marlene Dietrich hat für das Foto eine streng geschnittene schwarze Jacke übergezogen, präsentiert aber das Kontrastfutter des Rockes aus rosa Seidensatin.[7]

Zum Jahreswechsel machte Gabin ein letztes, vergebliches Versöhnungsangebot.[8] Der neue Mann in Marlenes Leben hieß Iva Sergei Voidato Patcevitch (1900–1993), seit dem Tod des Verlagsgründers Condé Nast im Jahr 1942 Präsident der amerikanischen *Vogue.* Schmal, elegant, distinguiert, war der Sohn eines Admirals des Zaren Dreh- und Angelpunkt der amerikanischen Modepresse. Laut Maria Riva der Mann, den sie sich am besten an der Seite ihrer Mutter hätte vorstellen können. Marlene trug nun »wunderbar einfache Kostüme und Valentina-Kleider, schmal geschnitten, schmucklos und in der Linienführung elegant wie eine Ming-Vase. Ein Knoten in Form einer Acht (…) hob ihr Haar kunstvoll von ihrem Hals ab, dezente Perlenohrringe vervollständigten das Bild«.[9]

Die Tochter erzählt etwas ironisch, aber auch lustig von der Entstehung eines besonderen Accessoires: »Es wurde zu einem Familienproblem, was für ein Kleidungsstück man aus Zobelpelz machen sollte. Mein Vater, der wieder in seiner Wohnung an der Upper East Side wohnte, (…) liebte am meisten den füllig geschnittenen Mantel im Chesterfield-Stil. Remarque, noch immer im Sherry-Netherland, riet zu einem Modell mit Gürtel und einem ausgestelltem Rock. Ich wollte horizontal aneinandergesetzte Felle. Als man Chevalier in Paris telefonisch nach seiner Meinung fragte, schlug er Ärmel mit Manschetten vor. Noëls Kommentar war schlicht und trocken: ›Was immer Du machst, Marlene, sorge auf alle Fälle dafür, dass Du das herrliche Material meterweise hast.‹ Hemingways Lachen dröhnte durch die Telefonleitung von Kuba herüber – er sagte, es müsse zum Zuknöpfen sein. Der Piaf gefiel die ganze Idee nicht. (…) Der Kavalier [Iva Patcevitch] lächelte sein kosmopolitisches Lächeln und bemerkte: ›Wie immer Du Dich entscheidest – die Dietrich sollte in russischen Zobel *eingewickelt* sein‹, und damit war die Idee für die berühmte Pelzdecke meiner Mutter geboren.«[10] Die drei Meter breite Decke aus horizontal angeordneten Zobelfellen hieß im Familienjargon Indianerdecke.[11]

La Vie En Rose: Édith Piaf trat nun erfolgreich im Café Versailles in der 50. Straße auf.[12] Die Prominenz eilte an den Broadway, um sie zu sehen und zu hören. Allen voran Marlene

Dietrich. Beide zeigten sich häufig gemeinsam in der Öffentlichkeit und sprachen über ihre intensive Verbindung.

Marlene bewohnte eine Vierzimmersuite im Hotel The Plaza in der Fifth Avenue[13], als Maria am 28. Juni 1948 ihren ersten Sohn Michael zur Welt brachte. Wenig später schenkte ihre Mutter ihr in New York ein Haus.[14] Marlenes neue Familienrolle interessierte die Presse natürlich über alle Maßen.[15] *Life* zeigte Großmutter Marlene mit weißer Bluse, damenhaftem Haarknoten und dezentem Make-up auf dem Cover. Mit ihrem ebenso makellosen wie zeitlosen Erscheinungsbild begann Marlene Dietrich die Wahrnehmung einer Frau um die fünfzig in der Öffentlichkeit nachhaltig zu verändern. Elegant, ladylike, selbstbewusst, eine Frau mit Karriere und kein bisschen unsichtbar. Selbst die Uraufführung von *Eine auswärtige Affäre* trat demgegenüber in den Hintergrund.

Den Sommer verbrachte Marlene mit Patcevitch. Im Herbst kümmerte sie sich um Remarque, der heftige Menière-Anfälle erlitt. Freunde kamen in den Genuss ihrer Kochkünste. Ansonsten litt sie unter dem politischen Klima von Misstrauen und Denunziation der McCarthy-Ära.

Inzwischen entwarf Christian Dior in New York für den amerikanischen Markt eine Art Luxuskonfektion, die das Prêt-à-Porter der 1960er-Jahre vorwegnahm. Bis 1952 hielt er sich jedes Jahr im Juni und November in einem Atelier auf, welches sich seinem Showroom in der Fifth Avenue anschloss. Pro Saison entstanden 130 Kreationen, die von hauseigenen oder autorisierten amerikanischen Werkstätten umgesetzt und in eleganten Kaufhäusern angeboten wurden.[16] Weihnachten 1950 trug Marlene an der Seite von Iva Patcevitch ein zweiteiliges Tageskleid aus der Herbst/Winter-Kollektion 1950/51 aus grauer Shantungseide. Typische Merkmale waren das Oberteil, das wirkt, als bestünde es aus zwei Kleidungsstücken, einer Weste und einer Bolero-Jacke: *Trompe l'Œil* – Augentäuschung –

hatte die dafür vorbildhafte Kollektion im Frühjahr 1949 geheißen, der enge Rock, der vorne die doppelte Weite besitzt, wird dabei durch zwei große Zierknöpfe fixiert. Das rote Stitching über der linken Brust markiert die Stelle, an der das Band der Ehrenlegion festgesteckt werden konnte. Ein passender Hut rundet das Outfit ab.[17]

Im Film-noir-Thriller *Jigsaw* (1949), produziert von Tower Pictures, absolvierte Marlene unter dem kanadischen Regisseur Fletcher Markle (1921–1991) einen Gastauftritt als Nachtclubbesucherin in einem Lokal mit dem Namen The Angel. Der Film kam im März 1949 in die Kinos.[18] Dann bot Agent Charles Feldman ihr eine Rolle in *Die Rote Lola* an, einem Film, der in London unter der Regie und Produktion von Alfred Hitchcock (1899–1980) für Warner Brothers gedreht werden sollte. Das Besondere: Marlene könne ihre Garderobe frei zusammenstellen und einen Pariser Modeschöpfer ihrer Wahl damit beauftragen.[19] Marlene Dietrich beschied, wen wundert es: No Dior, no Dietrich.

Jean Gabin heiratete eine junge Frau mit blauen Augen, blonden Haaren und sehr weißer Haut. Dominique Fournier, Mannequin bei Lanvin, sah aus wie eine jüngere Ausgabe von Marlene und war schwanger. In so einer Situation darf Frau sich keinen gelben Mantel kaufen oder ihre Frisur ändern. Stattdessen ist Schonung angesagt. Doch Marlene sah die Hochzeitsfotos in der Presse und flog umgehend nach Paris. Dezent elegant im schmalen Kostüm von Dior stieg sie aus dem Flugzeug, den Nerzmantel über dem Arm, das Haar zum Chignon, eine zweireihige Perlenkette um den Hals, ganz nach dem Modekanon des Meisters. »Wenn das Damenkostüm auch vom Herrenanzug inspiriert wurde, so lehne ich es doch ab, es zu sehr wie einen Anzug zu arbeiten. Ein solches Kostüm ist zu männlich. Beides – Material und Schnitt – müssen ganz verschieden von Herrenanzügen sein.«[20] Im gleichen Jahr erschien Simone de Beauvoirs feministischer Klassiker *Das andere Geschlecht,* ein Text, der Weiblichkeit als soziale Konstruktion entlarvt und das Thema der Eleganz als Fessel diskutiert.

Die ebenso elegante wie unglückliche Marlene traf sich mit Erich Maria Remarque bei Fouquet und weinte um Jean Gabin. In der Rue Montaigne 30 suchte sie ihre Filmkostüme aus, ein Ereignis, das sogar ein kurzer Film dokumentiert. Ihrer Tochter schrieb sie am 6. Juni 1949: »Ich war den ganzen Tag bei Dior, während Skizzen angefertigt und Stoffe ausgewählt wurden, die nach London geschickt werden sollten.«[21] Marlene hatte nach dem Wiedersehen mit Remarque und den Gesprächen über Gabin eine schlechte Nacht verbracht. »Dann wurde mir so schlecht, wie es mir meiner Erinnerung nach noch nie schlecht geworden ist, außer einmal, als ich als Kind unreife Kirschen gegessen hatte. Seit meiner Ankunft hatte ich kaum etwas gegessen, aber es drehte sich mir die ganze Nacht lang immer wieder der Magen um. Ich war so schwach, dass ich nicht auf die Straße gehen konnte. Chlorodine half, aber die Schwäche blieb eine Woche lang.«[22]

Froh, nach London abreisen zu können, bestieg Marlene am 27. Juni eine Maschine. Den Fotografen, die bei ihrer Ankunft die visuelle Botschaft ihres damenhaften Kostüms nicht verstehen wollten und sie baten, Bein zu zeigen, entgegnete sie: »Ich bin kein Revue-Girl.«[23] Danach stieg sie im luxuriösen Hotel Claridge's ab.

Von Anfang an hatten Alfred Hitchcock und seine Frau Alma Reville Marlene Dietrich in der Rolle der alternden Diva, um die sich die Handlung ihres neuen Filmes drehen sollte, vor Augen. Sie hatte zugesagt, nun blieb nur noch die Frage offen, ob sich Hitchcocks Auffassung von Suspense im ersten Film seiner berühmten Blondinen-Serie gegen Marlene Dietrichs Vorstellung von sich selbst auf der Leinwand durchsetzen konnte.

Die Dreharbeiten zu *Die rote Lola* in den Elstree-Studios dauerten vom 10. Juni bis 21. September 1949.[24] Richard Todd (1919–2009) gab auf der Leinwand Marlenes jungen Liebhaber. Privat begann sie eine Affäre mit dessen Widersacher im Film, Michael Wilding (1912–1979). Jane Wyman (1917–2007), soeben mit einem Oscar prämiert, war für die Rolle des jungen naiven Mädchens ausgesucht worden. Außerdem spielte Hitchcocks Tochter Patricia zum ersten Mal in einer Produktion ihres Vaters mit.

Nach zwei Tagen erklärte Alfred Hitchcock einem Journalisten leicht irritiert: »Alles klappt gut. Miss Dietrich hat alles arrangiert. Sie hat ihnen genau gesagt, wo die Scheinwerfer zu stehen haben und wie sie gefilmt werden soll.«[25]

Wichtigstes Indiz der Krimihandlung ist ein blutbeflecktes Kleid von Marlene. Dann beginnt ein Versteckspiel um die Themen Maskerade, Tarnung, Verrat, Eitelkeit und das Theater. Jeder der Schauspieler spielt verschiedene Rollen. Ein junger Mann erklärt einer jungen Frau, die Schauspielerin werden möchte, er sei unter Verdacht geraten, den Ehemann seiner wesentlich älteren Geliebten getötet zu haben, obwohl diese selbst die Tat begangen habe. Die junge Frau, die meint, ihn zu lieben, begibt sich in den Dienst der Geliebten, um seine Unschuld zu beweisen. Hitchcock wollte sie als graue Maus neben der glamourösen Marlene Dietrich. Wie er sich später erinnerte, beschwerte sich Jane Wyman ununterbrochen darüber und wurde mit jedem Tag hübscher.[26] Und weil der Film auch eine der Hitchcock'schen Reflexionen über die romantische Liebe ist, bekommt das Mädchen zum Schluss den Kommissar, und der Mörder wird versehentlich getötet.

Marlene Dietrich als gefeierter Bühnenstar Charlotte Inwood, Täterin und Opfer, Misshandelte und Misshandelnde zugleich, verkörpert eine äußerst weltgewandte und beherrscht agierende Schauspielerin, zwar skrupellos und eine Männerverächterin, aber keine Mörderin. Jede ihrer Handlungen zielt auf Wirkung ab, deshalb glauben wir ihr auch nicht, dass ihr Geliebter der Mörder ist, so sehr sie sich bei ihren Bühnenauftritten auch im Negligé und einem riesigen, mit Marabufedern besetzten Mantel auf einer Couch rekelte, Cole Porters *The Laziest Gal In Town* sang und zeigte, dass sie einfach nicht anders konnte, als dem jungen Mann den Kopf so zu verdrehen, dass er ihren Ehemann tötete. Marlene hatte sich für die Gesangsnummern Édith Piafs *La vie en rose* ausgeliehen, sang Mischa Spolianskys *Love Is Lyrical.*

In den Szenen, die am Tag spielten, trug sie *Acacias,* ein eng gearbeitetes zweireihiges Kostüm aus der Kollektion Frühjahr/Sommer 1949, *Trompe-l'Œil* (Augentäuschung), mit einer auf Taille gearbeiteten Jacke mit Reverskragen, markanter Kontrastpaspel und gepolsterten Hüften mit Pattentaschen aus grauem Wollstoff. Es gewinnt Bewegungsfreiheit durch einen im hinteren Teil gedoppelten Rock. Marlene warf ein Collier aus Weißfuchs darüber.[27]

Der modische Schwerpunkt liegt auf Diors spektakulären Abendkleidern: ein schwarzes Chiffonkleid mit großem Rock und enger Taille, ein helles schulterfreies Abendkleid, dessen ausladender Rock über und über mit metallisch schimmernden Rüschen besetzt ist, bauschig, leicht, wolkig, nicht von dieser Welt. Das war ein völlig neuer Look an der selbstständigen und emanzipierten Marlene Dietrich. Selbst beim Beerdigungskleid fragt sie: Können wir nicht ein bisschen Farbe nehmen? Oder vorne ein wenig herunterlassen?

Hitchcock machte Marlene Dietrichs eigene Juwelen zu einem Teil ihres Charakters, berechnend, kalt, nur am eigenen Vorteil interessiert. Während sie andere manipuliert, repariert sie den Verschluss eines Cartier-Diamantarmbandes oder befestigt eine Rubin- und Diamantclip-Brosche von Van Cleef & Arpels an ihrer Diamantkette. Für die Fotos zum Film trug sie auch ihre Rubin-Jarretière. Die soll sie auf Anregung von Louis Arpels ca. 1937 in dessen Pariser Boutique in Auftrag gegeben haben. Für das nach dem Strumpfband benannte prominente Stück ließ sie verschiedene Schmuckstücke zusammenfügen. Die Form bestand aus einer großen Schlaufe, aufgebaut in konzentrischen Reihen von Rubinen im Kissenschliff, von Diamanten im Baguette- und Rundschliff umgeben. Die tragende Armspange war mit Diamanten im Rund- und im Baguetteschliff besetzt. Die Fassung bestand aus Platin.[28] Remarque nahm in einem Brief vom 19. März 1940 Bezug auf den Nachmittag in Paris im Herbst 1938, als Marlene Koffer packte, das »frisch gekommene Riesenrubinarmband am Gelenk«.[29] Es wurde zum festen Bestandteil ihrer Garderobe – Statement-Schmuck in Höchstform und Familientradition Felsing vom Feinsten.

Alfred Hitchcock wäre nach Billy Wilder eine echte Alternative zu Josef von Sternberg gewesen, mit einer klar erkennbaren, von künstlerischen Prinzipien untermauerten Handschrift, zudem wollte er Filme mit erwachsenen Frauen realisieren, tiefgründig, abgründig. Bekannt dafür, bei seinen Produktionen alles zu beherrschen und seinen Schauspielerinnen und Schauspielern mit Autorität zu begegnen, scheiterte er am eisernen Gestaltungswillen von Marlene Dietrich: »Marlene war in jeder Beziehung ein Profi. Sie war alles in einer Person: Filmstar, Kameramann, künstlerischer Direktor, Beleuchter, Kostümbildner, Friseur, Maskenbildner, Komponist, Produzent und Regisseur.«[30]

Tatsächlich leidet *Die rote Lola* unter Marlene Dietrichs Fixierung auf das Kostüm. Wenn sie zu den großen Abendroben von Dior noch kleine Spangen aus demselben Material ins zu stark ondulierte Haar steckt, Schäferinnenhüte aus dem 18. Jahrhundert oder Renaissancehauben kombiniert, war das vielleicht eine Geste subtiler Ironie, zerstört aber für uns heute die Wirkung.

Marlene mochte den Film letztendlich nicht. »Ich habe immer gesagt, die Engländer können keine Frauenfilme machen – ich hätte auf mich hören sollen.«[31] Hitchcock bot ihr keine zweite Rolle an.

In New York erwartete Maria ihr zweites Kind. Ihre Mutter wohnte wieder im Plaza Hotel.[32] Im Oktober 1949 musste Édith Piaf den tödlichen Flugzeugabsturz ihres Geliebten ertragen und geriet in eine tiefe Krise. Marlene spendete Trost und richtete sie auf. Édith trug bei vielen Konzerten ein kleines Goldkreuz mit Smaragden, ein Geschenk der Freundin.

Aus Diors Herbst / Winter-Kollektion 1949/50 – *Milieu du siècle* (Mitte des Jahrhunderts) – kaufte Marlene das zweiteilige Modell *Cygne Noir* (schwarzer Schwan), eine Robe de grande soirée, also ein Kleid der höchsten Kategorie der Abend- und Ballkleider. Eine solche Robe muss, wie der Meister erläuterte, bodenlang sein und kann nur zu seltenen, besonders festlichen Anlässen getragen werden. Charakteristisch für die gesamte Kollektion war die Verwendung zweier das Licht unterschiedlich reflektierender Materialien. Das musste Marlene an die Zusammenarbeit mit Travis Banton für die Sternbergfilme und ihr ikonisches Kostüm in *Shanghai Express* erinnern. Bei Dior entschied sie sich für ein zweiteiliges, schulterfreies schwarzes Kleid aus Seidensatin, dessen Korsage oben in einem Seidensamtband abschließt. Auf dem Rücken wird sie diagonal gewickelt und mit Häkchen geschlossen. Den 5,60 Meter weiten Rock akzentuiert rechts eine riesige Samtschleife, deren als Bahnen stilisierte Bänder zum Rocksaum führen. An das stäbchenverstärkte Korsett mit einer Taillenweite von 59 Zentimetern ließ Marlene einen Hüfthalter mit Strapsen ansetzen, um ein Herausrutschen des Oberteils aus dem Rock zu verhindern. Als weitere Optimierung wurden in dessen vordere Mitte drei Gummibänder eingenäht, die im Rücken geschlossen verhinderten, dass das Oberteil am Busen abstand. Ein Unterrock, wie der Oberrock mit steifem

Gittertüll dupliert, sorgt für dramatisches Volumen. Außer Marlenes *Cygne noir* in Berlin befindet sich je ein Exemplar der Robe de grande soirée im Musée des Arts de la Mode, Paris, und im Metropolitan Museum of Art, New York.[33]

Eine Firmenschrift, erschienen im Jahr 1954, gab Einblick in den Umfang einer Dior-Kollektion und bezifferte den Aufwand für ein großes Abendkleid: »Für jede Kollektion werden etwa 220 Modelle vorbereitet, von denen Christian Dior dann persönlich ungefähr 40 nach strenger Prüfung zurückzieht. An Material allein (Stoff, Stickereien, Garnituren) werden 9000 Meter Stoff und 35 Kilometer Nesselstoff für Schnitte verwendet. Die Herstellung erfordert 100 000 Arbeitsstunden (anderthalb Monate aller Werkstätten). Für gewisse große Roben sind bis zu 500 Arbeitsstunden nötig.«[34]

Der schwarze Schwan wurde im Dezember 1949, gemeinsam mit 80 weiteren Modellen, bei der ersten Dior-Modenschau in Deutschland im Hotel Esplanade in Hamburg gezeigt, Tag und Nacht von der Polizei bewacht.

Am 1. Januar 1950 begann das Jahrzehnt des American Dream. Es geht mehr, es geht besser, und Du kannst es haben! Die Werbung bediente sich des Glamours in der Mode, ja erklärte ihn zum Prinzip. Sie erfand die sexy Hausfrau, die sich mit teuren Geräten etc. umgab und ihre Familie umsorgte. Eine junge, attraktive, gut gekleidete und perfekt gepflegte Dame in Halbschürze; Königin in ihrem kleinen Reich, wertete die Produkte auf, machte sie attraktiv.

Zigarettenkonzerne schlossen Verträge mit den Hollywood-Studios. Die Stars warben für ihre Produkte, die Firmen im Gegenzug für die Filme. Anfang 1950 ließ sich Marlene im schulterfreien Chiffonkleid auf einem zierlichen Stil-Sofa nieder und verkündete: »Ich rauche eine leichte Zigarette – Lucky Strike.«

Die Hommage der *Roten Lola* an Marlene Dietrich und ihr Auftritt in Dior bescherten dem Modehaus in den USA einen

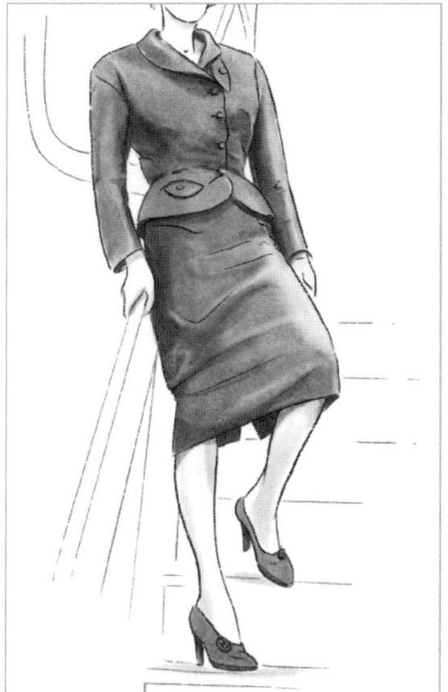

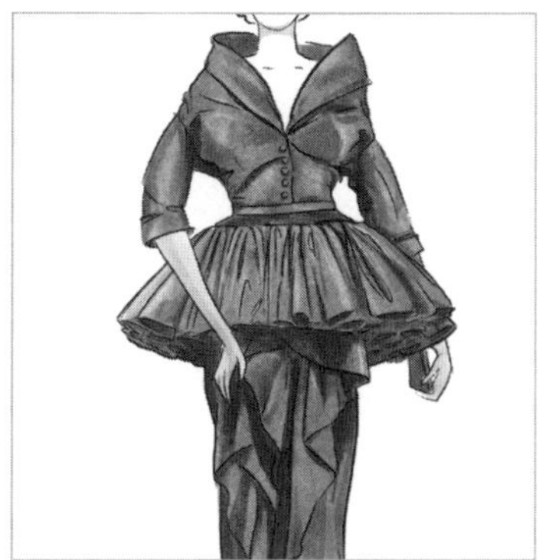

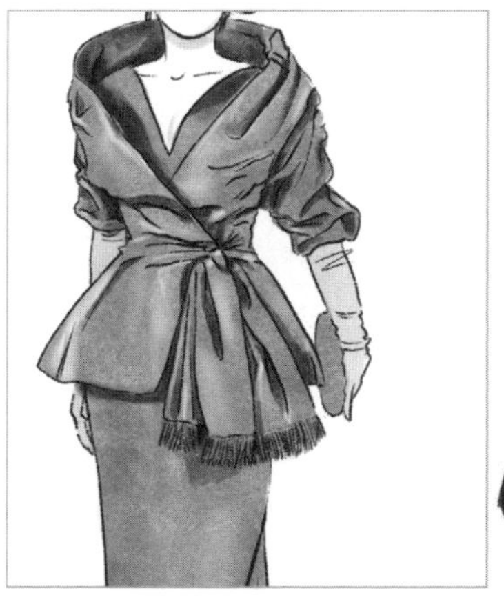

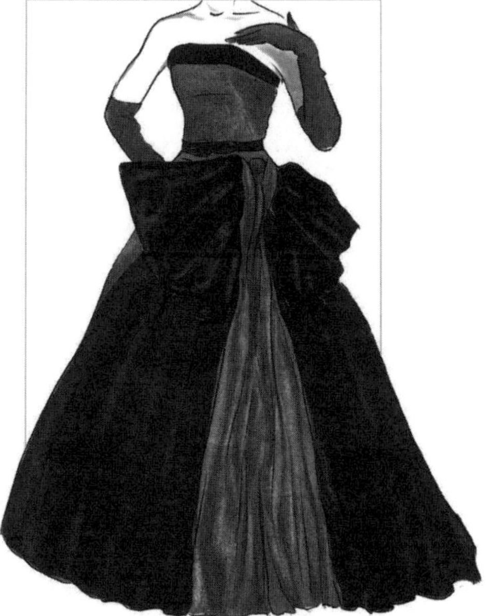

Das große Jahrzehnt der Haute Couture begann 1947 und dauerte die Fünfzigerjahre über an: Christian Dior und sein New Look gaben den Frauen das Versprechen von Luxus und Verwöhntwerden, auch wenn sich die Silhouette mehrmals im Jahr änderte. Marlene Dietrich repräsentierte das Haus in atemberaubend taillierten Schneiderkostümen, und sie wählte Abendensembles mit skulpturaler Attitude und dem typischen Dior-Kragen sowie das ultimative Ballkleid oder besser Robe de grande soirée, schulterfrei mit großer Schleife: Der schwarze Schwan mit einer Saumweite von fast sechs Metern.

überragenden Erfolg, auch weil Warner Brothers die Filmgarderobe zum Film präsentierte.[35] Marlene in der Rolle der Markenbotschafterin: Damenhaft, kultiviert, vermögend, an modischer Sicherheit, an einem Komplettlook interessiert. Sie besaß Modeschmuck von Dior, den er im badischen Pforzheim herstellen ließ, und trug Pumps, die Roger Vivier entwarf. Und sie war eine Frau von so großer Disziplin, wie sie zum Tragen der Dior-Mode unerlässlich war. Das zeigt sich an den Taillenweiten der Abendkleider und Kostüme, die zwischen 55 und 59 Zentimetern liegen.[36] Die neue Gleichung hieß: Mode = Dior = Marlene. Dankbar verehrte ihr der Couturier ein Seidenkarree mit Blumenmotiv und persönlicher Widmung: »Envoie de Fleurs pour Madame Marlène.«[37] Ein Blumengruß des Blumenliebhabers.

Im Mai 1950 wurde Marlenes Enkel Peter geboren.[38] Erste Gerüchte über einen möglichen Krieg in Korea kamen auf. Marlene Dietrich unterschrieb einen neuen Filmvertrag: *Die Reise ins Ungewisse* (1951), gedreht von Dezember 1950 bis Januar 1951[39] für 20th Century Studios, wieder in London. Sie sollte einen Filmstar spielen, dieses Mal an der Seite von James Stewart, der bereits in *Der große Bluff* ihr Partner gewesen war.

In Paris stellte sie erneut ihre Filmgarderobe zusammen. Die Zuschauer sahen sie als Schauspielerin Monica Teasdale in einem Flugzeug, angetan mit einem eleganten Kleid und einer üppigen Nerz-Stola plus passender Mütze[40], in Gesellschaft eines nervösen Ingenieurs, der ihr erklärt, die Maschine werde demnächst abstürzen. Der Make-up-Profi Dietrich muss ihn fragen, ob die Wissenschaft nicht endlich Schminke erfinden könnte, die nicht verläuft. Ihre Filmfigur begeistert sich ebenso wie eine junge Stewardess für den reichlich versponnenen Wissenschaftler und trägt später noch ein tailliertes Mantelkleid mit weitem Rock und großem spitzen Kragen plus Pillbox-Hut und Schleier. »Die Kleider, die man dort [bei Dior] wählte, waren so perfekt, so maßgerecht für die Dietrich, dass sie den ganzen Film hindurch so aussieht, als posierte sie für Porträtfotos für *Vogue.*«[41]

Zum Schluss verzichtet Marlene auf den Mann, und die junge ausdauernde Blondine wird wohl seine Frau werden. Wissen kann man es nicht. Marlene Dietrich jedenfalls gelang in diesem etwas wirren Film ein Auftritt von nonchalanter Eleganz. Nichts war davon zu sehen, dass der Regisseur sie mit ihrem Alter aufgezogen hatte und sie von Schmerzattacken geplagt gewesen war. Im Gegenteil, die Presse feierte sie als »den einzig wahrhaften Glanz, der Hollywood noch geblieben ist«.[42] Für den jungen britischen Fotografen Cornel Lucas setzte sich Marlene Dietrich auf einen Stapel Koffer, die brennende Zigarette laszlv in der linken Hand, gehüllt in ihren sündhaft teuren Nerz, die langen Beine aneinandergeschmiegt, das Licht von oben, der Blick desinteressiert, unnahbar und doch so begehrenswert (sein Porträt siehe Seite 198).

Marlene Dietrich war zum zweiten Mal zu der Modeikone ihrer Zeit aufgestiegen. Doch Ginette Spanier (1904–1988), seit 1947 Direktrice des Haute-Couture-Hauses Balmain, fand nur wenig schmeichelhafte Worte für ihre diesbezügliche Kompetenz: »Wenn sie sich eine Garderobe zusammenstellt, denkt sie dabei nur an ihre Auftritte. Sie sieht ihr ganzes gesellschaftliches Leben nur als Folge von Star-Auftritten. Sie weiß genau, was sie braucht, und denkt immer daran, vor welchem Hintergrund sie erscheinen wird und welche anderen Akteure sie ›ausstechen‹ will. Marlene ist intelligent, rücksichtslos, und sie weiß genau, was sie will.« Nach einem halben Dutzend Anproben will Ginette Marlene ins Gesicht geschleudert haben: »Zuerst sehen sie eh nur auf dein Gesicht. Dann schauen sie auf deine Beine. Und dann interessieren sie sich vielleicht noch für die Handlung. Wenn sie dann noch Zeit haben, sich auf den Schatten einer Naht im Futter deines Kleides zu konzentrieren, muss der Film ein Flop sein.« Marlene antwortete völlig ungerührt auf diese Ablenkungsstrategie: »Das verstehst du nicht. Auf der Leinwand ist alles zwanzigmal vergrößert. Wenn sich meine Tochter Maria in 25 Jahren den Film ansieht und merkt, wie unordentlich der Saum genäht ist, wird sie sagen: ›Wie konnte meine Mutter nur ein solches Kleid tragen‹.«[43] Niemals wich Marlene Dietrich von ihren hohen Qualitätsansprüchen ab, immer war sie selbst die schärfste Kritikerin, vor der sie bestehen musste.

Bei der 15. Oscarverleihung am 29. März 1951, moderiert von Fred Astaire im RKO Pantages Theater von Los Angeles, überreichte Marlene Dietrich vor 2800 Zuschauern den Oscar für den besten ausländischen Film und stahl den anwesenden Nominierten Judy Holliday, Anne Baxter, Bette Davis und Gloria Swanson mühelos die Show in einem dreiteiligen schwarzen Abendkleid von Dior aus der Linie *Zig-Zag,* der die Assoziationen Fliegen, Bewegung, Energie, Leichtigkeit, Asymmetrie zugrunde lagen. Marlene hatte sich für das Modell *Saphire* entschieden, mit einem engen Rock aus Wollflanell, dem ein hoher Schlitz Bewegungsfreiheit gab und den eine große Seidensamtschleife links dekorierte. Über ein ärmelloses Top aus Seidensamt schmiegt sich eine Weste mit weitem Dior-Kragen, höher oder tiefer zu ziehen. Typisch für die Kollektion war der bogenförmige Saum des langen Rockes, die Schleife als ausladende Tournüre, der abstehende Kragen, die abfallende Schulter, die schmale Taille. Dezente rote Stitchings markieren auch hier die Stelle über dem Herzen, an der Marlene ihren Orden anstecken konnte.[44]

Zum Kleid kombinierte sie eine kleine Diamantkette und -ohrringe, leuchtend rote Lippen und Fingernägel sowie ihre legendäre Rubin-Jarretière von Van Cleef & Arpels. Schlank und elegant, blond und blass schritt sie mit ihrem unverwechselbaren Gang über die Bühne. Der Akademiepräsident ehrte Marlene als Weltbürgerin, würdigte ihren Einsatz im

Zweiten Weltkrieg, erwähnte ihre Orden und verlieh ihr einen in Sachen Glamour. Sie verbeugte sich tief und überreichte den Preis für *Die Mauern von Malapaga* (1950), in der Hauptrolle Jean Gabin. Begeisterungsstürme. Jetzt hatte Marlene den Kleider-Oscar! Auch der Reporter geriet über ihr Kleid in Verzückung, das er einen battle dress nannte, nicht über den Film. Als Soundtrack ertönte eine Instrumentalversion ihres Liedes aus dem *Blauen Engel,* das immer noch jeder erkannte: *Ich bin von Kopf bis Fuß auf Liebe eingestellt / Falling In Love Again.*

Besser als Marlene Dietrich trägt das Kleine Schwarze erst Audrey Hepburn 1961 in der Anfangsszene von *Frühstück bei Tiffany,* entworfen von Hubert de Givenchy, kombiniert mit großer schwarzer Sonnenbrille machte es sie zur Legende.[45]

Marlene verliebte sich in Yul Brynner (1920–1985), der seit Ende März in *Der König und ich* den Broadway beherrschte und den sie bereits in den Pariser Nachtclubs der späten Dreißigerjahre gesehen hatte. Ein Paar voller Gegensätze: Sie, der Inbegriff zeitloser Eleganz, er viril, muskelbepackt, Männlichkeit pur, mit dem für die Rolle kahl geschorenen, berühmten Kopf. Alles an Brynner nahm die hoffnungslose Romantikerin gefangen. Sein Vater hatte mongolische Wurzeln, stammte aus dem Schweizer Kanton Aargau, gehörte zu den Jenischen und hatte eine Russin geheiratet. Als Yul geboren wurde, lebte das Paar im sibirischen Wladiwostok am Pazifischen Ozean.[46] FriedrichTorberg gesteht Marlene in einem Brief vom 11. Juni 1951, dass sie sich eigentlich hatte zwischen Iva Patcevitch und Michael Wilding entscheiden wollen, um sich nicht an »einen Neuen« gewöhnen zu müssen, aber Brynner, dessen Namen sie nicht nennt, spreche ein »traumhaftes« Französisch, »schöner als Jean, aber denselben Jargon. Und immer in den richtigen Momenten«.[47] Am 26. Juni fügt sie hinzu: »Pat ist verzweifelt in Paris weil das Gerücht geht ich heirate Michael und Michael ist verzweifelt weil ich nicht schreibe.«[48] Der lernte bald die junge

Elisabeth Taylor kennen, die er 1952 heiratete. Thorberg titulierte Marlene nach diesen Bekenntnissen amüsiert »geliebter Backfisch«.[49] Ihre Beziehung mit dem verheirateten Yul Brynner wird fast ein Jahrzehnt andauern.

Im November 1951 nahm Marlene Dietrich ihre erste Langspielplatte für die Columbia Records in New York auf. *Marlene Dietrich Overseas,* acht Songs, darunter *Miss Otis Regrets* von Cole Porter.

Engel der Gejagten (1952) unter der Regie von Fritz Lang (1890–1976), produziert von Howard Welsch für Fidelity Pictures, wurde von Oktober bis Ende Dezember 1951 gedreht.[50] Nach *Der Garten Allahs* und *Kismet* Marlenes dritter Farbfilm. Lang, der Mann mit dem Monokel im linken Auge, neben Lubitsch der zweite Großmeister des Weimarer Kinos in Hollywood, in Wien als Sohn eines Architekten geboren, künstlerisch dem kalten Blick der Neuen Sachlichkeit verpflichtet, hatte 1922 *Dr. Mabuse,* 1924 *Die Nibelungen* und 1927 schließlich *Metropolis* gedreht, eine Architektur-Utopie, beherrscht von einem weiblichen Roboter. 1934 war er in die USA emigriert.[51]

Wieder einmal ein Western, ein Western, der in einer Theaterkulisse spielt. Fritz Lang führt Marlene, mit der ihn in den späten Dreißigern eine kurze Affäre verbunden haben soll, nach zehn Minuten Handlung als kaltherzige Bardame ein. Wie Phyllis den Aristoteles benutzt Altar Keane den Mann als Reittier im tollen Wettkampf. Sie trägt einen hellblonden Pferdeschwanz und das westernübliche Korsagenkleid der Jahrhundertwende, von dem später im Film nur die Korsage und eine riesige Schleife über dem Gesäß übrig bleiben. Doch zunächst fährt sie im prachtvoll überdrehten violetten Kostüm in einer Kutsche. Eine solche Frau beschrieb John Steinbeck zeitgleich in *Jenseits von Eden.* Dann jedoch wird die kalte Schöne aus dieser Welt von Frenchy, gespielt von Mel Ferrer (1917–2008), erlöst, als er dafür sorgt, dass sie ihren Gewinn bei einem Roulettespiel Chuck a Luck behalten kann. Mit dem Geld kauft Altar eine Ranch, auf der sie Gesetzesbrecher beherbergt, die jetzt für sie die Gewinne des manipulierten Glücksrades abkassieren.

Marlene Dietrich trug nach vielen Jahren wieder einmal im Film Hosen; Jeans und Lederhosen, dazu Cowboystiefel und Hemden mit Schnürung und bewegte sich so burschikos, wie die Zuschauer sie seit *Marokko* nicht mehr gesehen hatten. Die Kostüme stammten von dem amerikanischen Designer und Tänzer Don Loper (1906–1972), der Ginger Rogers in mehreren Musical-Filmen ausgestattet hatte. Um Marlenes Haare kümmerte sich wie in Paramount-Tagen Nellie Manley.

Weder Kleider noch Frisur konnten verhindern, dass Marlene sich in den Falschen verliebt, nämlich in den deutlich jüngeren Vern, verkörpert von Arthur Kennedy (1914–1990), den nichts anderes umtreibt als der kaltblütige Mord an seiner Verlobten, mit dem der Film begann. An Altars Kleid sieht er die Brosche, die er der Braut einst schenkte, jetzt soll sie ihn zum Mörder führen. Marlene sagt zwar Sätze wie Jedes Jahr ist eine Bedrohung für eine Frau und Ich wollte, Du könntest weggehen und dann wiederkommen – in zehn Jahren, lässt sich aber dennoch von dem nur an seiner Rache Interessierten manipulieren. Zum Schluss gerät sie, wie schon in *Der große Bluff*, in die Schusslinie und stirbt.

Die Dreharbeiten waren quälend gewesen. Fritz Lang bevormundete Marlene Dietrich bis hin zu Markierungen auf dem Boden. Sie ärgerte ihn mit ihrer Bewunderung für Josef von Sternberg. Jahrzehnte später schrieb sie: »Auf der Liste der Filmregisseure, unter denen ich gearbeitet habe, nimmt er einen besonderen, einzigartigen Platz ein. Ich hasste ihn! Er weidete sich gierig an der Demütigung von Frauen – das grenzte fast an Gewalt.«[52] Fritz Lang kommentierte ihre Filmfigur: »Mir schwebte ein Film vor über eine nicht mehr ganz junge, aber immer noch höchst begehrenswerte Frau. (…) Marlene hat mir das übel genommen; sie wollte nichts wissen von einem allmählichen Übergang in eine auch nur ganz geringfügig ältere Kategorie.«[53] Wie passen diese Absichtserklärungen zum Originaltrailer des Films, der Marlene Dietrichs glamouröse Beine anpreist, verlockender, stürmischer als je zuvor?

Am 27. Dezember beging Marlene ihren 50. Geburtstag. Sie wusste, dass Jane Russell gerade *Montana Belle* spielte. Die 20 Jahre Jüngere galt seit dem 1940 gedrehten *Geächtet* als der Inbegriff lasziver kurvenreicher Weiblichkeit im Western. Jetzt durfte sie zwei Pistolengürtel auf einmal über derben Hosen tragen, und ihre Kostüme für abendliche Auftritte im Saloon hatten viel Ähnlichkeit mit Marlenes Kombination aus Korsage und Schleife. Schmerzlich hinzu kam, dass Russell mit Sternberg vor einem Jahr *Macao* gedreht hatte. Dort sang sie in einer exotischen Welt im golden glänzenden Abendkleid sanfte jazzige Songs, schleuderte Scheren nach Robert Mitchum, und Josef von Sternberg warf seine magischen Schatten.

Marlenes Situation als Schauspielerin wurde nicht nur durch jüngere Rivalinnen, sondern auch dadurch erschwert, dass das Fernsehen immer mehr an Bedeutung gewann. Viele Kolleginnen und Kollegen wanderten dorthin ab. Dazu war sie jedoch nicht bereit. Fürs Fernsehen arbeitete bereits ihre Tochter. Stattdessen bot sie ihre berühmte Stimme dem Radio an und produzierte die halbstündige Sendung *Cafe Istanbul.* Darin sang sie ein paar alte Schlager und spielte für American Broadcasting Company (ABC) unter dem Namen Mademoiselle Madou aus Remarques *Arc de Triomphe* Szenen, die aus dem Bogart/Bergman-Film *Casablanca* entlehnt waren. Nach einem Jahr wechselte sie zu Columbia Broadcasting System (CBS) und moderierte nach demselben Strickmuster *Time for Love.* Sie machte weitere Plattenaufnahmen[54] und lebte inzwischen in einem Apartment in der Park Avenue 993.[55]

Auch ein Fritz Lang konnte Marlene nicht daran hindern, sich für ihre Filme einzusetzen. Für die Uraufführung von *Engel der Gejagten* am 15. Mai 1952 im Paramount Theater in New York entschied sie sich bei Elisabeth Arden für ein Korsagenkleid, dessen langer weiter Rock deutlich unterhalb der Hüfte in mehrere Lagen und Längen Tüll und in abgestuften Apricot-, Rosa- und Rottönen aufspringt.[56] Ihre Tochter berichtet von Gefühlsstürmen, als Marlene den Fehlkauf realisierte. Doch wieder einmal verstand sie es perfekt, die Sprache der Kleider zu sprechen, und verwandelte eine Situation, die hätte peinlich werden können, in einen Triumph. Geholfen hat dabei, dass Marlene zugesagt hatte, zwei Lieder zu singen.[57] Und so betrat die echte Dietrich erst beim zweiten Lied mit kurzen Shorts und Korsage die Bühne. Da war sie wieder, die bewährte nostalgische Erotik des *Blauen Engels.* Die Menge applaudierte begeistert angesichts des ersten ihrer später berühmten schnellen Kostümwechsel.[58]

Der Film war vergessen, der Bühnenstar Marlene Dietrich (wieder)geboren. *Life* titelte: *Die Dietrich und ihr Mythos.*[59] Im August 1952 posierte Marlene mit Maria auf dem Titelblatt desselben Wochenmagazins. Milton Greene lässt Maria auf ihr Spiegelbild Marlene herabblicken. Im Innern der Zeitschrift berichtete ein Artikel über Mutter und Tochter, Marlene Dietrich und Maria Riva.[60] Bei einem zweiten Shooting setzte Milton Greene vor allem Marlenes Beine perfekt in Szene. Vier Jahre später wird der Fotograf Marilyn Monroe (1926–1962) ähnliche Posen einnehmen lassen. Zur Zeit des Dietrich-Shootings drehte sie gerade den Thriller *Niagara* (1953), der sie als achtes Weltwunder ankündigte. *Blondinen bevorzugt* (1953) oder *Wie angelt man sich einen Millionär?* werden folgen. Marilyn wurde mit platinblonden Haaren, roten Lippen und Schönheitsfleck, was Marlene zwei Jahrzehnte lang gewesen war: die bekannteste und meistfotografierte Frau der Welt. Auch ihre Kleider werden Film- und Modegeschichte schreiben. Im Februar 1954 wird sie für die Soldaten der alliierten US-Streitkräfte in Korea singen. Als Milton Greene Marlene Dietrich im Januar 1955 zu einer Party einlud, traf sie, ganz in Schwarz mit großem Pelzkragen und kleinem Gesichtsschleier etwas verkrampft lächelnd, zum ersten Mal auf die junge Konkurrentin. Zwei Entwürfe von Weiblichkeit: unerreichbare Göttin und fassbar kurviger Männertraum, Disziplin und laszive Weichheit, unabhängige Intellektuelle und verletzliche Kindfrau.

Die zweite große Newcomerin des Films im Jahr 1952 hieß Audrey Hepburn (1929–1993). Die Tochter einer niederländischen Aristokratin und eines Briten verfügte wie einst Marlene über den Nimbus der Europäerin. Jung, aber nicht so jung, dass sie den Krieg nicht erlebt hätte, im Gegenteil, sie hatte ihn überlebt, und das in elfenhafter Schönheit. Als Symbol für die europäische Kultur, die nicht hatte zerstört werden können, spielte sie für William Wyler die Tochter eines Königs in *Ein Herz und eine Krone* (1953) und für Billy Wilder die Tochter eines Chauffeurs in *Sabrina* (1954). Beide Filme eine Wiedergeburt in Kleidern von Hubert de Givenchy, die Hepburns grazile Silhouette betonten und sie mit ihrem übermütigen Gesicht in Beziehung setzten. In diesen rauschenden Abendkleidern und engen Kostümen, die sie so lässig trug wie ein Model, erschien sie wie eine Tochter Marlene Dietrichs. Mit Caprihosen, Ballerinas, weit schwingenden Röcken und Halstüchern erreichte sie die wohlhabenden Teenager der Nachkriegszeit, die sich durch die Kleidung von der Generation ihrer Mütter unterscheiden wollten. Audrey okkupierte das Thema Mode souverän, eine Stilikone bis heute.

Alfred Hitchcock entdeckte die makellos schöne, kühle und blonde Grace Kelly (1929–1982) und drehte mit ihr *Bei Anruf Mord* (1954), *Das Fenster zum Hof* (1954) und *Über den Dächern von Nizza* (1955). Auch ihr Modestil zwischen reduzierter Eleganz und spröder Mädchenhaftigkeit wird Vorbild für Frauen weltweit werden. Kultstatus erreichte eine trapezförmige Handtasche, welcher der Hersteller Hermès schließlich ihren Namen gab: die Kelly-Bag.

Marlenes Kolleginnen Jane Russell, Ava Gardner, Ingrid Bergman und Elisabeth Taylor hatten begonnen, Kreationen von Dior zu tragen. Frauen außerhalb Hollywoods wie Lucy Douglas bzw. C. Z. Guest oder die brünette Journalistin und Verlagslektorin Jacqueline Lee Bouvier, die im September 1953 John F. Kennedy heiratete, avancierten zu unverwechselbaren Modevorbildern.

Doch Gefahr schien in diesem Jahr 1952 nicht nur durch Frauen einer jüngeren Generation heraufzuziehen, sondern auch aus der Vergangenheit. Der verlässliche Freund Torberg hatte Marlene bereits am 14. Juli informiert: »Die Garbo war hier, d. h. nicht hier, sondern im Salzkammergut, in Ischl, in unsrer nächsten Nähe.«[61] Gleichzeitig verbreitete die Weltpresse Gerüchte, die Schwedische Sphinx plane einen Karriereneuanfang. Während der auf sich warten ließ, suchte Marlene mit Édith Piaf bei Saks in New York deren Hochzeitskleid aus, dem Plisseekleid nachempfunden, das sie selbst in *Die rote Lola* getragen hatte. Bei Piafs Trauung mit dem Sänger Jaques Pills spielte Marlene Brautjungfer und Brautmutter in einem, schloss Édith die Sandaletten und führte sie dem Bräutigam zu.

Life veröffentlichte am 18. August 1952 eine Hymne Hemingways: »Sie ist tapfer, schön, zuverlässig, liebenswürdig und großzügig. Langweilig ist sie nie. Auch sieht sie vormittags in Hemd und Hosen und Stiefeln aus amerikanischen Heeresbeständen so gut aus wie abends auf der Leinwand.« Das waren Bemerkungen, die Marlene Dietrich nicht gerade in der Gegenwart verorteten, aber in seinem Text steht auch der prophetische Satz: »Selbst wenn sie nichts als ihre Stimme hätte, könnte sie einem damit das Herz brechen.«[62]

Die mit dieser Gabe ausgestattete Marlene gab in *The Ladies' Home Journal* Ratschläge für einen glücklichen Ehealltag. Sie hatte darüber bereits im Radio gesprochen. Der Verlag Doubleday schloss einen Vertrag mit ihr über eine Autobiografie unter dem Titel *Beauty is an Illusion/ The Danger of Being Beautiful* ab. Der Broadway bot ihr die Mitwirkung an mehreren Stücken an, die sie ablehnte. Filmprojekte mit Orson Welles und Billy Wilder scheiterten.[63] Marlene machte nun auch in Österreich und Deutschland Werbung für Lux Seife. Alexander Liberman fotografierte sie mit ihren Enkeln im grauen Dior-Kostüm oder beim Kochen in weißer Bluse und Schürze. Was nun?

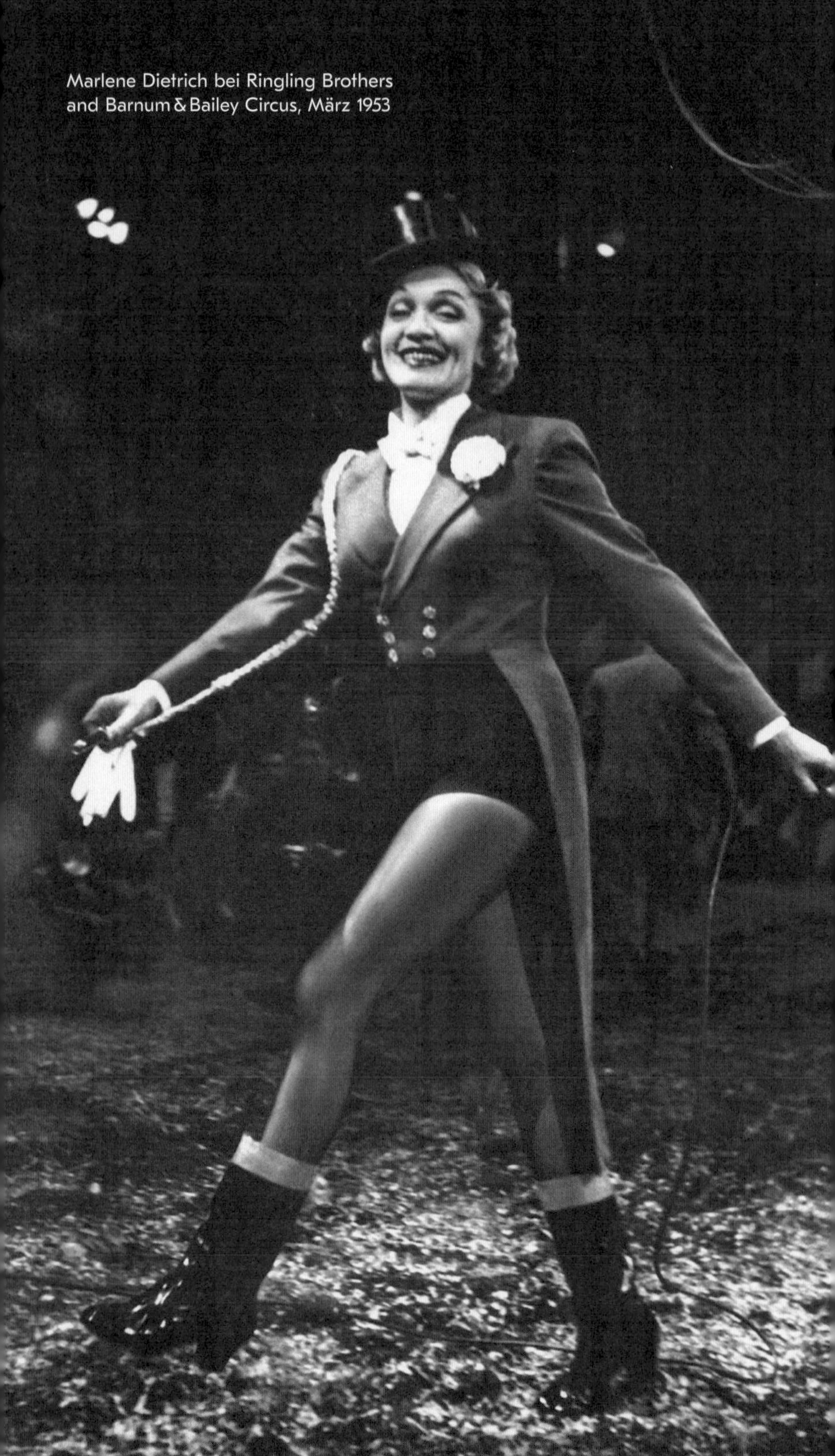
Marlene Dietrich bei Ringling Brothers and Barnum & Bailey Circus, März 1953

LOOK ME OVER CLOSELY

Bei einer Benefizveranstaltung für zerebral gelähmte Kinder Ende März 1953 im Madison Square Garden, organisiert von Ringling Brothers and Barnum & Bailey Circus, gab Marlene Dietrich im leuchtend roten Frackoberteil und Frackhemd, kombiniert mit engen schwarzen Samtshorts, Nylonstrümpfen, Lackstiefeln mit Schaftabschluss aus goldenem Leder sowie schwarzem Zylinder und Peitsche die Zirkusdirektorin. Ein Lola Lola Kostüm à la Josef von Sternberg! Dieser erneute Rückgriff auf Burlesque sicherte Marlene weltweite Presse- und Medienaufmerksamkeit.[1] Nach *Der Blaue Engel* und *Der große Bluff* sollte er zum dritten großen Durchbruch ihrer Karriere führen. Sie wird daraus eine ganz neue Rolle für sich kreieren, vielleicht die Rolle ihres Lebens.

Privat lief es nicht so gut: Rudi Sieber musste sich im Mai 1953 einer Magenoperation unterziehen. Tamara Matuls psychische Probleme steigerten sich, sie litt unter Depressionen, Angstzuständen. Nach Rudis Genesung vermittelten Freunde dem Paar den Kauf einer Farm im San Fernando Valley. 35 Kilometer von Los Angeles entfernt begannen die beiden, Hühner zu züchten.[2]

Währenddessen reiste Marlene Dietrich in das kürzlich erbaute Hotel Sahara Las Vegas, Nevada, neben 1600 Zimmern unterhielt es einen Kasinobetrieb, den es mit Shows berühmter Entertainer auflockerte. Nach ihrem spektakulären Auftritt im Zirkus umwarb das Haus Marlene Dietrich.[3] Marlene sah sich die Auftritte von Eddie Fisher und Tallulah Bankhead an, sang drei Lieder mit der Kollegin und unterschrieb einen Vertrag, der sie verpflichtet haben soll, für 30 000 Dollar pro Woche drei Wochen lang an sechs Tagen

Man sollte entweder ein Kunstwerk sein oder eines tragen.
Oscar Wilde

aufzutreten.[4] Die Hotel- und Kasinoleitung erwartete von ihr, dass sie ihre alten Lieder vortragen und den Gästen etwas Glamour bieten sollte, bevor diese wieder zu den Spieltischen aufbrachen. Umrahmt werden sollte ihre Darbietung von einem Komiker, ein paar Ponys und Jongleuren.

Von diesen ernüchternden Anforderungen – wie immer in ihrem Leben – keineswegs abgeschreckt, begann Marlene, eine viel großformatiger angelegte Idee zu entwickeln, entschlossen, aus Stroh Gold zu spinnen. Ihre Erscheinung war inzwischen Teil des globalen kollektiven Gedächtnisses. Ihre Stimme, seit über zwanzig Jahren eine der faszinierendsten der Welt, spiegelte alle Widersprüche der Person: warm und feminin, kühl und maskulin, anpassungsfähig, aber nie glatt. Diese Stimme wurde laufend imitiert und war doch unverwechselbar. Mit all dem konnte und würde sie arbeiten. Wieder interessierte sie sich für jedes technische Bühnendetail, die richtige Beleuchtung, das Mikrofon.

Für die Kostüme engagierte sie Jean Louis, eigentlich Jean Louis Berthault (1907–1997), Chefdesigner bei Columbia Pictures, dessen bislang größter Coup das schulterfreie schwarze Satinkleid gewesen war, das Rita Hayworth in *Gilda* trug. Jedes zweite Wochenende betrat die in Sachen Kostüm und Kleidung Unnachgiebige nun die Kostümschneiderei Western Costume. Marlene schwebte ein Kleid in »der Art der Folies Bergère« vor, »aber elegant«.[5] Irving Asher, Managing Director bei Warner Brothers, erinnerte sich: »Als sie ihre Las-Vegas-Garderobe mit mir besprach, sagte sie: ›Mit einem Abendkleid kann man heutzutage nichts Sensationelles mehr machen außer den Ausschnitt tiefer rücken. Das mag ich nicht. Ich will ein Kostüm, in das sich alle Frauen hineinträumen und aus dem alle Männer ihre Frauen im Traum entkleiden‹.«[6] Damit meinte Marlene natürlich ein Kleid, das erotische Macht verlieh und ausstrahlte. Sie wollte Kleider, wie das mit Pailletten besetzte Chiffonkleid, das Irene Lentz für *Das Haus der sieben Sünden* kreiert hatte, und Kleider, die ihre Auftrittskleider an der Front und in *Eine auswärtige Affäre* auf die Spitze trieben. Kleider, die ihre perfekte Silhouette in den Mittelpunkt der Aufmerksamkeit stellten, Kleider, die sie zum Kunstwerk erklärten.

Als Material dieser besonderen Kleider wählte sie gemeinsam mit Jean Louis ein festes, durch gedrehte Kettfäden etwas elastisches Tüllgewebe, einen sogenannten Dreher, der sich etwas am Körper formen ließ. Der Designer beteuerte, mit ganz dünnen Stoffen gearbeitet zu haben, alles sei Dietrich natur gewesen. Marlene würde bei den Auftritten jede ihrer Bewegungen danach ausrichten müssen, dass möglichst keine Naht des Kleides riss. Dennoch kam es in den nächsten Jahren sowohl zu Gewebebrüchen aufgrund der Schwere der Stickereien als auch zu Schäden durch ausholende Armbewegungen oder tiefe Verbeugungen. Um Neuanfertigungen möglichst in Grenzen zu halten, setzten die Kleider sich meist aus zwei Teilen zusammen: Oberteil und Rock.[7]

Marlene »stand bewegungslos acht oder neun Stunden am Tag vor den Spiegeln, während wir die Kleider *an* ihr nähten. Man benötigt Energie und Disziplin, so zu stehen, und sie ist *so* diszipliniert«, lobte der Schöpfer dieser außergewöhnlichen Kreationen. Elizabeth Courtney (1905–1974), eine enge Vertraute von Jean Louis, leitete die Arbeiten. Der Briefwechsel zwischen der Schneiderin, dem Designer und Marlene Dietrich zeigt, wie schwierig sich die Sache gestaltete. Entwürfe, Stickmaterialien, Stoffproben, Kleiderteile reisten rund um die Welt. Immer wieder mussten die Näherinnen Steine und Pailletten versetzen, um die gewünschte Modulation der Silhouette zu erzielen. Zwischen den Anprobe-Terminen behalf man sich mit einer Schneiderpuppe mit ihren genauen Maßen. »Ich hatte wahnsinnig Angst, dass der dünne Stoff von ihren Zigaretten Feuer fangen könnte. Zwei Wochen später flog sie wieder zu uns, um das Ganze zu wiederholen. Sie wurde nie ungeduldig, denn sie war eine Perfektionistin, die genau wusste, was sie wollte. Sie hätte einen guten Couturier abgegeben – sie konnte nähen, konnte mit Nadel und Faden umgehen, und unterwegs flickte sie ihre Kleider immer selbst. Ihr Umgang mit den Näherinnen war wunderbar; sie brachte Essen und Kuchen mit, Sachen, die sie selbst gebacken hatte.«[8]

In Vorbereitung ihres ersten Auftritts hatte Marlene drei Abendkleider in unterschiedlichen Farben plus drei Überwürfe fertigen lassen. Show-Kostüme, die die Blicke anderer in einem – selbst für sie – bislang ungekannten Ausmaß auf sie zogen, die sie aber gleichzeitig auch vor diesen Blicken schützten. Die eleganten Entwurfszeichnungen von Jean Louis befinden sich in Marlene Dietrichs Nachlass. Die Kosten für Material, die Näherinnen im Dauereinsatz und das Honorar für Jean Louis bewegten sich im Bereich zwischen 20 000 und 40 000 Dollar, hinzu kam eine Pauschale für Columbia i. H. v. 7500 Dollar.[9]

Am 15. Dezember 1953 änderte Marlene bis zum Abflug der letzten Maschine von Los Angeles nach Las Vegas mit ihrer Crew die Kleider. Abschließend wanderten einige Pailletten und Steinchen in kleine Dosen, dazu feine Nadeln und Garn. »Sie betrachtete jede Paillette, jeden Bergkristall, und dann ließ sie diese wunderbaren, zarten Kleider von ihren Schultern einfach auf den Boden fallen, *wusch,* packte sie in Seidenpapier, warf sie in eine Schachtel, als wären es die Windeln ihrer Enkel, und machte sich auf den Weg nach Las Vegas. Es war ein Alptraum und eine reine Freude, weil die Dietrich wusste, was sie wollte, und das Ergebnis sah umwerfend aus!«[10]

20.30 Uhr Las Vegas, Sahara Hotel, Congo Room: Marlene Dietrich wurde in zwölf Tagen 52 Jahre alt, befand sich also in einem Alter, in dem die Gesellschaft damals von einer Frau verlangte, unsichtbar zu werden. Stattdessen betrat sie die Bühne in einem riesigen Saal mit weiß gedeckten Tischen für

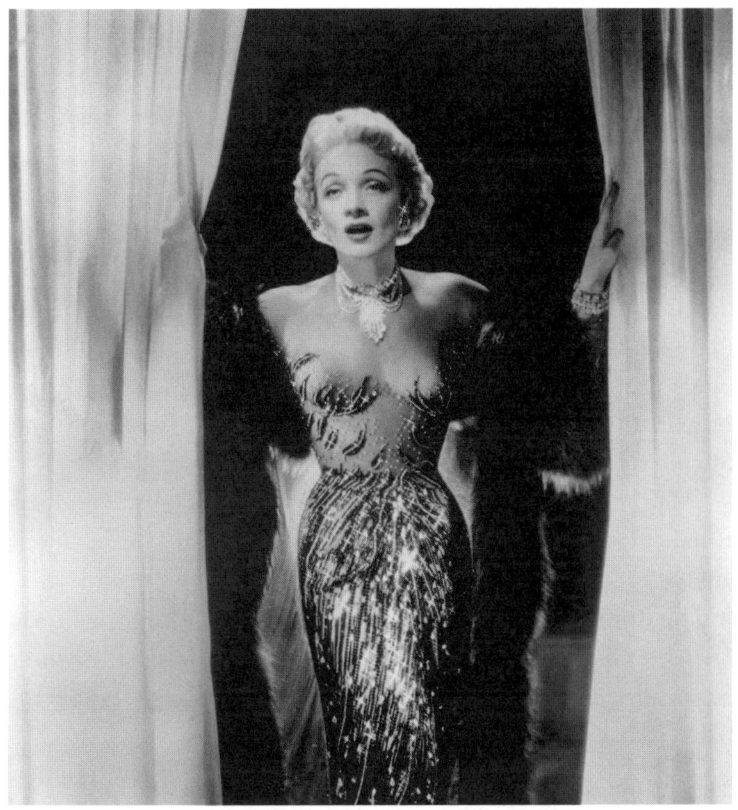

Marlene Dietrich, Las Vegas, 1953

2000 Gäste, und alle Scheinwerfer waren auf sie gerichtet. Seht her, ich kann es mir leisten!

Das Kleid des ersten Abends, das sogenannte Blattkleid, bestand aus schwarzem Gewebe mit Pailletten, Perlen und Strass bestickt. Der Rock mit einer Taillenweite von 60 Zentimetern ist mit nudefarbener Seide unterlegt. Von unten nach oben umwachsen schwarze Ranken, mit Leuchtpunkten akzentuiert, den Körper. Das Oberteil blieb ohne Futter, Pailletten und Steine streiften in spärlicher Zahl den Busen. Der Körper der Nymphe Daphne, die sich in einen Lorbeer verwandelt, auf der Flucht vor Apoll.[11] Am Hals ging der transparente Stoff des Kleides in ein glitzerndes Collier über, das seinen Ansatz verdeckte. Darüber warf Marlene ein zunächst geschlossenes Cape aus schwarzem Chiffon, eingefasst mit schwarzem Fuchs. Das Ganze eine graziöse Rüstung, die die Meisterin der Dramaturgie und Theatralik hinter der Bühne anlegte, um sich ihrer zum Teil vor den Augen des Publikums zu entledigen, freilich ohne dadurch nur im Geringsten wehrlos zu werden. Das Cape glitt über den Boden, während sie federnden Schritts zum Mikrofon ging. Dann stemmte sie ihre Hände mit den rot manikürten Nägeln in die Hüften, das Cape wich zurück, fiel herab und offenbarte sein Geheimnis. Kleidermagie von Weltklasse!

Marlene wartete, bis der tosende Applaus sich legte und das Blitzlichtgewitter der Fotografen etwas ruhiger wurde. Nach einem gedehnten, tiefen »Hello« begann sie zu singen.[12] Glamour, Romantik und Gefühl im Glitzerkleid. Die ewige neue Geliebte, die Frau mit Erfahrung. Endlich hatte sie alles unter Kontrolle, jeden Schritt, jedes Lächeln, jedes Augenzwinkern, jede Geste. Das Publikum war ihr ausgeliefert.

»Ich will ein Kostüm, in das sich alle Frauen hineinträumen und aus dem alle Männer ihre Frauen im Traum entkleiden.«

Mit dieser Performance setzte Marlene Dietrich einen Abendkleid-Trend, der bis heute anhält, auch und gerade auf dem roten Teppich. Marilyn Monroe trug so ein Kleid in kurz und in heller Farbe unter der Regie von Billy Wilder in *Some Like It Hot* (1959) und 1962 bei der Geburtstagsfeier des US-Präsidenten. Als Marlene 1988 die Sängerin Cher bei den Oscars in einem Kleid von Bob Mackie im Fernsehen sah, das seine Inspiration ihrem schwarzen Blattkleid verdankte, rief sie Jean Louis an, empört, dass Mackie, ein früherer Mitarbeiter des Designers, schon wieder »unser Kleid« kopiert hatte.[13]

1953 surfte Marlene auf einer riesigen Welle der Begeisterung – mit ihrem makellosen Aussehen und der Nostalgie ihrer Lieder. Es tat auch ein bisschen weh. Heiß und kalt – Marlene Dietrich, das wohlbekannte Erfolgsrezept. Mehrere Nächte saß sie John Engstead Modell für Porträtaufnahmen. Immer hatte sie an sich selbst vor allem ihr Gesicht geliebt, lange Zeit war es ein Sternberg-Gesicht gewesen, jetzt bot sie es dem Publikum als eigene Neuschöpfung dar: Die Haare kurz und lockig, heller denn je, der Amorbogen der Oberlippe stark betont, nur der obere Wimpernkranz getuscht bzw. mit falschen Wimpern bestückt, dazu flüssiger Eyeliner und halbmondförmige Augenbrauen. Die Presse war hingerissen. Nicht nur weil Marlene nach der Show erzählt hatte, sie sei nackt unter dem Kleid, beherrschte sie die Schlagzeilen, wurde sie zur größten Showattraktion der Welt. Keine Spur davon, als Frau wegen des Alters nicht mehr begehrenswert zu sein, kein Erstarren, kein Verlust. Marlene Dietrich machte sich auf, zwei Jahrzehnte am Rande der Zeit zu balancieren: Jenseits dieser Stelle werden Drachen sein!

Am nächsten Abend erschien sie in einer weißen Version des Kleides, wobei die Applikationen nun auf nudefarbenem Soufflé aufgebracht waren, um die Schultern ein weißes Chiffoncape, mit weißem Fuchs besetzt. Und sie hatte noch ein drittes Kleid in petto: Gold. Jeder Zeitungs- und Zeitschriftenartikel spekulierte über die Kosten der Kleider und wiederholte, dass ihre Gage die höchste der Geschichte des Nachtclubs war.

Nach diesem grandiosen Auftakt unterzeichnete Marlene einen Mehrjahresvertrag mit dem Sahara Las Vegas. Ihre neuen Kollegen hießen Nat King Cole, Louis Armstrong, Harold Arlen und Frank Sinatra.

Im Juni 1954 würde Marlene Dietrich außerdem im berühmten Londoner Café de Paris am Leicester Square gastieren. Vier Wochen, sechs Vorstellungen, 45 Minuten ohne Zugabe; eingeführt von Laurence Olivier, Vivien Leigh, Robert Fleming, Richard Attenborough, Alec Guinness.

Jeder Zoll eine Dame, landete Marlene am 16. Juni im figurbetonten Dior-Kostüm mit obligatorischer Perlenkette, Handschuhen und Hut mit kleinem Schleier. Noël Coward (1899–1973) holte sie ab. Mit den Reportern wechselte sie kein Wort. Sie mussten sich bis zur Pressekonferenz am Folgetag im The Dorchester Hotel gedulden.[14]

Coward stellte der Freundin den Beleuchter Joe Davis (1912–1984) vor, der fortan und bis zum Ende ihrer Karriere zu ihrem Team gehören sollte.[15] Ihre Auftrittskleider hatte Marlene komplett mit Seide unterfüttern lassen, da Mitglieder des Königshauses ihr Erscheinen angekündigt hatten.[16]

Die 500 Karten waren seit Wochen ausverkauft. Vor Beginn der ersten Show drängten sich weit mehr Menschen als zugelassen im Nachtclub, und die Polizei hatte Mühe, die Menge, die sich auf dem Piccadilly Circus versammelt hatte, unter Kontrolle zu halten. Die Gäste, unter ihnen Douglas Fairbanks jr., warteten bei erlesenen Speisen und Getränken auf Marlenes Erscheinen. Perfekt von oben mit einem Punktstrahler ausgeleuchtet, schritt sie im strahlend weißen Kleid und passendem pelzverbrämtem Cape langsam die Treppe hinab, mit Blick aufs Publikum, hielt an, lehnte sich an eine Säule, ließ die Lider etwas herab, lächelte – überlegen, spöttisch. Das Publikum applaudierte frenetisch. Sie ging zur Bühne, mit einer Apathie, die Sternberg schon beim Vorsprechen für den *Blauen Engel* für sie eingenommen hatte. Dann stand sie beinahe bewegungslos da, sang englisch und deutsch, abwechselnd mit präziser Härte oder sanfter Modulation, erzählte Autobiografisches bzw. Legendenhaftes – genau 35 Minuten lang. Columbia Records hielt den Abend in der Reihe Masterworks auf Platte fest. Auf der Hülle Marlenes Gesicht – und sonst gar nichts! Die ersten tausend Exemplare waren mit dem blumig-pudrigen Arpège von Lanvin parfümiert.[17]

Die britische Presse überbot sich an Begeisterung. Auch hier rankten sich viele Fantasien um ihre Bühnengarderobe. »Sie trug ein Kleid, das man nur als Meisterwerk der Illusion beschreiben kann. Es war durchsichtig genug, um einen glauben zu machen, man sähe alles, und undurchsichtig genug, um einen erkennen zu lassen, dass man nichts sah.«[18] Kenneth Tynan (1927–1980), der berühmteste Theaterkritiker Englands und Essayist, nannte sie eine »Venus im Pelz, mit schwarzem Leder in der Stimme (…) Sie war die reine Energie und Disziplin (…) Doch insgesamt weich, so nachgiebig wie Treibsand, und ebenso gefährlich«.[19] Er wird noch eine Reihe brillanter Texte über sie schreiben.

Ihre nächsten Auftritte hatte Marlene gemeinsam mit Noël Coward bei Wohltätigkeitsveranstaltungen im London Palladium, gefolgt vom *Bal de la Mer* in Monte Carlo. Dort jubelte Jean Marais, jugendlich schöner Liebhaber von Jean Cocteau, in dessen Namen: »Sie, deren Name wie eine Zärtlichkeit beginnt und wie ein Peitschenschlag aufhört: Marlene … Dietrich.« Der französische Schriftsteller, Regisseur, Maler und Mittelpunkt des Pariser Kulturlebens sah in ihr einen »Paradiesvogel, ein prächtiges Schiff mit geblähten Segeln, nicht nur verkörperte Grazie, deren Federbüsche, Pelze mit der Haut verwachsen scheinen«.[20]

Themen- und Szenenwechsel: Am 21. August 1954 nahm Marlene Dietrich an der Feier zum zehnten Jahrestag der Befreiung von Paris auf den Champs-Élysées teil, im dunkelblauen hochgeschlossenen Trench, dekoriert mit der kleinen Version ihrer Orden, flachen Loafern an den Füßen, dem Schiffchen der American Legion auf dem Haar und weißen Handschuhen.

Wie immer in Paris kaufte sie Garderobe, hatte Anproben bei Balmain und Dior.[21] Dort entschied sie sich für das dreiteilige, weinrote Abendensemble *Précieuse* aus der *Linie H,* ein enges Korsagenkleid aus Seidenrips, ärmellos, knöchellang. Der Schwerpunkt liegt auf dem mit Stäbchen versteiften Dekolleté. Zum Kleid wurde eine kurzärmelige Jacke mit großem Kragen getragen, steife Schöße reichten bis über die Hüfte. Eine breite Schärpe schloss die Jacke. Marlene trug das Ensemble mehrfach zu eleganten Anlässen.[22]

Im Oktober 1954 kehrte Marlene Dietrich in die USA zurück und besuchte ihre Enkel in New York. Einer von ihnen sah sie im Showkostüm auf dem Fernsehenbildschirm und verglich sie begeistert mit einem Weihnachtsbaum. Seine Großmutter wird vier Jahre später darauf zurückkommen. Zunächst aber besuchte sie Rudi und Tamara auf der Farm.[23]

In der zweiten Spielzeit in Las Vegas zeigten sich die Unterteile der Kleider durchsichtig. Die sogenannten Windkleider aus mehreren Schichten transparenten Chiffons, wie sie eines bereits in *Der Garten Allahs* in der Wüste getragen hatte, entfalteten ihre volle Wirkung nur mit einem Ventilator, der sie hochflattern ließ und dank eines hüfthohen Schlitzes Marlenes makellose Beine zeigte. Dann glich sie, ob in der schwarzen oder weißen Version, einer Venus, die auf einer Muschel über die Meereswogen heranschwebt, oder einer Galatea, wie Raffael sie 1512 in Szene setzte, Lenkerin einer von Delfinen gezogenen Muschel, auf der Flucht vor den Liebespfeilen des Polyphem.[24] Dem Freund und Kollegen Noël Coward schickte sie ein Foto von sich in der neuen Kreation. Er antwortete im November 1954: »Das Foto ist einfach wundervoll, und das Kleid sieht aus wie ein Traum. Ach, wie gern würde ich Dich in diesem kleinen Hurrikan wirbeln sehen.«[25] Marlene Dietrichs Kleidergedächtnis war ausgezeichnet, es reichte spielend bis zum Besuch des Louvre mit Remarque vor mehr als eineinhalb Jahrzehnten, bis zu Erich Maria Remarques ebenso schwärmerischer wie kultivierter Verehrung ihrer Person, bis zur Nike von Samothrake.

Als sie im Juli 1955 ins Café de Paris nach London zurückkehrte, erlebte der US-amerikanische Publizist Art Buchwald das Kleid als Teil eines erotischen Feuerwerks: »Ein Luftzug verfängt sich in ihrem Kleid und bläst den Stoff in alle Richtungen (…) Miss Dietrich gleitet zur Bühne hinauf. Sie atmet ins Mikrophon. Wir halten den Atem an. Dann beginnt sie zu singen. Ihre Stimme ist fast so verheißungsvoll wie ihr Kleid. (…) Mehrere blasse Zuhörer versuchen, sich auf Cocktailquirlern aufzuspießen, werden aber rechtzeitig daran gehindert. (…) Miss Dietrich singt weiter. (…) Der Raum wird immer heißer, das Keuchen immer lauter. Wir verkrallen uns in die Speisekarten. (…) Aus unseren Gläsern steigt Dampf auf. Wir [gehen hinaus und beginnen] an einer Palme im Foyer zu knabbern.«[26]

Billy Wilder nahm die Idee des wirbelnden Kleids in seinem Film *Das verflixte 7. Jahr* (1955) auf, als er Marilyn Monroe in einem weißen Plisseekleid über einem New Yorker U-Bahn-Schacht posieren ließ.

Marlene hatte sich mithilfe ihrer Auftrittskleider zu einem zeitlosen, für immer begehrenswerten Geschöpf gewandelt, das stets etwas versprach, ohne es einzulösen, eine in Pailletten und Chiffon gehüllte, in Licht getauchte Illusion. Konsequent übertrug sie die Prinzipien Josef von Sternbergs auf die Bühne. Immer hielt sie das Publikum auf Distanz. Immer siegte ihr Stil.

Inzwischen wechselte sie in weniger als einer Minute im zweiten Teil der Show in einen schwarzen oder weißen Frack.[27] Das vertraute, souveräne Spiel mit dem Androgynen. Maria Riva berichtet, ihre Fräcke ließ Marlene wieder häufig bei KNIZE fertigen, der 1941 im St. Regis in Manhattan ein Geschäft eröffnet hatte[28], oder von Eddie Smith, Hollywood, schneidern. Eine weiße Frackjacke von B. Altman & Co. hat sich erhalten, ebenso der passende weiße Lederslipper, flach mit Seidenrips-Schleife.[29]

1955 spielte Marlene Dietrich in *In 80 Tagen um die Welt* (1956),[30] produziert von Michael Todd (1909–1958) unter der Regie von Michael Anderson (1920–2018) nach dem Roman von Jules Verne zum ersten Mal seit vier Jahren wieder in einem Film mit. Sie ist eine von vielen Prominenten und Stars, die der Hauptdarsteller David Niven auf seiner Weltreise trifft, und eröffnet als Saloon-Königin gemeinsam mit George Raft als Rausschmeißer und Frank Sinatra als Klavierspieler den zweiten Teil. Das Kostüm weckt Erinnerungen an ihre diversen Westernrollen. Miles White (1914–2000), preisgekrönter Kostümbilder, der auch erfolgreich fürs Theater und den Zirkus arbeitete und in den Kinoproduktionen der 1950er-Jahre seine größten Erfolge feierte, kreierte ein historisch verschnürtes Kleid in Orange, Rot, schwarzem Tüll und schwarzer Spitze, Wespentaille und großer Schleife über dem Hinterteil und Schleppe, ergänzt durch eine starre platinblonde Perücke.[31] Der Film gewann fünf Oscars, und Marlenes Gesicht zierte die Neuausgabe des Romans.

Das Leben auf der Farm hatte sich für Rudi Sieber hart und entbehrungsreich gestaltet.[32] Im April 1956 erlitt er einen Herzanfall, und Marlene wich nicht von seinem Bett. Im Sommer und Herbst drehte sie in Monte Carlo und Italien *Die Monte-Carlo-Story* (1957)[33], eine Geschichte von zwei Spielern, einer bankrotten Marquise und einem bankrotten Conte, gespielt von Vittorio De Sica (1901–1974), Regisseur und Schauspieler und seit seinem Film *Fahrraddiebe* (1948) eine Legende des italienischen Neorealismus. Unter der Regie und nach dem Drehbuch von Samuel A. Taylor (1912–2000) versucht er, Marlene am Roulettetisch zu betrügen. Sie spazieren durch die Stadt, flirten, erfahren die Wahrheit übereinander und beschließen, in Zukunft zusammenzuarbeiten, letztlich setzen sie aber alles auf die Liebe.

Der Film sollte nach dem Willen des Produzenten Marcello Girosi die Karriere von De Sica wieder in Schwung bringen. Marlene hatte bei ihrer Zusage vielleicht den Erfolg von Billy Wilder und Samuel A. Taylor bei *Sabrina* vor Augen. Während der Dreharbeiten ließ sie sich im beigen Kleid mit weißen Polka Dots und großem Hut von Willy Rizzo am Strand fotografieren oder rekelte sich in weißer Bluse und schwarzer Hose neben einem Plattenspieler auf dem Boden eines Hotelzimmers. Schlagzeilen machte sie, als das Casino ihr im schwarzen Seidenhosenanzug den Zutritt verweigerte. Wenn Marlene nicht mit der Crew im Sporting Club feierte, wanderte sie abends allein in Jeans durch die Stadt, in der Grace Kelly vor Kurzem den Fürsten geheiratet hatte.[34] Einmal flog sie nach Paris, um sich mit Yul Brynner zu treffen.[35]

Marlene Dietrich litt unter Produktionsbedingungen, die sie als unprofessionell empfand.[36] Am 10. September klagte sie ihrer Tochter aus Rom: »Ich habe mich zu verloren gefühlt, und das sieht man mir auch an. Und dieses Mal war es auch nicht mein Perfektionismus, der mich übermäßig kritisch gemacht hätte. Ich verschwendete kaum Gedanken an die Kleider. Ich zog sie einfach an und vergaß sie dann. Auch das merkt man.«[37] Die von ihr vergessenen Kleider waren exquisite Kostüme von Jean Louis mit langen schmalen Röcken. Einmal schritt sie in einer gemäßigten Version des schwarzen Windkleids eine Hoteltreppe hinab. Ein Hosenanzug aus schwarzem Kalbsleder, den sie auch privat trug, brachte einen völlig neuen Look.

Plakate und Abspann nannten Marlene Dietrichs Namen an erster Stelle. Der Film kam nur mäßig beim Publikum an, aber alle Welt bewunderte, dass Marlene auf der Leinwand ebenso wenig aussah wie 55 wie auf der Bühne.

Mitte Februar 1957 begann ihr alljährliches Engagement in Las Vegas, dieses Mal im Sands Hotel. Als Ersatz für den an Noël Coward ausgeliehenen Begleiter und Arrangeur Peter Matz sprang bei der Premiere Burt Bacharach (*1928) ein, Pianist, Arrangeur, Bandleader, ein gut aussehender Frauenschwarm, 29 Jahre alt. Er wird Marlene Dietrichs Arrangements groß und üppig machen, ihre Stimme mit Streichern umschmeicheln, die

Liedauswahl dem Zeitgeist anpassen, ihr Repertoire erweitern, sie zu Rhythmus ermutigen, zu Swing. Marlene äußerte sich in der Öffentlichkeit über ihn ähnlich hymnisch wie früher über Josef von Sternberg und eröffnete ihre Konzerte mit *Look Me Over Closely*, für sie geschrieben von dem amerikanischen Komponisten und Sänger Terry Gilkyson.

Schau mich ganz genau an. Ein Befehl, untermalt von einer Geste, die ihre Gestalt von Kopf bis Fuß umfasste, wie 1930 im *Blauen Engel*. Inzwischen 27 Jahre älter, stand sie da in ihrem zwischen Gold und Rosé schimmernden Tasselkleid, dicht besetzt mit kurzen Kettchen aus aufgezogenen Glasperlen, an deren Enden je eine Quaste aus Strass hing. Darüber der ultimative Höhepunkt in Sachen Theatralik: ein Federmantel mit einer langen, runden Schleppe von 4,6 mal 2,4 Meter, spiralförmigen Ärmeln und rundem Kragen, gefertigt aus Brustfellen von Schwänen, in konzentrischen, engen Kreisen auf einem Grundmantel aus Souffle aufgenäht. Ein Krönungsmantel. Er basierte auf Marlenes eigenen Ideen, die sie in Zeichnungen vorgegeben hatte.[38] Manche Presseberichte verstiegen sich zu der Annahme, der Mantel würde aus außerirdischem Material bestehen. Marlene meinte lapidar, schließlich müsse sie gut angezogen auf der Bühne zu sehen sein. Ihre Garderobe sei für ihren Erfolg ebenso wichtig wie die Texte ihrer Lieder.[39] Ab jetzt reiste sie immer mit zwei Exemplaren dieser Mäntel, die sie vor dem Auftritt mehrere Minuten lang aufschütteln lassen musste, damit sie ihr volles Volumen entfalteten (siehe Seite 272).

Die Dominanz des optischen Eindrucks wird in den kommenden Jahren immer größeren Einfluss auf Marlenes Lebensgefühl ausüben. Zunächst vertraute sie ihrem Fotografen John Engstead an, dass, als eines Abends hinter der Bühne an ihrem Kleid eine Naht riss und einige Perlen über den Boden kullerten, sie die Angst gehabt hätte, all die anderen könnten hinterherrollen, also das Kleid sich auflösen, sie ihres Schmuckes und ihres Schutzes beraubt sein.[40] Die Kleider ergriffen die Herrschaft über sie.

Zur Erholung von all dem Glamour übernahm sie unter der Regie und nach dem Drehbuch des von ihr verehrten Orson Welles eine Gastrolle in *Im Zeichen des Bösen* (1958), einem Klassiker des Film noir, produziert im Februar und März 1957 bei Universal Studios.[41] Scheinbar völlig unperfekt verkörperte Marlene mit Begeisterung eine mexikanische Bordellchefin mit schwarzer Perücke, großen Klimper-Ohrringen und Glasketten. Ihr Kostüm hatte sie sich bei den Verleihern in Hollywood selbst zusammengesucht.[42] Marlene spielt Schicksal, begleitet von Automatenmusik, raucht Zigarillo, kocht Chili und rückt das Weltbild von Orson Welles, dem korrupten Ermittler auf der Suche nach etwas Nostalgie, zurecht. Deine Zukunft ist vorbei. Warum gehst Du nicht nach Hause? Am Ende liegt er tot im Rio Grande, sie steht im Nachtwind auf einer Brücke und sagt den letzten Satz des Films über diesen seltsamen Mann. Ein kurzer Auftritt, den Marlene Dietrich als einen der besten ihrer Karriere bewertete. Bald danach kam ihr dritter Enkel Paul zur Welt.

In *Zeugin der Anklage* (1957)[43], einem Justizdrama nach einer Kurzgeschichte von Agatha Christie, führte Billy Wilder von Juni bis August 1957 Regie in einer Edward Small/Arthur Hornblow-Produktion im Verleih der United Artists. Marlene spielte nicht nur die scheinbar berechnende Deutsche Christine Helm Vole, einen ehemaligen Kabarettstar, kühl und reflektiert, die in tadelloser Körperhaltung ihre schmalen Schneiderkostüme mit hochgeschlossener Bluse und kleinem Hut oder Baskenmütze aus den Dreißigerjahren trägt, sondern auch eine Frau aus der Londoner Unterschicht mit schrillem Plastikmantel, dunkler Perücke, angeklebter Nase und starkem Cockney-Akzent. Ihr Kostüm macht im Film zwei Mal eine Täuschung möglich. Marlene Dietrichs Erfolg in Wilders *Eine auswärtige*

Affäre und dem legendären *Blauen Engel* zollt eine Rückblende ins Hamburg der Zeit des Zweiten Weltkriegs Tribut: Marlene singt in einem Kabarett mit Namen *Roter Teufel* in Rollkragenpullover und weiten Hosen und Schifferklavier *Auf der Reeperbahn nachts um halb eins.* Soldaten stürzen auf die Bühne. Eines ihrer Hosenbeine reißt und ermöglicht den Blick auf ihre langen Beine. Die Kostüme entwarf Oscarpreisträgerin Edith Head.[44]

Tyrone Power (1914–1958) gibt Marlenes Ehemann, der gewichtige und gewaltige Charles Laughton (1899–1962) seinen Anwalt. Vor Gericht zerstört Christine das Alibi ihres Mannes, um es dann zu retten, obwohl sie wissen muss, dass er schuldig ist. Sie tut es aus Liebe. Nach dem Urteilsspruch betritt Leonard Vole, der weiß, dass er für ein Verbrechen nicht zwei Mal angeklagt werden kann, den Gerichtssaal und gesteht nicht nur, sondern stellt allen auch seine Verlobte vor. Christine ist tief verletzt und ersticht ihn. Charles Laughton wird sie verteidigen.

Marlene Dietrich hatte die Rolle unbedingt haben wollen und arbeitete bis zur Erschöpfung, rastlos und unermüdlich. Wilder erinnerte sich: »Es schien fast, als ob sie dachte, ihre ganze Karriere hinge davon ab.«[45] Premiere hatte *Zeugin der Anklage* am 30. Januar 1958 im Leicester Square Theatre London.[46] Die Kritik lobte Marlenes dramatische Fähigkeiten, sie wurde für den Golden Globe in der Kategorie Beste Hauptdarstellerin nominiert und erreichte den zweiten Platz bei den Laurel Awards Beste Darstellerin – Drama, doch der Film gehörte Charles Laughton. Kurz darauf kam *Im Zeichen des Bösen* in die Kinos.

Im Februar 1958 heiratete Erich Maria Remarque Paulette Goddard, Schauspielerin, Ex-Frau und Ex-Filmpartnerin von Charles Chaplin. Erst ein Jahr zuvor hatte er sich von seiner ersten Frau Jutta Zambona scheiden lassen. Marlene strich in Alfred Polgars Buch *Im Lauf der Zeit* im Kapitel *Gespräch über das Alter* die folgenden Sätze rot an und markierte sie mit einem X: »Meine

Jahre würde ich nicht merken, wenn man mich nicht immerzu daran erinnerte. Mein Alter würde ich nicht spüren, wenn nicht die anderen darauf bestünden, dass ich es zu spüren habe.«[47]

Ihrem Freund Torberg schrieb Marlene Dietrich am 3. November 1958: »Vegas und Miami habe ich dieses Jahr schon getan, also habe ich nichts mehr dieses Jahr. Nächstes Vegas ist May 12, 59. Also bald muss ich nach Hollywood und das Kleid anfangen. Hast Du *Witness [Zeugin der Anklage]* gesehen? Natürlich kein neuer Film am Horizont.« Yul Brynner war nach wie vor ein Thema. »Was Liebe anbetrifft leide ich immer noch an der alten Wunde von damals wo es noch keine war. Es wäre nicht so schwer wenn er mich loslassen würde, tut er aber nicht. Von Zeit zu Zeit kommt er wieder an und ich habe dann nicht den Mut zum Ende. Was Neues habe ich schon seit Jahren nicht gesehen. All das ist nicht gut, ich weiß. Die Kinder kriegen all die übrig gebliebene Liebe dazu, also nicht alles ist verloren.«[48]

Zuflucht vor diesen Einsichten suchte sie in der Weiterentwicklung ihrer Auftrittskleider, und da kannte ihre Fantasie, aber auch ihre Risikobereitschaft keine Grenzen, wie ein Brief an Jean Louis vom 6. Dezember 1958 beweist: Marlene war auf der Suche nach einem elektrisch leuchtenden Kleid und arbeitete mit Zeichnungen und detaillierten Beschreibungen an einem technischen Projekt. Sie griff dabei auf den Entwurf eines rosafarbenen Blütenkleides zurück und glaubte, einen Weg gefunden zu haben, »wie das Kleid leuchten kann«. Kabel sollten wie Girlanden elektrische Birnchen über ihren Körper verteilen. Den Kontakt wollte sie mit einer Kontaktplatte an ihrer Sohle herstellen. Der Gegenkontakt auf dem Bühnenboden sollte Strom aus dem Netz erhalten. So wollte sie nach Belieben erstrahlen und die Lichter auch wieder löschen. Sie war sich sicher, das Publikum damit zu verblüffen. Lebensgefährlich!

Heute entwerfen und fertigen Designerinnen und Designer wie Lisa Lang in Berlin Kleidung, die durch kleine LEDs erleuchtet wird und mit dem Smartphone programmierbar ist. Lang nennt ihre Entwürfe tragbares Licht. 2017 realisierte sie mit einer Crew junger Kolleginnen Marlenes Wunschprojekt in ElektroCouture.[49]

Zur der Zeit, als Marlene Dietrich über Neues wie das leuchtende Kleid nachdachte, war sie für die Filmindustrie bereits ein so großartiger Klassiker, dass 20th Century Fox ein Remake von *Der Blaue Engel* produzierte. Die Rolle der Lola Lola sollte Marilyn Monroe spielen, dann wurde sie mit der Schwedin May Britt besetzt. Brigitte Bardot trat in einem Remake von *Die spanische Tänzerin* auf. *Der große Bluff* lief auf dem Broadway. Von April bis Juni 1959 veranstaltete das Museum of Modern Art in New York die Retrospektive *Marlene Dietrich: Image and Legend* und zeigte ihre Filme von *Marokko* bis *Zeugin der Anklage,* täglich zwei Vorführungen. Eine beispiellose Ehre![50]

Die Galaeröffnung fand am 7. April 1959 vor vollem Haus statt. Marlene begrüßte persönlich mit den Worten: »Danke, und ich frage nicht, wem Sie Beifall gespendet haben – der Legende, der Schauspielerin oder mir. Mir persönlich gefiel die Legende. Es war zwar nicht leicht, mit ihr zu leben (…), aber mir gefiel es. Vielleicht, weil ich es als Privileg betrachtete, ihre Entstehung aus nächster Nähe mitzuerleben. Ich besaß nie den Ehrgeiz, ein Film-Star zu werden oder zu sein, doch die Faszination, die dieser Prozess für mich hatte, gab mir die Kraft zu arbeiten, hart zu arbeiten, um Mr. von Sternberg zufriedenzustellen. Und wenn ich sage, hart zu arbeiten, dann meine ich das auch so (…) Die Legende hat mir gute Dienste geleistet, und ich glaube, sie nutzte auch den anderen Regisseuren, die mich übernahmen, nachdem er beschlossen hatte, ich solle allein weitermachen (…) Man hat gesagt, ich sei Trilby gewesen und er Svengali. Ich würde eher sagen, ich war Eliza und er Professor Higgins.«[51] Josef von Sternberg war nicht anwesend.

Eine Woche später erlebte der junge Drehbuchautor und Regisseur William Goldman (1931–2018) eine Wiederholung dieser Veranstaltung. »Zum ersten Mal wurde uns bewusst, dass diese Frau eine *Schauspielerin* war.« Er bewunderte die Filme, und er bewunderte Marlene, als sie bei der Veranstaltung erschien. »Ihre Haare glitzerten, und sie trug etwas, das ich als eine Art hellbeigefarbenen Anzug in Erinnerung habe. Es glitzerte, und sie glitzerte, und das Publikum erhob sich, und allen stockte der Atem. Es war unglaublich (…) ich konnte mir nicht vorstellen, dass ein Mensch tatsächlich aussehen konnte wie sie. Ich wusste nicht, dass es solche Leute wirklich gibt, [und] als sie mich ansah, da sah ich (…) ich schwöre es (…) es kam mir vor, als sagte sie zu mir: ›Hör zu, ruhig Blut; ich bin so extra für dich‹.«[52]

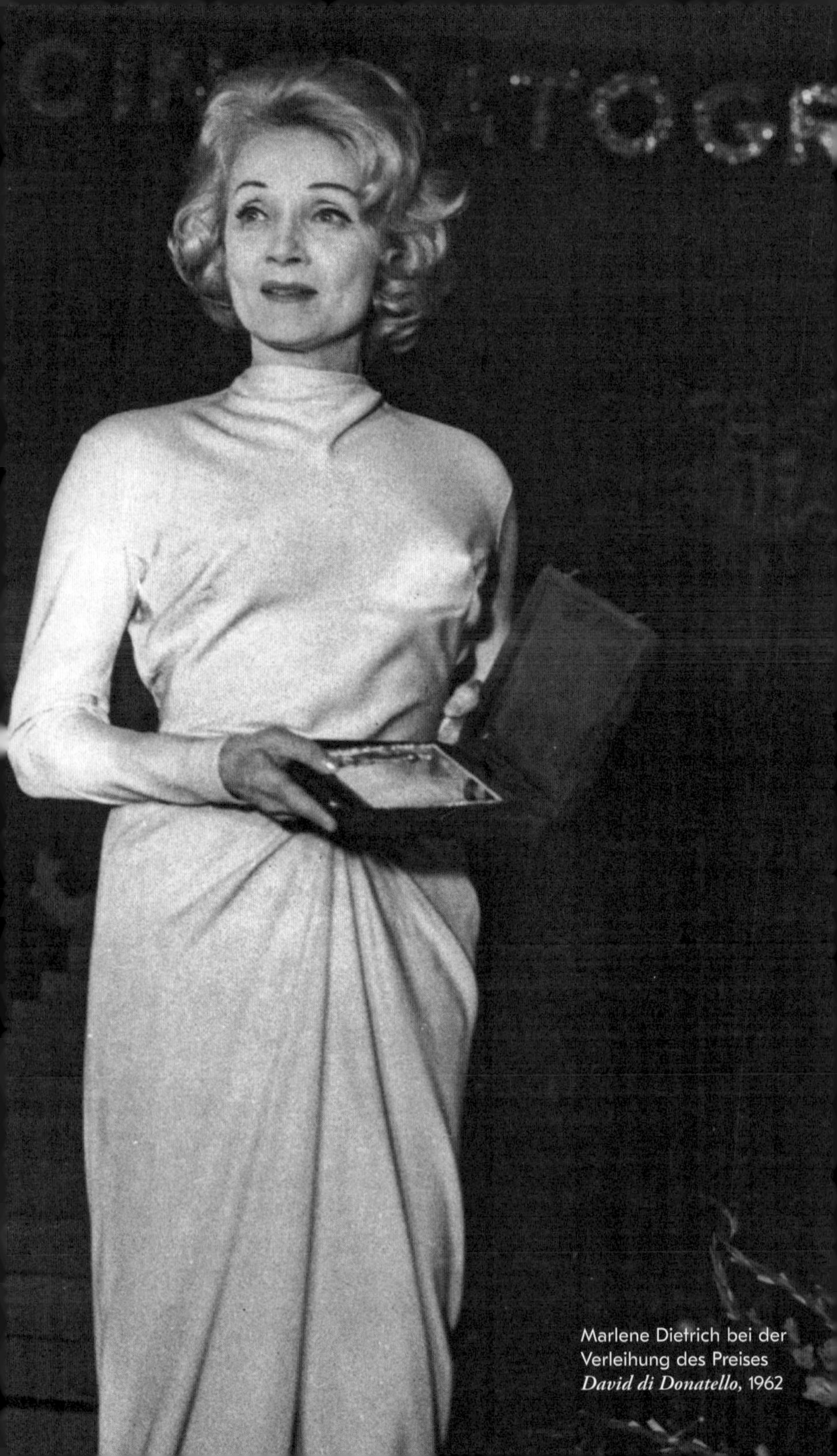

Marlene Dietrich bei der Verleihung des Preises *David di Donatello,* 1962

ÜBER DEN KLEIDERN STEHEN

Der Vietnamkonflikt beförderte ein verändertes politisches, kulturelles und gesellschaftliches Bewusstsein. Hollywood begann das Monopol in Sachen Stil zu verlieren, und die Pariser Haute Couture zeigte sich im Wandel begriffen. Seit Christian Diors Tod am 24. Oktober 1957 führte der junge Yves Saint Laurent (1936–2008) dessen Haus weiter. Bereits seine erste Kollektion *Ligne Trapèze,* präsentiert am 30. Januar 1958, befreite die Kostüme des Hauses von der Wespentaille, von Versteifungen und Wattierungen, ohne jedoch auf Stofffülle und Eleganz zu verzichten. Marlene Dietrich stand wie jede andere Frau am Beginn einer neuen Modeära.

Alltagskleidung konnte inzwischen Kultstatus erringen, und so wurde 1960 die feenhaft grazile Jean Seberg mit dem blonden Pixie-Cut in *Außer Atem* von Jean-Luc Godard an der Seite von Jean-Paul Belmondo im weißen T-Shirt mit dem Logo der *New York Herald Tribune* und hochgekrempelten Ärmeln oder im Streifenshirt der Matrosen zur Bannerträgerin der Nouvelle Vague.

1961 machte sich Yves Saint Laurent selbstständig und provozierte mit der Farbe Schwarz, der Verwendung von Jersey, transparenten Stoffen und androgyner Mode. 1962 zeigte er einen Marineblazer mit weiter weißer Hose sowie Overknee-Stiefeln und wurde als der erste moderne Couturier gefeiert. Mit Ausnahme der Stiefel hatte all das bereits vor über 30 Jahren Marlene Dietrichs Kleidungsstil ausgemacht.

Das Geheimnis der Eleganz liegt in der Schlichtheit.
Christian Dior

Die endlich erfolgte wirtschaftliche Erholung Großbritanniens machte Swinging London möglich. Die berühmte Carnaby Street, in der sich Musik- und Modegeschäfte aneinanderreihten, brachte den ersten Street-Style, getragen von modeaffinen Youthquakern oder alternativen Hippies hervor. Mary Quant setzte gemeinsam mit Twiggy den Minirock mit bunten Strickstrumpfhosen in Szene. 1963 entwarf sie einen Regenmantel plus passende Stiefel aus PVC. Ossie Clark entwickelte sich mit grafischen Mustern, bodenlangen Röcken, weiten Flatterhosen, floralen Mustern und jeder Menge Folklore zum Lieblingsdesigner der Londoner Popszene. Andy Warhol experimentierte mit Kleidung aus Papier und Plastik. Viele Designer öffneten sich dem Prêt-à-Porter. Das Zeitalter der Labels begann: auf Kleidern, Sonnenbrillen, Schuhen. Die Signatur machte ein Kleidungsstück oder Accessoire ab jetzt weltweit zum Design, nicht der Designer.

Marlene startete ihre Südamerika-Tournee im Juli 1959 in Rio de Janeiro. Der *Blaue Engel* wurde bereits auf dem Flughafen von den Fans begeistert begrüßt. Beim Konzert trug sie ein Windkleid in Dunkelblau, der Rock bis zum Hüftknochen geschlitzt und dort von einer Schmuckspange gehalten: *Look Me Over Closely.*[1] Als sie im zweiten Teil der Show im weißen Frack rittlings auf einem Stuhl saß und *I've Grown Accustomed to Her Face* aus *My Fair Lady* sang, trommelten die Leute mit ihrem Besteck auf die Teller.[2] Marlene nahm ihre berühmte LP *Dietrich In Rio* auf. Ihre Fotos im blauen Kleid und im weißen Frack auf dem Stuhl, dem Rauch einer Zigarette nachträumend, zieren die Cover.

Die nächsten Stationen der Konzertreise hießen Buenos Aires, São Paulo und Montevideo. Inzwischen kokettierte Marlene zu Beginn jedes Auftritts mit der Überraschung, dass sich überhaupt Zuschauer eingefunden hatten. Sprach sie über sich, durfte keiner nachrechnen. Ich war damals Schauspielschülerin, lautete z. B. ihr viel zitierter Kommentar zum *Blauen*

Engel. Doch immer noch schwang sie ihre Beine in der Chorus Line höher als die jungen Mädchen.

Für ihre Auftritte in Las Vegas steigerte sie die Extravaganz ihrer Kleider nochmals. »Zu einem mit schweren, goldgelben Kristallen bestickten Kleid – geschlitzt bis zur Taille – trug sie einen schrillen, kanariengelben Federmantel. Darin wirkte sie wie ein kostbar glitzernder, exotischer Vogel. Für europäische Verhältnisse war das Kleid eine groteske Geschmacksverirrung; für Las Vegas war es das richtige.«[3]

Im Flieger von New York nach Los Angeles schrieb Marlene Dietrich am 25. Oktober 1959 an Friedrich Torberg: »Kleider: Niemand kann Kleider machen so wie ich sie will – nur in Hollywood Studios. Die haben das Verständnis, die Näherinnen (das ist aber ein komisches Wort) die Geduld, die Kenntnis des Effekts, den ich will. Dior staunte immer wenn er meine Kleider sah und die Elisabeth von England lachte sich krank als ich sagte der Stoff ist Spinnengewebe (auch komisch) und niemand versucht auch nur daraus ein Kleid zu machen, von schweren Steinen darauf zu nähen schon gar nicht zu sprechen. Also ich habe die Kleider und den Mantel, der aus Schwanen-Brust-Fellen (es wird immer komischer) gemacht ist, (das niemand je versucht hat, denn wenn man schneidet, der Form wegen, fliegt alles weg wie eine Puderquaste) in Süd-Amerika getragen. Um sie in Paris zu tragen, musste man vieles neu machen und ich muss alles wieder anprobieren, da es doch eine zweite Haut ist und kein ›Kleid‹. Da fliege ich nun jetzt nach Hollywood und probiere alles an und bin in einer Woche November 5 wieder in NEW YORK.«[4] Eine zweite Haut und kein Kleid!

Ihr nächstes Ziel: Paris, Théâtre de l'Étoile im November 1959. Die französische Presse schloss Marlene Dietrich in die Arme: *L'ange bleu est arrivée.* Vierundvierzig Gepäckstücke zählten die Journalisten, plus eine winzige Tasche. Auf die Frage, ob sich darin ihre Juwelen befänden, antwortete sie: »Nein, mein Kostüm.«[5]

Die Journalistin Cynthia Kee beobachtete im Gegensatz zu diesen koketten Äußerungen Anfang der Sechzigerjahre eine makellose Grande Dame, deren Wirkung von der zurückhaltenden Eleganz ihres unfehlbaren Geschmacks ausging: »Das Gemurmel in der Hotelbar erstarb. Ganz plötzlich, schweigend, mit wenigen Schritten, war Marlene Dietrich da. Sie ist wirklich etwas Besonderes. Sie trug einen Wildnerzmantel, ein schwarzes Kleid von Balenciaga, mit der roten Schleife der Ehrenlegion über der linken Brust eingestickt, einen steifen schwarzen Tüllhut, weiße Glacéhandschuhe, schwarze Lackpumps und eine schwarze Krokohandtasche. Das war alles. Aber ihr Körper verlieh dem Nerz einen Luxus, den keine Werbung vermitteln könnte; das schwarze Kleid war einfacher und raffinierter, als ganze Bände von *Vogue* auch nur andeuten könnten, und ihr einziger Schmuck wirkte weitläufiger und verführerischer als alle Juwelen von Paris, London und New York.«[6]

Marlenes Foto erschien auf der Titelseite von *Paris Match*. Sie eilte ans Krankenbett ihrer Freundin Édith Piaf und verkündete, sie werde *La vie en rose* erst wieder singen, wenn diese genesen sei. Maurice Chevalier stellte die ehemalige Geliebte und bewährte Freundin am ersten Abend vor und strich ihren Mut heraus, sich dem anspruchsvollsten Publikum der Welt zu stellen. Orson Welles war anwesend, Jean Cocteau, die Begum, alle außer Jean Gabin. Marlene schritt auf und ab. Sie sprach, sang und eroberte Paris im Sturm.[7]

Nach diesem Auftritt ließ sich der italienische Schauspieler Raffaele »Raf« Vallone (1916–2002) bei ihr anmelden. Paris verehrte ihn, seit er in der französischen Fassung von Arthur Millers *Ein Blick von der Brücke* (1955) auftrat. In Italien galt er bereits mit *Bitterer Reis* (1949) an der Seite von Silvana Mangano als Star. Marlene begeisterte sich für den attraktiven Mann, verheiratet und Vater dreier Kinder. Spontan zog sie in sein Hotel um. Und es kam, wie es kommen musste, sie kochte für ihn in seiner

Suite. Den Rest ihrer Zeit verbrachte Marlene mit Margo Lion, Noël Coward, Jean Cocteau, Jean Marais, Orson Welles und sah den Bildhauer Alberto Giacometti in seinem Atelier.[8]

Anfang 1960 besuchte Marlene Raf Vallone in Rom.[9] Fotos zeigen sie unbeschwert und glücklich in einem auffällig großkarierten Mantel und hellem Kostüm. Er bewundert sie.

In einem Interview mit dem *Observer* gab sie ihrem Mythos wieder einmal eine neue Richtung: »Wenn ich mich für mich selbst anzöge, würde ich nicht diesen Aufwand treiben.« Eine völlig unerwartete Ansage eines der weltweit größten Symbole für Mode, Stil, Eleganz und Glamour. »Ich kleide mich für mein Image. Nicht für mich selbst, nicht für das Publikum, nicht für die Mode, nicht für die Männer. Kleider langweilen mich.« Konsequent plauderte sie anschließend über die Bequemlichkeit von Jeans.[10]

Von der Woge ihres Erfolges getragen, entschied Marlene Dietrich sich dafür, zum ersten Mal nach 1945 deutschen Boden zu betreten. Ob sie wusste, worauf sie sich einließ? In Paris besuchte sie die Salons von Dior und Balenciaga, und sie begann, die deutsche Presse zu lesen. Boulevardblätter publizierten inzwischen Leserbriefe von Leuten, die Marlene ihre politische Haltung immer noch übel nahmen. Dass sie Freunden und Kollegen aus Deutschland während des Dritten Reichs geholfen hatte, Mittlerin zwischen den Deutschen und den US-Besatzern gewesen war, sich Mitte der Fünfzigerjahre für den Wiederaufbau des Hansa-Viertels engagiert hatte, zählte nicht.[11]

Am 30. April 1960 landete Marlene Dietrich mit einer Air-France-Maschine in Tegel. Am 2. Mai gab sie eine Pressekonferenz im Hilton Hotel. Sie verbarg ihr Gesicht unter einem schwarzen Hut mit breiter Krempe, einem Abstandhalter, dazu trug sie ein schlichtes dunkelbraunes Kleid, hochgeschlossen mit Dreiviertelärmeln, unter denen die weißen Handschuhe verschwanden. Als sie sich setzte, sah man nur noch den Mund, das Kinn und das diskrete Bändchen der Ehrenlegion.[12]

Die Presse gab sich feindselig, stellte Fragen nach ihrer angeblich antideutschen Haltung. »Ich singe hier, weil Singen mein Geschäft ist und weil meine deutschen Agenten mich gebeten haben zu kommen. Warum sollte ich nein sagen?«[13] Marlene wollte ihre Arbeit tun und sonst gar nichts. Auch als sie sich später unter die Journalisten mischte, konnten die ihr nicht nahe kommen. Sie war präsent, aber sie blieb weiterhin unzugänglich unter ihrer großen Hutkrempe. Einmal mehr zeigte sie sich als Virtuosin im Gebrauch der Kleidersprache. Dieses Mal nutzte sie sie zu ihrem Schutz.

Am 3. Mai 1960 der erste Auftritt im Titania-Palast. Marlene Dietrich musste während ihrer An- und Abfahrt durch Polizei gegen Demonstranten geschützt werden. Marlene go home!, skandierten die Passanten und hielten Schilder mit derselben Botschaft in die Höhe. Der Saal mit 2000 Sitzen war nur zu drei Vierteln besetzt. Eine Dreiviertelstunde spielte das Orchester. Das Publikum wurde sichtlich ungeduldig. Dann die Pause. Eine Stunde war längst vorbei. Endlich die Auftaktmusik *Ich bin von Kopf bis Fuß auf Liebe eingestellt.* »Ein Rauschen ging durch die Luft, das tiefe Atemholen schlecht bemeisterter Überraschung. Die Allüre der Dietrich hatte selbst ihre langjährigen Bewunderer überrumpelt. Man hatte sich anhand von Pressefotos ihren Auftritt in den lebhaftesten Farben ausgemalt. In Wahrheit nun aber schlug er die kühnsten Erwartungen auf Anhieb zu Boden.«[14] Das Paillettenkleid, der Federmantel … sie hatte noch keinen Ton gesungen.

Mit der Zugabe *Ich hab' noch einen Koffer in Berlin* im weißen Frack tat Marlene dann das, was sie in der Pressekonferenz verweigert hatte, sie zeigte Gefühl und wurde mit stürmischem Applaus belohnt. Berlins Regierender Bürgermeister Willy Brandt erhob sich als Erster, dann folgten 18 Vorhänge.

Am Folgetag schrieb sich Marlene im Schöneberger Rathaus ins Goldene Buch der Stadt ein. Dabei lächelte sie selbstbewusst

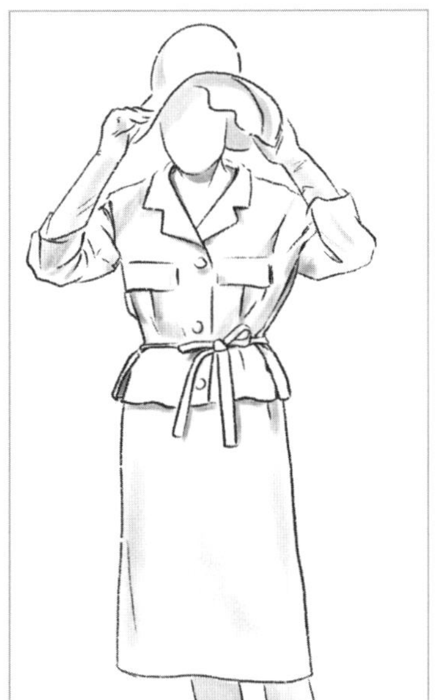

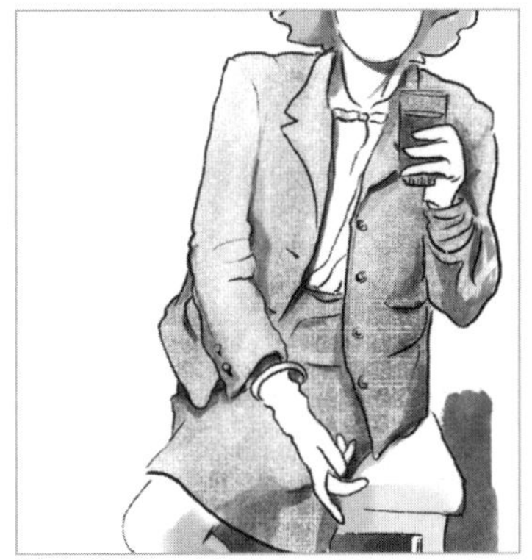

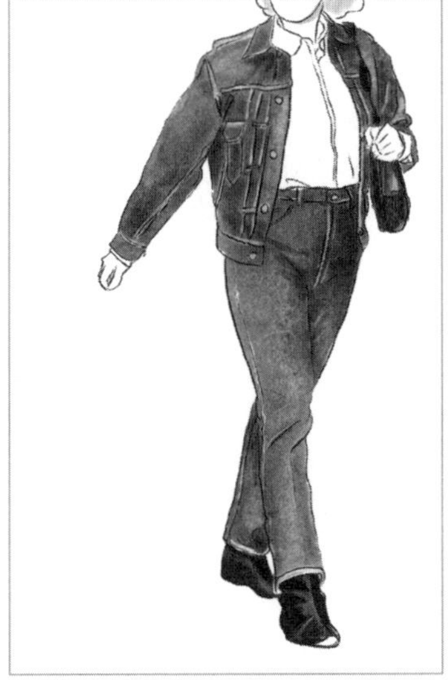

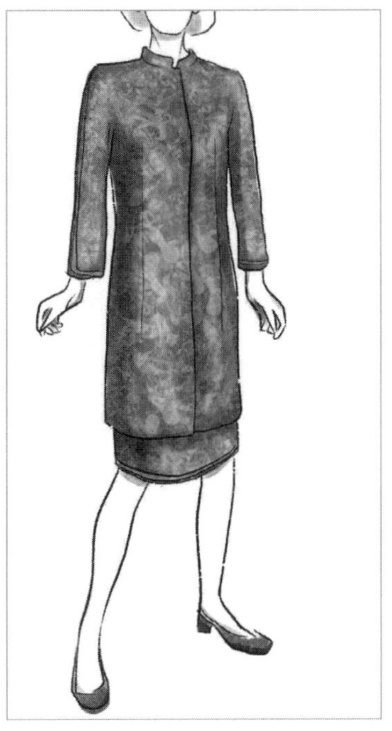

Die Swinging Sixties läuteten mit Minirock, Kurzhaarfrisur und flachen Schuhen wieder ein Jahrzehnt der Jugendkultur ein. Eleganz wurde zum Unwort. Marlene blieb der von Yves Saint Laurent reduzierten Linie des Hauses Dior treu, entdeckte das Chanel-Kostüm und zeigte sich in indisch inspirierter Mode. Fröhlich wie vor 30 Jahren schritt sie im Jeansanzug aus.

unter einem hellen Hut mit kleiner Krempe. Brandt dankte ihr ausdrücklich dafür, dass sie als Berlinerin nach Berlin gekommen war. Er selbst war 1933 nach Norwegen emigriert und von 1938 bis 1947 norwegischer Staatsbürger gewesen. Auch gegen ihn hatte sich öffentliche Polemik erhoben.

Soweit das offizielle Programm, aber wie fühlte sich der Mensch Marlene Dietrich, die Berlinerin? Sie ließ sich von James Whitmore im Trenchcoat vor der zerstörten Kaiser-Wilhelm-Gedächtniskirche fotografieren. Klein, schmal. Den Schützengraben-Mantel hatte das englische Kriegsministerium 1901 bei Sir Thomas Burberry in Auftrag gegeben. Er hat bis heute eine große Schulterpasse, militärische Achselklappen, mit Schnallen geschlossene Ärmelgürtel, tiefe Taschen, einen Taillengurt und D-förmige Ringe, um daran Geräte und Utensilien festzumachen. Am besten sieht er in Beige aus, immer umgibt ihn eine Aura von Geheimnis und Verwegenheit, Rätselhaftigkeit, Unabhängigkeit. Er betont die Männlichkeit der Männer und die Weiblichkeit der Frauen. Tritt der Trench im Film auf, geht es um starke Gefühle. Er ist das Kleidungsstück für die großen Begegnungen und Abschiede. Marlene Dietrich und Adolphe Menjou trugen ihn in *Marokko*. Michèle Morgan ging in *Hafen im Nebel* (1938) mit einem Modell aus transparentem Kunststoff in die Filmgeschichte ein. 1940 kam die Französin nach Hollywood und war als Ilsa Lund in *Casablanca* (1942) im Gespräch. Die Rolle ging an Ingrid Bergman, und der Trench blieb in der Schlussszene Humphrey Bogart vorbehalten. Der Mantel mit dem coolen Look wird obligatorisch für die Heldinnen und Helden des Film noir. 1948 trug Ingrid Bergman ihn in der Verfilmung von Remarques *Triumphbogen* als Joan Madou in der dunklen Version zur Baskenmütze. Jeder wusste, sie verkörperte Marlene Dietrich. Marlene selbst verließ sich auf ihn in *Eine auswärtige Affäre* und in *Zeugin der Anklage*. Audrey Hepburn bezaubert im Trench in *Ein süßer Fratz*

(1957) und – unvergesslich – als Holly Golightly in *Frühstück bei Tiffany* (1961).

Marlene Dietrich stylte sich perfekt in dem Mantel. Man sieht nichts außer Schuhe, zierliche Kitten Heels. So signalisiert sie Verletzlichkeit und Wehrhaftigkeit gleichermaßen. Heiß und kalt. Ihr altes Motto. Die Fotos markieren ihren Abschied von Berlin. Sie wird die Stadt nicht mehr betreten. Wusste sie das? Das Kleidungsstück für die großen Abschiede, den Trench, hatte sie jedenfalls gewählt.

In Hamburg gab Marlene am 7. Mai in der Staatsoper ein Konzert. Die Veranstaltung in Oldenburg wurde abgesagt. Es folgten die Stationen Kopenhagen, Oslo, Göteborg, Stockholm. Als sie am 16. Mai im Düsseldorfer Schauspielhaus sang, spuckte ihr im Parkhotel eine junge Frau ins Gesicht und kreischte, wie sehr sie Marlene dafür hasse, dass sie Deutschland im Krieg verraten habe. Danach trat Marlene Dietrich im Ufa-Palast Köln, in Bad Kissingen, Wiesbaden und Hannover auf. In Wiesbaden wurden vor der Halle Flugblätter mit dem bereits aus Berlin bekannten Marlene go home! verteilt und Stinkbomben gezündet. All das zerrte an ihren Nerven. Als sie im Frack von der Bühne abgehen wollte, schätzte sie die Richtung falsch ein, ging zu weit links, stürzte über die Rampe und brach sich einen Oberarmknochen. Trotz enormer Schmerzen kehrte sie zurück, entschuldigte sich beim Publikum für den Zwischenfall und ließ sich anschließend im Air Force Hospital in Wiesbaden versorgen. Wie 1927 in Berlin band sie den Arm an den Körper, ein Gips kam nicht infrage. Sie setzte die Tournee fort.[15]

Marlene gastierte in Zürich, Stuttgart und Baden-Baden. Am 27. Mai sang sie im Deutschen Theater in München. Hubert von Meyerinck, Kollege, Freund und Bewunderer aus Berliner Tagen, besuchte Marlene im Hotel Continental. Ihre Suite war voller Blumen: »Die Nelken elegant, die Lilien steif, die Rosen fast drohend.« Zwei Garderobieren, eine Sekretärin und ein Friseur schwirrten um Marlene herum. Bacharach entspannte sich auf dem Balkon. »Dann erschien der vornehme Herr Dietl – erstes Herrengeschäft am Platze –, er sollte Dir eine neue Frackhose anfertigen.« Dann endlich kam Marlene: »Ganz zart, ein bisschen ängstlich erschienst Du in der Tür Deines Schlafzimmers; ein rosa Kimono reichte Dir nur bis ans Knie, Schwanenpelz zierte ihn an den Rändern.« Immer noch trug sie den Arm in der Schlinge. Kurze Zeit später jedoch »angezogen in Hosen, einem einfachen weißen Pulli um Deine blendenden Schultern: frisch, jung, lustig, kräftig, telefonierend, regierend«.[16]

Längst war sie eine Meisterin der Selbstüberwindung geworden. So agierte sie auf der Bühne, so trat sie der Presse entgegen, und so verhielt sie sich auch gegenüber einem altvertrauten Freund. Abends belohnten sie 36 Vorhänge. Die Deutsche Demokratische Republik suchte den Kontakt und warb um einen Auftritt in Ostberlin. Das Projekt scheiterte, weil Burt Bacharach von den US-Behörden keine Einreisebewilligung erhielt.[17]

Am 2. Juni schlüpfte Marlene bei einem Empfang von General De Gaulle in Paris in ihren Kleiderliebling aus schwarzem Seidenjersey von Balenciaga, den Arm immer noch in der Stoffschlinge. Zur gleichen Zeit entschied sie sich auch für ein schlichtes, hellcremefarbenes Seidenkleid von Dior. Der schmale Rock, ein leichter Egg-Shape, bedeckt knapp das Knie. Vorne hochgeschlossen, zeigt sich hinten ein großer V-Ausschnitt, auf große, stoffbezogene Knöpfe zu schließen.[18] Absolut zeitlose, lässige Eleganz.

Marlene Dietrich bevorzugte inzwischen nicht nur klare Schnitte und dezenten Schmuck, sondern auch helle Farben, die ihrem Teint schmeichelten. All das rückte ihre Persönlichkeit unmissverständlich in den Mittelpunkt. Sie wollte längst nicht mehr durch extravagante, prachtvolle Kleidung und berühmte männliche Begleiter auffallen. Sie stand für sich und vermittelte mit den Liedern und spätestens seit Berlin auch mit den Orten, an denen sie sie sang, eine politische Botschaft.

Besondere Bedeutung kam Marlene Dietrichs Auftritten in Jerusalem, Tel Aviv und Haifa zu, ermöglicht durch Meyer Weisgal, Leiter des Weizmann-Instituts. Sie hatte die Bedingung gestellt, dass sie vor Soldaten singen und Mosche Dayan treffen konnte.[19] Spektakulärerweise sang sie deutsch. Auf dem Weg nach Israel hatte sie von einer Stewardess das hebräische Klagelied *Shir Hatan, Das Lied vom Schakal* über den Hunger und die Stimmen der Nacht gelernt, das sie am 17. Juni 1960 in Tel Aviv als Zugabe vortrug. Marlene machte alles richtig und rührte ihr Publikum zu Tränen. Die Menschen jubelten und verlangten Lieder aus der Zeit der Weimarer Republik und den Wehrmachtsschlager *Lili Marleen.* Sie spendete den Erlös aus ihrem ersten Konzert einem Reha-Zentrum der israelischen Armee. Die arabische Presse drohte mit dem Boykott ihrer Filme.

Inzwischen leuchtete ein Stern auf dem Walk of Fame in Los Angeles mit dem Namen Marlene Dietrich. Josef von Sternberg traf sie nach langer Zeit und zum letzten Mal im August auf dem Filmfestival in Locarno wieder. Der 65-Jährige mit weißem Haar und weißem Bart hatte seit ihrer Trennung sieben Filme gedreht und lebte mit seiner Familie in Kalifornien.[20] Gemeinsam sahen Sternberg und Marlene *Der Blaue Engel* und *Die spanische Tänzerin.*

Vom 22. Januar bis Mai 1961 wirkte Marlene Dietrich in *Urteil von Nürnberg* (1961) unter der Regie von Stanley Kramer (1913–2001) mit.[21]Sie spielte an der Seite von Spencer Tracy, Burt Lancaster und Maximilian Schell die adlige Witwe eines hingerichteten Generals, musste die Naziverbrechen beschönigen und gegen die deutsche Kultur aufrechnen. Vor Beginn der Dreharbeiten hatte sie sich zum wiederholten Male einem Facelifting unterzogen.[22] Jean Louis entwarf ihr einfaches schwarzes Kostüm. Wie üblich überwachte sie die Positionierung von Scheinwerfer und Kamera bei ihren Szenen.

Ernest Hemingway nahm sich nach mehreren Klinikaufenthalten am 2. Juli 1961 mit seiner Schrotflinte das Leben. Marlene verlor einen ihrer besten Freunde und größten Verehrer. »Du bist so schön, dass sie von Dir drei Meter große Passfotos machen sollten. Was willst Du eigentlich wirklich im Leben erreichen? Jedermanns Herz brechen für einen Groschen? Meins kannst Du jederzeit für einen Fünfer brechen, und den Fünfer bringe ich noch mit.«[23] Sie war inzwischen zum vierten Mal Großmutter geworden.

In der Nacht vom 12. auf den 13. August 1961 begann die DDR mit der Abriegelung des sowjetischen Sektors und dem Bau der Berliner Mauer.

Beim amerikanischen Publikum wurde *Urteil von Nürnberg* ein großer Erfolg und brachte dem Drehbuchautor Abby Mann und dem Darsteller Maximilian Schell einen Oscar. Die deutsche Premiere fand am 14. Dezember 1961 in der Kongresshalle in Berlin statt.[24] Marlene erhielt abständige, aber positive Kritiken: »Sie erscheint als unantastbar interessant und schön – Persönlichkeit aus bester Familie.«[25] Der renommierte Berliner Journalist, Feuilletonist und Filmkritiker Friedrich Luft erhob sie zum Denkmal: »Sie gibt eine glitzernde Figur aus Abscheu, Mitleid, Kälte, Arroganz, Hass und Attraktion. Sie ist wunderbar – Marlene aus dem Buch der Filmgeschichte.«[26] Italien ehrte sie für die Rolle 1962 im Teatro Antico von Taormina auf Sizilien mit dem nationalen Filmpreis, dem David di Donatello (siehe Seite 246).

Marlene reiste nach Paris, wohnte zunächst wie schon häufig bei Ginette Spanier, mietete dann ein Appartement in der Avenue Montaigne 12 gegenüber vom Plaza Athénée, in der Straße der großen Haute-Couture-Häuser Dior, Ungaro, Scherrer, Laroche. Dort umgab sie sich mit vielen Büchern und Schallplatten sowie gerahmten Fotos an den Wänden. Ein kleiner Esstisch, ein schwerer Schreibtisch, Möbel aus Rudis Pariser Wohnung, die seit Jahren im Depot verstaubten. Rote Geranien prangten vor den Fenstern.[27] Brauchte sie jetzt einen sicheren Hafen, in den sie sich zurückziehen konnte, ein Zuhause? Jedenfalls war es ein erster Versuch ein solches zu schaffen. Darüber hinaus suchte sie wohl die Nähe zu ihrer Tochter Maria, die mit ihrer Familie in die französische Schweiz ziehen wollte, wo die Söhne ein Internat bei Genf besuchen würden. Als Jungbrunnen erschien Marlene, die kurz vor ihrem 60. Geburtstag stand, der attraktive polnische Schauspieler Zbigniew Cybulski (1927–1967).[28]

Inzwischen trug Marlene Dietrich wieder ihre geliebten Hosen in allen Variationen: Caprihosen, schmale Stifthosen, Jeans, Lederhosen, Schlaghosen und natürlich immer noch den Frack, mit langer oder kurzer Hose, so wie am 19. Februar 1962 in Las Vegas bei Auftritten mit Louis Armstrong und Harry Belafonte.

In der zweiten Maihälfte trat sie im Olympia in Paris auf. Fotos zeigen eine dynamische Frau in weißer Hose und Bluse bei den Proben. Sie sang zum ersten Mal Pete Seegers pazifistischen Song *Where Have All The Flowers Gone?* auf Französisch: *Qui peut dire où vont les fleurs?* Auch Bob Dylans *Blowin' In The Wind* (1962) nahm sie in ihr Programm auf. Damit erreichte sie ein junges Publikum und positionierte sich ebenso wie mit dem Kommentar, den sie zu *Black Fox* sprach, einer Dokumentation, die Hitlers Aufstieg mit Goethes *Reineke Fuchs* verband und 1962 mit einem Oscar ausgezeichnet wurde.[29] Nach zehn Jahren erschien ihr *ABC* in New York, Lebensweisheiten, alphabetisch sortiert.

Zusammen mit anderen Weltstars wirkte Marlene Dietrich am 6. Oktober 1962 in der Kongresshalle in Düsseldorf zugunsten des Weltkinderhilfswerks der Vereinten Nationen an einer Sendung mit, die im Fernsehen übertragen wurde. Sie sang *Sag' mir, wo die Blumen sind,* bewegungslos, die Hände auf dem Rücken. Ihren Auftritt beendete sie mit den Worten: »Ich möchte gerne noch ein Lied singen. Aber ich glaube, nach diesem Lied ist keines gut genug.« Mit dem Antikriegssong landete Marlene in den Top Ten der deutschen Hitparade.

In den USA bekam 1963 die Frauenbewegung mit Betty Friedans Buch *Der Weiblichkeitswahn oder Die Selbstbefreiung der Frau* eine Stimme. Die Autorin erklärte Weiblichkeit und Mutterschaft zu einem Konstrukt von Industrie und Werbung, rechnete ab mit dem Nachkriegsamerika und seinem Sexy-Housewife-Mythos, der schließlich zum Hausfrauensyndrom geworden war – ein Kulturschock, eine Revolution, ein neues Bild vom Frausein, das an die Freiheiten der Zwanziger- und frühen Dreißigerjahre anknüpfte.

Am 10. Oktober 1963 starb Édith Piaf in ihrem Haus in Grasse an Leberkrebs. 40 000 Menschen gaben ihr vier Tage später in Paris das letzte Geleit. Marlene Dietrich erschien zum Abschiednehmen mit schwarzem Kopftuch und großer schwarzer Sonnenbrille im schlichten schwarzen Mantel. In Trauer, kein bisschen eitel, echt. Irgendwann ging Marlene nicht mehr zu Beerdigungen. Zu viele Tote, zu viel Verlust für ein einziges Leben.

Maria Riva lebte inzwischen mit ihrer Familie in London. Ihre Mutter trat Ende Oktober in der Royal Albert Hall auf, zum Gedenken an die Schlacht bei El Alamein, den Sieg über Generalfeldmarschall Rommel. Maria half ihr beim Umziehen. »Sie sang *Lili Marleen,* und eine ehrfürchtige, andächtige Stille erfüllte den Konzertsaal. Im Saal saßen viele Veteranen.«[30]

Am 4. November 1963 dann Stimmungswechsel im Prince of Wales Theatre: Zur alljährlichen Royal Variety Performance. Die Königinmutter, Prinzessin Margaret und Lord Snowdon waren anwesend. Neben Marlene, die ein Brokatkostüm mit langem Rock ohne Schlitz und hochgeschlossener Jacke zur toupierten Frisur trug, traten die Beatles auf. Vier Jungs aus Liverpool in schwarzen Anzügen, weißen Hemden, schwarzen Krawatten und Pilzköpfen läuteten ein neues Zeitalter der Musikgeschichte ein. *Love Me Do* war vor fast genau einem Jahr erschienen und hatte es in die britischen Charts geschafft. Im Mai und Juni 1963 hatte die Boygroup ihre dritte Englandtournee absolviert, begleitet von ekstatisch jubelnden weiblichen Fans, deren Begeisterung nach der Veröffentlichung von *She Loves You* im August völlig außer Kontrolle geriet. Fab (Fabulous) Four und Beatlemania eroberten die Welt. Für ihr letztes Stück *Twist And Shout* bat John Lennon im Prince of Wales Theatre das Publikum um Unterstützung: »Könnten die Leute auf den billigen Plätzen mitklatschen? Und der Rest von Ihnen: Wenn Sie einfach mit Ihren Juwelen rasseln!«

William Holden und Audrey Hepburn lieferten in *Zusammen in Paris* (1964) eine ironische Parodie auf das Filmgeschäft nach dem Strickmuster Drehbuchautor verliebt sich in Sekretärin.[31] Audrey und ihre Garderobe sowie ihr Parfum von Givenchy standen im Mittelpunkt des öffentlichen Interesses. Die Grande Dame der Mode Marlene Dietrich entstieg im Film als Marlene Dietrich in einem schlichten weißen Kostüm einem weißen Rolls Royce mit Chauffeur, rückte ihren kleinen Hut zurecht und schritt in den für Chanel typischen zweifarbigen Pumps auf die Boutique von Dior zu. Ein zeitloses Sinnbild der Eleganz, ein Insiderjoke und eine Erinnerung an *Perlen zum Glück.*

Das Attentat auf Präsident John F. Kennedy am 22. November 1963 in Dallas machte das blutbefleckte rosa Chanel-Kostüm seiner Frau in der ganzen Welt auf traurige Weise berühmt. Seine Schöpferin hatte im Februar 1954, zurück aus dem Schweizer Exil, ihre erste Kollektion seit 1939 präsentiert und war damit krachend durchgefallen. Ein Jahr später schickte sie ein Kostüm auf den Laufsteg, das zur Legende werden sollte.

Kurz, kastenförmig, aus Bouclé. 1957 – im Jahr des überraschenden Todes von Christian Dior – setzte es sich endgültig durch und wurde nach dem Kleinen Schwarzen ihre zweite Ikone der Modegeschichte. Wieder legte Gabrielle Chanel größten Wert auf die Bewegungsfreiheit der Frau. Wieder benutzte sie einen männlichen Stoff, diesmal lockeren Tweed. Wieder tüftelte sie einen einfachen Schnitt aus: Die gerade Jacke betont die Schulterlinie und überspielt einen gebeugten Rücken ebenso wie eine nicht mehr vorhandene Taille. Die auf der Innenseite angebrachte Metallkette sorgt dafür, dass die Jacke immer fällt. Ein Klettband hält die Bluse fest. Der Oberkörper soll gestreckt erscheinen. Der relativ kurze enge Rock macht wendig und agil. Die weichen Stoffe schmeicheln dem Teint.

Der Chanel-Look war wiedergeboren, abgerundet durch die gesteppte Tasche 2.55 und beigefarbene Slingpumps mit schwarzer Spitze, die die Zehen bedecken, dem Fuß Leichtigkeit geben und das Bein strecken. Eine Uniform gegen die Zumutungen des Lebens, auch gegen die schlimmste, die Chanel gerade selbst erfuhr: das Alter. Gabrielle trug das Kostüm selbst und ständig, meist in Beige, das machte jünger. Bis zum Ende ihres Lebens wetterte sie gegen die Minilänge, die Maxilänge, gegen den Jugendkult. Es gab keine Modelinie mehr. Alles war Zitat – außer Chanel.

Auch Marlene Dietrich entdeckte das Kostüm, in dem sie ihre makellosen Beine zeigen konnte, für sich. Zu diesem neuen Look änderte sie ihre Frisur und trug das Haar jetzt gleich lang und glatt, mit einem Reif aus dem Gesicht genommen. Die Lippen schminkte sie sich, wie es der aktuellen Mode entsprach, sehr hell, die Augen sehr dunkel. Aus der Zeit von 1954 bis 1972 haben sich in ihrem Berliner Nachlass 16 Ensembles und Kostüme, Handtaschen und Hüte sowie zugehörige Rechnungen von Chanel erhalten. Ihre Ansprechpartnerin im Maison Chanel hieß Suzanne Trion.[32]

Auf ihrem Flug nach Polen am 16. Januar 1964 erwartete eine Delegation Marlene bei einem Zwischenaufenthalt in Ostberlin. Im pelzgefütterten Swinger-Mantel und mit Kopftuch stieg sie in Schönefeld aus dem Flugzeug und nahm einen Strauß Chrysanthemen in Empfang. Sie sprach leise, beinahe schüchtern, lächelte tapfer, als sie zwei Sandmännchen-Puppen in die Arme nehmen musste, und antwortete einmal mehr auf die Frage, ob ihr die Rolle in *Urteil von Nürnberg* wichtig gewesen sei, sie drehe nicht gerne, sie stünde lieber auf der Bühne.

In Warschau angekommen, musste sie in eiskalter Luft und hohem Schnee über das Rollfeld gehen. Dabei trug sie einen hellen Mantel mit Pelzkragen und Pelzmütze. Beide Konzerte waren ausverkauft. Am Ende des letzten Abends sagte sie auf Französisch: »Ich möchte Ihnen sagen, wie sehr ich Sie bewundere und Ihren Mut während des Krieges. Ich liebe Sie.«[33] Sehr tief, sehr gerade und mit durchgedrückten Beinen verbeugte sie sich vor ihrem Publikum.

Am nächsten Tag besuchte Marlene Dietrich das Warschauer Ghetto. Im November 1940 im Zentrum der Stadt von den Nationalsozialisten abgeriegelt, um Juden aus den unter deutscher Kontrolle stehenden polnischen Gebieten, aus dem deutschen Reichsgebiet und anderen besetzten Ländern durch eine drei Meter hohe Mauer zu isolieren. Das größte Sammellager dieser Art und Ausgangspunkt für die Deportationen nach Treblinka wurde vom 19. April bis zum 16. Mai 1943 zum Ort des größten jüdischen Widerstands gegen den systematisch geplanten Völkermord. Für eine trauernde Marlene gab es keine Mode, stattdessen Kopftuch, Stiefel, eine Lammfelljacke zum schmalen dunklen Rock, im Arm einen riesigen Strauß weißen Flieder, die Lieblingsblumen von Erich Maria Remarque. Allein stieg sie die Stufen zum Ehrenmal für die Toten empor und legte die Blumen nieder, sechs Jahre vor Willy Brandts Kniefall am 7. Dezember 1970.

Im Mai 1964 reiste Marlene nach Moskau und Leningrad. Während eines Konzerts bekannte sie, sie habe eine russische Seele. Vor dem vom Regime bedrängten und von ihr bewunderten Dichter Konstantin Paustowski fiel sie auf die Knie – im Paillettenkleid. Sie rief Begeisterungsstürme hervor.

Der anhaltende Jubel des Publikums musste ihr Lohn sein für all die Arbeit: das Reiseleben mit Friseurin, Garderobiere, ihrem musikalischen Direktor, ihrem Manager, einer Gesellschafterin und ihrem Sekretär Bernard Hall, die zahllosen Stunden am Schminktisch, zwischen all den Tiegeln und Flaschen, Lippenstiften und Puderdosen, Scheren, Pinzetten und Kleenex-Schachteln, den Kleidern, die sie permanent dazu zwangen, auf ihre Figur zu achten.

Vom 23. November bis 12. Dezember gastierte Marlene Dietrich im Londoner Queen's Theatre. Eine Schallplatte mit Berliner Liedern kam in West- und Ostdeutschland in die Geschäfte. Während sich im Westen einige Läden weigerten, sie ins Sortiment aufzunehmen, war die Ostpressung ein riesiger Erfolg – Bückware.[34]

Die USA intervenierten im Februar 1965 in Vietnam. Wegen eines Karzinoms am Gebärmutterhals musste sich Marlene Dietrich einer Radiumtherapie unterziehen.[35] Am 26. März starb Tamara Matul. Zerbrochen an der Existenz einer verleugneten kinderlosen Geliebten war sie schon viele Jahre zuvor. Am 24. April, drei Wochen nach der letzten Behandlung, gab Marlene ein umjubeltes Konzert in Johannesburg. Als sie in einem Restaurant erfuhr, dass Schwarze das Lokal nicht betreten durften, verlangte sie zwei Essen, marschierte zum Wagen und nahm dort in Gesellschaft ihres Chauffeurs die Mahlzeit ein.[36]

Im August trat sie in Edinburgh auf, danach reiste sie im Oktober nach Australien. Das Fernsehen zeichnete ihre Show unter dem Titel *The Magic of Marlene* auf. Bereits zwei Jahre zuvor war ein Auftritt in Stockholm unter diesem Titel mitgeschnitten und übertragen worden. Für beide Sendungen in Schwarz-Weiß war eine Wiederholung nur mit Marlene Dietrichs Zustimmung möglich. Sie fand nicht statt.[37]

Währenddessen entwickelten sich Yves Saint Laurents geometrisch-bunte Mondrian-Kleider zum sensationellen, weltweit kopierten Erfolg. Paco Rabanne verwendete für seine Mode Metallblättchen und Plastikscheiben. Pierre Cardin kreierte Unisex-Mode. André Courrèges, Schützling von Cristóbal Balenciaga, entwarf eine Weltraumkollektion. Auch dessen zweiter Schüler Emanuel Ungaro beteiligte sich mit futuristischen Ideen am Wettlauf ins All.

Marlene Dietrich hatte den Krebs besiegt, doch Burt Bacharach beendete die Zusammenarbeit, heiratete die Schauspielerin Angie Dickinson und startete eine erfolgreiche Solokarriere. Marlene litt. Gemeinsam mit ihrem Privatsekretär und Faktotum Bernard Hall besuchte sie im November ihren Ehemann auf seiner Farm. In Paris lernte sie den Rundfunkjournalisten Louis Bozon kennen, bald Freund und Vertrauter. Ihm überließ sie einen Zweitschlüssel ihrer Wohnung. Die anderen beiden besaßen Maria Riva und Ginette Spanier. In London feierte Marlene erneut Triumphe.

Nachdem es zu Spannungen mit Western Costume in Los Angeles gekommen war, da Originale und Kopien ihrer Auftrittskleider nicht immer identisch ausfielen und Marlene für die Kopien der Kleider nicht die gleichen hohen Preise bezahlen wollte wie für die Originale, ließ sie ihre Bühnenkostüme inzwischen bei Chanel arbeiten.[38] Noch immer schickte sie eine Ausfertigung eines Kleides und einen Schwanenmantel zum jeweils übernächsten Auftrittsort.[39] Für ihre Tournee durch Australien im Oktober/November gab sie bei Chanel ein neues besticktes Auftrittskleid sowie eine Kopie ihres Showmantels in Auftrag.[40]

Aus der Herbst/Winter-Kollektion 1965/66 des Hauses entschied sie sich zudem für ein schwarzes Kostüm mit schlichtem Stehkragen, gearbeitet aus voluminösem schwarzem Jersey-Wollstoff im Zackenmuster mit Fransenkanten und einem schmalen Gürtel in der Taille, verziert einzig durch Goldknöpfe mit Monogramm und aufgelockert durch weiße Manschetten. Sie ließ sich einen zweiten, weniger fülligen Rock aus Wollcrêpe dazu anfertigen, trug es zu vielen Gelegenheiten, auch mit hohen Stiefeln, gemeinsam mit dem Tänzerpaar Margot Fonteyn und Rudolf Nurejew oder an Weihnachten im Kreis ihrer Familie. Im März 1966 zeigte sie sich darin bei einer Modenschau von Chanel.[41]

Vom 12. bis zum 24. Februar 1966 gastierte Marlene Dietrich erneut in Israel, jetzt mit dem Briten William Blezard (1921–2003) als Dirigent und Arrangeur. Das Land befand sich im Vorfeld des Sechstagekrieges in einer äußerst angespannten Situation. Marlene Dietrich empfing es wie einen Staatsgast. Sie besuchte die Gedenkstätte der Märtyrer und Helden des Staates Israel im Holocaust, Yad Vashem, in Jerusalem, sie wurde in die Allee der Gerechten unter den Völkern aufgenommen, sie trat in einem Kibbuz am See Genezareth auf und traf dessen Gründer Teddy Kollek, den Bürgermeister von Jerusalem. Bei ihm saß sie in der Wohnung im hellen Chanel-Kostüm, Sling-Pumps an den Füßen. Er lagerte lässig vor ihr auf dem Boden. 1972 wird sie durch die American Friends of the Hebrew University für ihre Verdienste um die Völkerverständigung ausgezeichnet werden.[42]

Mit Zwischenlandung in Wien reiste Marlene weiter nach Polen. In Wien traf sie Friedrich Torberg und absolvierte ein Pressegespräch unter seiner Leitung. Die Zeitungen erwähnten ihren modisch-legeren Look, den »hellen Mantel à la Courrèges, die blonden Haare glatt zurückfrisiert und ohne Hut«.[43] Am 26. Februar 1966 stand Marlene in Warschau auf der Bühne.

Im April erlebte sie in Südafrika tosenden Applaus, Beifall, Jubel und Blumen. Von Mitte Oktober bis Dezember tourte sie durch Großbritannien.

Die erste Hälfte des Jahres 1967 ging ohne berufliche Verpflichtungen vorüber. Marlene erholte sich in Paris. Im April reiste sie nach Hollywood. Im Mai erlitt Rudi Sieber einen Herzinfarkt und einen Schlaganfall. Marlene stand ihm bei.[44] Im Juni gastierte sie in Montreal. Dort erreichte sie ein Angebot vom Broadway. Im August stand Kopenhagen, im September Helsinki auf dem Programm.

Marlene war 66, und das Zeitalter des Jugendkults feierte fröhliche Triumphe. Soeben hatte Edith Head ihren Stilratgeber *Dress for Success* für die erfolgreiche Frau veröffentlicht. Darin steht: »Wenn Sie sich alt und klapprig fühlen und denken, Sie seien dahin, werfen Sie einen Blick auf Marlene Dietrich, Gloria Swanson, Joan Crawford, Bette Davis und eine Vielzahl anderer Filmstars, die alle über fünfzig sind, aber immer noch vital, wunderschön und um Jahre jünger als ihr wirkliches Alter wirken. Wie gelingt ihnen das? Sie pflegen natürlich ihre Haut, ihr Haar und ihre Figur mit größter Sorgfalt. Diese Dinge sollte jede Frau als natürliche Vorsorgemaßnahme verstehen, um ihre Jugend in jedem Alter zu bewahren. Doch der wahre Jungbrunnen ist heutzutage der Reichtum an jugendlichen, tragbaren Kleidermoden, der Frauen jeder Einkommensschicht zugänglich ist. Mütter rücken nicht mehr in den Hintergrund, sobald ihre Töchter das Erwachsenenalter erreicht haben. Ihre Kleider haben ebenso viel jugendlichen Elan, ebenso viel Farbe und Aktualität wie die der nächsten Generation, wenn nicht sogar mehr.«[45]

Für den Broadway brauchte Marlene ein neues Bühnenkleid von Jean Louis, sie brauchte Bacharach, sie brauchte Joe Davis, ihren englischen Beleuchter.[46] Sofort waren alle Vorstellungen ausverkauft. Bei der Premiere drängte sich das prominente Publikum. Bacharach dirigierte vom Klavier aus. Sie sang erstmals *Surabaya-Johnny* von Bert Brecht und Kurt Weill. Ihre zweite Vorstellung gab Marlene jenseits der Bühne, kletterte im Chanel-Kostüm aus cremeweißem Seiden-Cloqué in grazilen hellen Sling-Pumps auf der Flucht vor ihren Fans auf ein Autodach und musste von Polizisten gerettet werden. Im Rainbow Room in 65. Stockwerk des Rockefeller Plaza krabbelte sie aus demselben Grund um Mitternacht unter einen Tisch. Ein Stresstest für das Kostüm mit einem bewegungsfreundlichen Wickelrock, vier aufgesetzten Taschen auf der Jacke, 7/8-Ärmeln, einem einfachen Spatenkragen und Ton-in-Ton Monogrammknöpfen. Ein Stresstest, der sicher selbst Gabrielle Chanels kühnste Vorstellungen davon, dass ihre Kleidung dynamischen, aktiven Frauen das Leben leichter machte, überstiegen haben dürfte. Das dermaßen geforderte Chanel-Kostüm findet sich zum Preis von 5000 Franc als eines von mehreren Kostümen auf einer Rechnung, datiert auf den 20. Februar 1968. Marlene besaß ein Sammelkonto bei dem Maison.[47]

Die Presse begegnete Marlene während ihres New Yorker Engagements wohlwollend. Die *New York Times* erlebte die Magie ihres Auftritts als eine »Mischung aus Nostalgie, eiserner Willenskraft, Technik und vielleicht ein bisschen Hypnose. (…) Sie hat sich und das Publikum so vollständig in der Hand, dass wir nicht anders können, als zu staunen und uns zu freuen. (…) und jeder, der lernen möchte, was Selbstkontrolle ist, sollte irgendwann in den nächsten sechs Wochen ins Lunt-Fontanne gehen«.[48] Auch die Tumulte vor dem Theater fanden Erwähnung. Marlene schien die Stadt im Sturm erobert zu haben.[49] Die Musikzeitschrift *Billboard* lobte sie in den höchsten Tönen: »Soziologen, die mit dem Problem des Generationen-Konflikts befasst sind, können ihre Sorge fallen lassen. Alles, was sie zu tun haben, ist, die schlanke, hochbeinige, wundervolle Marlene Dietrich anzusehen in all ihrer schimmernden Eleganz.«[50] Sechs Wochen ununterbrochener Erfolg. Bis zum 18. November gab sie 48 Vorstellungen. Im März 1968 versprühte Marlene Eleganz und Charme in Australien.

Enttäuscht von einer Mode, die er zunehmend der Massenproduktion unterworfen sah, schloss im gleichen Jahr Cristóbal Balenciaga sein Haus, nachdem er die Haute Couture 20 Jahre lang um atemberaubend elegant reduzierte Ballon-, Tunika-, Sack- und Hemdblusenkleider aus kostbaren steifen Stoffen bereichert hatte. Kleider-Skulpturen von einsamer Klasse.

Aus der Chanel-Kollektion Herbst/Winter 1968/69 wählte Marlene Dietrich ein Ensemble in Pink mit Brokatmuster in Gold und Silber, das sein Vorbild in der Hippiemode hat. Das lang geschnittene Oberteil mit Stehkragen ist der traditionellen indischen Herrenmode entlehnt, wird aber mit einem Reißverschluss unsichtbar geschlossen. Die zugehörige lange Hose weist den zeitgenössischen Schlag auf, der Rock dazu ist kurz und eng. Typisch für Chanel sind die am Saum geschlitzten Ärmel und das Metallkettchen im Saum der Jacke. Marlene trug das Ensemble zu repräsentativen Anlässen wie die eingestickte Platzierung für die Orden zeigt.[51]

Am 21. April 1968 hatte sie im New Yorker Shubert Theater den Special Tony Award, die wichtigste Auszeichnung im Bereich Theater und Musical, entgegengenommen.[52] Im Oktober kehrte sie für zwei Monate an den Broadway zurück. Auch ihre vorweihnachtliche Bühnenshow in Las Vegas war ausgebucht.

Die internationale Frauenbewegung übte inzwischen vehemente Kritik an der Mode. Gut gekleidete Frauen degradierte sie zu willenlosen Opfern männlicher Fantasien. Selbstbewusste und intellektuelle Frauen propagierten eine dezidierte Antimode aus Jeans und weitem Pullover oder der berühmten lila Latzhose. Kleidung sollte verhindern, in erster Linie als Geschlechtswesen wahrgenommen und damit nicht ernst genommen zu werden. Modisches Interesse galt als männerfixierte Oberflächlichkeit.

Eine Werbekampagne für luxuriöse Nerzmäntel wollte 1969 mit der suggestiven Frage *What becomes a Legend most?* Wie wird man zur Legende? auch Marlene Dietrich gewinnen. Richard Avedon fotografierte, er hatte sie zum ersten Mal 1948 für *Harper's Bazaar* in Szene gesetzt. Marlene, die ein Leben lang begeistert Pelz und vor allem Nerz trug, lehnte 25 der ihr zugesandten Mäntel ab. Schließlich posierte sie in einem bodenlangen schwarzen Kapuzenmantel aus Dark Nerz, Avedon leuchtete nur das Gesicht und die Beine aus. Für British Airways rekelte sich Marlene im schwarzen Rollkragenpullover und Rock in einem Flugzeugsessel, oder sie verkündete für Air France in Nerzmantel, braunem Kostüm und zweifarbigen Schuhen à la Chanel: Unser Gepäckservice ist göttlich.

Gemeinsam mit Ehemann Rudi sah Marlene im Fernsehen, wie Neil Armstrong in der Nacht vom 20. auf den 21. Juli 1969 als erster Mensch den Mond betrat. Am 22. Dezember desselben Jahres starb Josef von Sternberg in Los Angeles an einem Herzinfarkt.

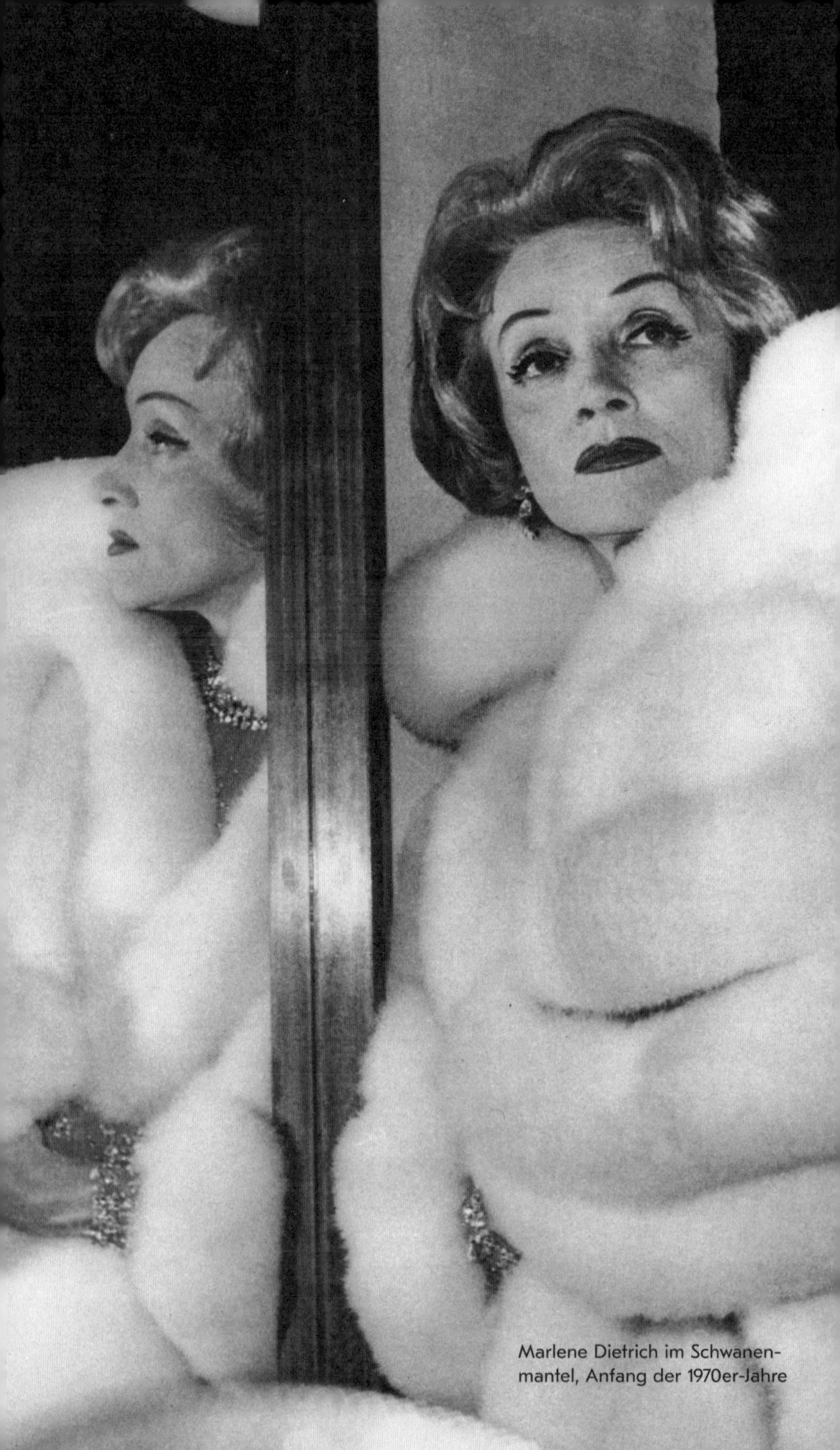

Marlene Dietrich im Schwanenmantel, Anfang der 1970er-Jahre

EPILOG

Zum 50. Hochzeitstag am 17. Mai 1973 sandte Rudolf Sieber seiner Frau ein Telegramm: »Shall continue to go steady with you.« – Ich werde weiterhin an Deiner Seite sein.[1]

Ihre unkonventionelle Ehe hatte ein halbes Jahrhundert überdauert, trotz aller Krisen, Affären und Liebesbeziehungen und der räumlichen Distanz. Rudi hatte Marlene beraten, Verträge ausgehandelt, Bücher und geschäftliche Korrespondenz geführt, private Briefe archiviert. Seit ihren Anfängen in Hollywood hatte er ihre Wünsche entgegengenommen, sie mit Zeitschriften, Büchern, Handschuhen und Hüten versorgt, Nagellacke und Lippenstifte der richtigen Marke und Farbe ebenso gekauft wie ihre unverzichtbare Gesichtscreme. Niemals hatte er sich vor der Presse über seine berühmte Frau geäußert. Vor 20 Jahren hatte er sich aus ihrem Leben zurückgezogen.

Das Telegramm, das sie in Birmingham öffnete, mag Marlene viel bedeutet haben, waren doch ihre vergangenen Jahre von großen menschlichen Verlusten geprägt gewesen. Am 25. September 1970 war Erich Maria Remarque gestorben, am 1. Januar 1972 Maurice Chevalier, am 26. März 1973 Noël Coward und wenige Tage vor ihrem Hochzeitstag, am 8. Mai 1973, ihre Schwester Elisabeth Will.

Herr: es ist Zeit.
Der Sommer war
sehr groß.
Rainer Maria Rilke

Im Juni 1972 soll Marlene Dietrich in London auf der Bühne wegen ihres engen Kleides und ihrer hohen Pumps gestürzt sein.[2] *Marlene Dietrich: I Wish You Love,* am 23. und 24. November von der BBC aufgenommen, wurde am 1. Januar 1973 in Farbe im britischen Fernsehen übertragen. Zwölf Tage später sendet CBS die Show in den USA.[3]

Stand sie nicht in ihren berühmten Kleidern auf der Bühne, bevorzugte Marlene legere Kleidung, meist Hosenanzüge: Jeansanzüge und Stiefel, Jersey-Anzüge kombiniert mit Rollkragenpullovern, Schirmmützen, Kopftüchern, eine große schwarze Sonnenbrille, unauffällig, alltäglich. Inzwischen gab sie keine Interviews mehr. Im L'Espace Pierre-Cardin in Paris floh sie bei der Premiere vor den Fotografen von der Bühne. Erst als diese nach ihrer Aufforderung über Mikrofon das Theater verlassen hatten, trat sie auf.[4] Im November 1973 verbeugte sie sich in Washington am Bühnenrand, um dem Dirigenten zu danken, taumelte und stürzte in den Orchestergraben. Dabei erlitt sie schwere Prellungen und zog sich eine Schnittwunde am linken Bein zu. Maria eilte zu ihr. Drei Wochen später trat sie mit noch nicht verheilter Wunde und unter heftigen Schmerzen in Montreal, Kanada auf. *The Gazette* beugte das Knie: »Man hat das Gefühl, in ihr die leibhaftige Verkörperung dieses ganzen Jahrhunderts zu sehen.«[5]

An den Weihnachtstagen konnte Marlene in der französischen *Vogue* blättern, die soeben mit schwarzem Cover erschienen war: *Par Marlene Dietrich.* Doppelseiten mit Fotos, Filmthemen, Biografischem sowie handschriftlichen Anmerkungen von Marlene.[6]

Am 10. Januar 1974 gab Marlene Dietrich ihr Auftaktkonzert in Dallas. Am 26. des Monats betrat sie das Methodist Medical Center in Houston und unterzog sich endlich einer Operation. Nach mehreren Vollnarkosen, Gefäßoperationen und Hautverpflanzungen ging sie am 1. April wieder auf Tournee. Nur unter größten Anstrengungen trat sie bis Ende Juli unter anderem in Los Angeles, Washington, Honolulu, Phoenix, Chicago und Mexiko City auf.[7] In ihrer Pariser Wohnung brach sie sich Anfang August 1974 die linke Hüfte. Im Columbia Presbyterian Hospital in New York wartete Maria schon auf sie.[8]

Einen Monat nach einer weiteren schweren Operation gab Marlene Dietrich ein Konzert im Londoner Grosvenor House. Plakate mit ihrem Gesicht, gezeichnet von René Bouché und auf silberfarbenes Papier gedruckt, warben für die Veranstaltung. Unter Schmerzen ließ sie sich im Rollstuhl zur Bühne fahren, erhob sich, strich ihr Auftrittskleid glatt, wurde zu ihrer Bühnenfigur Marlene, erhielt frenetischen Applaus und höchste Anerkennung. Ihr Biograf Steven Bach konstatiert: »Überleben – das war ihr letztes großes Thema.«[9]

Zu ihrer Entlastung bevorzugte Marlene nun wieder große Hotels für ihre Auftritte, in denen sie sich in ihrer Suite auf die Vorstellung vorbereiten konnte. Tochter Maria stand ihr meist zur Seite: »Die Sorge, immer die Sorge wegen des Kleides. Sie zog den Kimono zurecht, um ihr ›nacktes‹ Kleid zu verdecken.«[10] Erhalten haben sich aus dieser Zeit der Entwurf von Jean Louis[11] zu einem goldenen Exemplar mit gleichfarbig besticktem Mantel sowie die Ausführung.[12]

Rudi Sieber erlitt am 10. August 1975 einen schweren Schlaganfall. Auf dem Weg nach Australien besuchte ihn Marlene im Krankenhaus.[13] Die sich anschließende Tournee lief nicht gut. Ende September stürzte Marlene Dietrich in Sydney schließlich hinter der Bühne und brach sich den linken Oberschenkel: Das bedeutete nach mehr als einem halben Jahrhundert das Ende ihrer Karriere.[14] Maria Riva veranlasste, dass die Mutter wie vor einem Jahr zur medizinischen Versorgung nach New York geflogen wurde.[15]

Sieben Monate später organisierte Marlene Rudis Therapie und Betreuung auf der Farm und kehrte im Mai nach Paris zurück.[16] Rudi Sieber starb am 24. Juni 1976. Marlene Dietrich hatte ihn vor mehr als einem halben Jahrhundert zur Sicherheit ihres Lebens gemacht. Am 15. November erlag Jean Gabin im Pariser Vorort Neuilly-sur-Seine einem Herzversagen. Sie hatte ihn vor über 30 Jahren zur Liebe ihres Lebens gemacht.

In *Schöner Gigolo, armer Gigolo* (1978) mit David Bowie, Kim Novak, Maria Schell und Curd Jürgens spielte Marlene Dietrich die Rolle der Baroness von Semering. Ihre Szenen wurden im Dezember 1977 in Paris produziert.[17] Nachdem Marlene die Beleuchtung überprüft hatte, verschwand sie in der Garderobe. Mit hoch geschlitztem, langem, engem Rock und Stiefeln, großem Hut und dichtem Schleier, alles von Chanel, ging sie zum Flügel und interpretierte das dem Film seinen Namen gebende Lied. »Sie sang es absolut perfekt und mit majestätischer Nostalgie«, zog Regisseur David Hemmings den Hut. »Kein Auge war trocken geblieben, buchstäblich. Wir hatten das Privileg gehabt, einen Moment höchster professioneller Vollkommenheit zu erleben.«[18] Marlene ließ sich zum Abschied mit der Crew fotografieren und sagte: »Sie fahren morgen nach Hause. Aber ich habe ein Land und ich habe eine Sprache verloren. Keiner, der das nicht durchgemacht hat, kann wissen, was ich fühle.«[19] Premiere hatte der Film am 16. November 1978 in Berlin.[20]

In der Rue Montaigne 12 wechselte Marlene von der Beletage in die Zurückgezogenheit des vierten Stockwerks. Während die Pressefotografen mittels Kränen versuchten, ein Bild von ihr zu schießen, beschriftete sie Fotos, datierte Briefe. Eine Zugehfrau kümmerte sich um die Wohnung, kochte oder ließ Essen aus einem Restaurant kommen. Ein- bis zweimal in der Woche half eine Sekretärin bei der Fanpost. Riefen Freunde sie an, verstellte Marlene ihre Stimme, um sich zu verleugnen. Wurde die Konkurrentin früherer Tage wieder einmal Opfer der Paparazzi, fragte sie Maria empört: »Hast du dieses schreckliche Bild von der Garbo in der Zeitung gesehen?«[21]

In den Jahren 1977 und 1978 zeigten die Internationalen Filmfestspiele Berlin (Berlinale) Marlene-Dietrich-Filme. Marlenes Lebenserinnerungen *Nehmt nur mein Leben* erschien, eine gekürzte Fassung *Ich bin, Gott sei Dank, Berlinerin* sollte folgen.

Im Januar 1979 war Marlene erneut in ihrer Wohnung gestürzt und hatte sich wieder den linken Oberschenkel gebrochen. Als sie die Idee entwickelte, eine Dokumentation über ihr Leben produzieren zu lassen, blieb das bereits aus den Buchprojekten bekannte Dilemma: Sie wollte ihre Lebensgeschichte publizieren, aber keinesfalls erzählen.[22] Viele Regisseure waren im Gespräch. Schließlich bekam Maximilian Schell (1930–2014) ab dem 28. September 1982 Gelegenheit, Marlene Dietrich an sechs Nachmittagen in ihrer Pariser Wohnung zu interviewen. Er wollte eine private Diva, Marlene wollte – wie immer – die Legende, saß in kämpferischer Stimmung im Rollstuhl und informierte Schell und ihren Agenten Terry Miller, sie habe sich einen Zeh gebrochen.[23] Es durfte nicht gefilmt werden. Dabei blieb es die vereinbarten sechs Interviewtage lang. Schell verwendete schließlich Teile des 18-Stunden-Gesprächs über die Unmöglichkeit eines Gesprächs für seine gefeierte Dokumentation *Marlene: A Feature,* die 1984 auf der Berlinale Premiere hatte und international reüssierte. Eine faszinierend kontroverse Bilanz: widersprüchlich und traurig, tiefgründig.

Marlene hielt sich nun meist im Bett auf, trug unifarbene Nachthemden oder Pyjamas und Bettjäckchen.[24] Sie führte Interviews mit Zeitungen und Zeitschriften am Telefon oder beantwortete deren Anfragen schriftlich.[25] Außerdem sah sie fern, las internationale Zeitungen, Zeitschriften, aktuelle Literatur und die Dichter ihres Lebens: Rilke, Goethe, Kästner. Konnte sie nachts nicht schlafen, »knipste [sie] ihre Nachttischlampe aus Alabaster (einst der Stolz meines Vater) an, nahm Stift und privates Briefpapier von dem neben ihr bereitliegenden Stapel – oder Noël Cowards tragbare Schreibmaschine, eine altmodische Hermes – und ließ, so ausgerüstet und wissend, dass keine Hoffnung auf Schlaf bestand, ihre Gedanken schweifen«.[26] Augenblicke der Schlaflosigkeit nennt Maria Riva die Gedichte und Aphorismen ihrer Mutter: *Nachtgedanken.*

War die Tochter zu Besuch, blätterten sie gemeinsam in der französischen *Vogue.* »Sieh dir das an! Jetzt gehen ihnen endgültig die Ideen aus. Wie grässlich!«, zeigte sich Marlene unzufrieden über die aktuelle Mode. Ihre Gedanken wanderten zurück zu den alten Filmen, den alten Kostümen: »Wir [Travis Banton u. Marlene Dietrich] haben ganze Nächte durchgearbeitet, für einen Entwurf … Das Paradekostüm [in *Die scharlachrote Kaiserin*]. Und dieser wundervolle Hut. Wie viele Stunden haben wir daran gearbeitet! (…) Erinnerst du dich an *Shanghai Express,* an das Hahnenfedernkostüm? Wie wir gearbeitet haben, bis Travis endlich die richtigen Federn fand? Wie schön sie waren. Was für eine Kreation! (…) Als ob es wirklich so wichtig gewesen wäre. Niemand achtete darauf, aber wir dachten, alles müsse perfekt sein (…) All die Arbeit, die Stunden, die Anproben … (…) Ah, erinnerst du dich an Salzburg? Wie wir Lanz immer leergekauft haben? … Diese wunderbaren Dirndl! Wo die alle geblieben sind … Was haben wir gelacht! (…) Wie hieß doch gleich der Film, in dem ich dieses hübsche Kleid mit den Pelzaufschlägen trug? (…) Und dieser wundervolle Hut für die Hurenszene, der mit den roten Kirschen – war das derselbe Film?«[27] Ja, *Blonde Venus!*

Marlene Dietrich hatte keine Verwendung mehr für die glamourösen Kostüme, Couture-Kleider, feinen Herrenanzüge, maßgefertigten Schuhe, verkaufte Auftrittskleider und den berühmten Schwanenpelz, ließ Schmuckstücke veräußern. 1989 erhielt sie den Europäischen Filmpreis für ihr Lebenswerk sowie eine Ehrung der amerikanischen Modeschöpfer, die der Designer Calvin Klein für sie entgegennahm. Die amerikanische *Vogue* verfasste eine Huldigungsadresse an die Stil- und Modeikone.[28] Präsident Mitterand ernannte Marlene Dietrich zum Commandeur der französischen Ehrenlegion mit Ehrensold.

Am 6. Mai 1992 schloss Marlene Dietrich für immer die Augen. Mit einer großen Trauerfeier in der Pariser Église de la

Madeleine verabschiedete sich Frankreich von der Frau, die das Land so sehr geliebt hatte. Beigesetzt wurde Marlene in Berlin, das keine geteilte Stadt mehr war, auf dem Friedhof in Friedenau, unweit vom Grab ihrer Mutter.

Die Organisatoren der 45. Filmfestspiele in Cannes hatten sich als Plakat für ein Foto von Marlene Dietrich in *Shanghai Express* aus dem Jahr 1932 entschieden. Ihr Gesicht leuchtet auf schwarzem Grund, die Hände liegen gekreuzt über der Stirn, eine Locke und Federn vom Besatz ihrer Ärmel spielen auf ihren Wangen. Der Mund schimmert: »Man sollte es betrachten, als seien die Augen Seen, die Nase ein Hügel, die Wangen breite Wiesen, der Mund ein Blumenbeet, die Stirn der Himmel und die Haare Wolken.« (Josef von Sternberg)

DANK

Der US-amerikanische Filmproduzent und Autor Steven Bach (1938–2009) hat 1992 *die* Marlene-Dietrich-Biografie vorgelegt, 1993 wurde sie ins Deutsche übersetzt. Werner Sudendorf, Biograf und Kenner der Filmgeschichte, schrieb nicht nur Bücher über Marlene Dietrich, er leitete auch von 1981 bis 2015 die Marlene Dietrich Collection der Deutschen Kinemathek Berlin und übernahm 1993 den Nachlass Marlene Dietrichs. Jedes Buch über sie fußt auf der Arbeit dieser beiden.

Mich begleitet meine Begeisterung für Marlene Dietrich seit Jugendtagen. Sie ist quasi ererbt. Heute schließe ich ein Buch ab, das von ihrem durch die Jahrzehnte unvergleichlichen Stil, ihrem souveränen Umgang mit Mode und Filmkostüm, ihrer Kunst, mit Kleidung Statements abzugeben, ja Geschichten zu erzählen, handelt. Mein Mann ist mit mir bei der Entstehung endlose Fotostrecken entlanggegangen und hat versucht, die Logik der Kleider nachzuvollziehen. Und er war wie immer mein erster Leser.

Die umfangreiche digitale Aufarbeitung der textilen Bestände der Marlene Dietrich Collection machte die Einblicke in Marlenes Kleiderschrank möglich. Frau Dr. Barbara Schröter, Leiterin des Textilarchivs, Deutsche Kinemathek Marlene Dietrich Collection, hat sich meinen darüber hinaus gehenden Fragen zu Modedetails freundlich gewidmet.

Dieses Buch setzt sich aus unendlich vielen Details zusammen. Sollte mir ein Fehler unterlaufen sein oder ich unwissentlich den Fehler eines anderen übernommen haben, bitte ich die Leser an dieser Stelle um Nachsicht.

Liebe Sissi Klauser, Sie haben sich vom ersten Augenblick an für meine Buch-Idee begeistert und sie mit allen Mitarbeiterinnen und Mitarbeitern des LangenMüller Verlags in München tatkräftig, großzügig und gut gelaunt unterstützt. Stellvertretend für alle nenne ich Daniela Wilhelm-Bernstein und Katharina Anthofer. Das Lektorat lag in den Händen von Frau Ulrike Oppelt, Berlin. Die subtilen Illustrationen stammen von Astrid Shemilt. Das elegante Layout gestaltete Sibylle Schug, Atelier Schug, München.

Ihnen allen danke ich herzlich!

ANMERKUNGEN

VORWORT UND EIN MÄDCHEN AUS GUTEM HAUSE

1 Sudendorf, Werner: Marlene Dietrich, München 2001, S. 184. URL: https://www.deutsche-kinemathek.de/de/sammlungen-archive/sammlung-digital/marlene-dietrich-collection-berlin (zuletzt abgerufen 15.07.2021) Der Nachlass ist erschlossen und kann eingesehen werden.
2 Sudendorf, 2001, S. 12.
3 Ebd., S. 16.
4 Ebd., S. 14.
5 Ebd., S. 16.
6 Kreutzer, Hermann/Runge, Manuela: Ein Koffer in Berlin, Marlene Dietrich – Geschichten von Politik und Liebe, Berlin 2001, S. 26.
7 Zit. n. ebd., S. 20.
8 Sudendorf, 2001, S. 16 ff.
9 Ebd., S. 20.
10 Ebd., S. 19.
11 Zit. n. Riva, Maria: Meine Mutter Marlene, München 1992, S. 21.
12 Vgl. Krieg und Kleider: Modegrafik zur Zeit des Ersten Weltkriegs 1914–1918, Für die Kunstbibliothek, Staatliche Museen zu Berlin, hg. von Adelheid Rasche, Leipzig 2014.
13 Vgl. Abbildung in: Charles-Roux, Edmonde: Chanel. Ihr Leben in Bildern, München 2005, S. 204.
14 Sudendorf, 2001, S. 21.
15 Zit. b. Riva, 1992, S. 22.
16 Ebd.
17 Ebd., S. 24.
18 Sudendorf, 2001, S. 21.
19 Zit. n. Riva, 1992, S. 26.
20 Ebd., 09.11.1916, S. 27 f.; 10.12.1916, S. 28; 13.01.1917, S. 29.
21 Ebd., 04.02.1917, S. 29.
22 Nuss, Emma: Aus dem Tagebuch eines Tauentzien-Girls, Berlin 2018.
23 Sudendorf, 2001, S. 23.
24 Zit. n. Riva, 1992, 02.04.1917, S. 31.
25 Vgl. Wieland, Karin: Dietrich & Riefenstahl. Der Traum von der neuen Frau, München 2011, S. 62.
26 Zit. n. Riva, 1992, 02.04.1917, S. 31.
27 Ebd., 18.06.1917, S. 33.
28 Ebd.
29 Ebd., S. 34 ff.
30 Zit. n. Riva, ebd., 28.06.1917, S. 33. Eine Violine mit Bogen, Geigenkasten u. Schutzhülle, Herkunftsort: Mittenwald, findet sich im Nach-

lass von Marlene Dietrich in der Deutschen Kinemathek, Berlin, Marlene Dietrich Collection, im Folgenden zitiert als MDC.
Hier: Inv. Nr. 4.10-3-03-002. Bestandssignatur: 199316. Beinahe sämtliche Exponate tragen diese Bestandssignatur. Sie wird im Folgenden nicht mehr zitiert.
31 Sudendorf, 2001, S. 23, 26.
32 Zit. n. Riva, 1992, S. 38.
33 Ebd., S. 37.
34 Ebd., 22.11.1917, S. 38 f.
35 Ebd., S. 39.
36 Ebd., S. 41.
37 Ebd., 12.04.1919, S. 42.
38 Ebd., 17.09.1919, S. 45.
39 Vgl. Abbildung in: Sheppard Skaerved, Malene: Dietrich, London 2003, S. 16.
40 Zit. n. Wieland, 2011, S. 66.
41 Zit. n. Riva, 1992, 21.10.1920, S. 47.
42 Sudendorf, 2001, S. 28 f.
43 2001 vom Auktionshaus Kastern in Hannover aus Privatbesitz versteigert.
44 Nach Mitteilung von Gerda Huber, zit. n. Bemmann, Helga: Marlene Dietrich. Ihr Weg zum Chanson, Berlin 1986, S. 23.
45 Vgl. Huber, Gerda: La Vita di Marlene Dietrich, Mailand 1933.
46 Bach, Steven: Marlene Dietrich. Die Legende. Das Leben, Düsseldorf u. a. 1993, S. 647. Der große Bariton, Theater am Kurfürstendamm/ Schlossparktheater.
47 Sudendorf, 2001, S. 32.
48 Margueritte, Victor: La Garçonne (1922) Nachdruck, Berlin 2020.
49 Zit. n. Bemmann, Helga: Marlene Dietrich. Im Frack zum Ruhm, Leipzig 2000, S. 26.
50 Spoto, Donald: Marlene Dietrich. Die große Biographie, München 2000, S. 43.
51 Sudendorf, Werner: Marlene Dietrich. Dokumente – Essays – Filme. Teil 1 u. 2, München 1977 u. 1978, hier T. 1, S. 137.
Premiere: 1. u. 2. Teil am 8. Oktober 1923; 3. u. 4. Teil am 7. Nov. 1923, Ufa-Palast am Zoo.
52 Riva, 1992, S. 52.
53 Zit. n. Kreutzer/Runge, 2001, S. 51.
54 Sudendorf, 1978, T. 2, S. 88, Produktion: Juni bis November 1922; Premiere: 29. November 1923, Marmorhaus Berlin.
Ders., 2001, S. 33.
55 Zit. b. Sudendorf, 2001, S. 33.
56 Sudendorf, 1978, T. 2, S. 174. Premiere: 2. Oktober 1922.

57 Tunnat, Frederik D.: Marlene Dietrich. Vollmoellers blauer Engel, Berlin 2014, S. 49.
58 Meyerinck, Hubert von: Meine berühmten Freundinnen, zit. n. Apropos Marlene Dietrich. Mit einem Essay von Lars Jacob, Frankfurt a. M. 2000, S. 109.
59 Sudendorf, 2001, S. 34.
60 Zu allen drei Stücken: Ders., 1978, T. 2, S. 175.
61 Ebd., S. 90; Pressevorführung: 12. Juni 1923, Alhambra, Berlin. Der Film ist heute verschollen.
62 Das Stück heißt *Zwischen neun und neun*. Premiere vor Juli 1923, Bach. 1993, S. 94, u. 649.
63 Sudendorf, 1978, T. 2, S. 92.
64 Das Stück heißt *Mein Vetter Eduard.* Premiere 12. September 1923. Bach, 1993, S. 94 u. 650.
65 Zit. n. Sannwald, Daniela: Mode, in: Kino der Moderne. Film in der Weimarer Republik, hg. von der Kunst- und Ausstellungshalle der Bundesrepublik Deutschland, Bonn und der Deutschen Kinemathek Berlin, Dresden 2018, S. 74.
66 Baur, Eva Gesine: Einsame Klasse: Das Leben der Marlene Dietrich, München 2017, S. 529 u. 71.

AUF DER SUCHE NACH DEM EIGENEN STIL

1 Vgl. Kino der Moderne. Film in der Weimarer Republik, hg. von der Kunst- und Ausstellungshalle der Bundesrepublik Deutschland, Bonn und der Deutschen Kinemathek Berlin, Dresden 2018.
2 Sudendorf, Werner: Marlene Dietrich. Dokumente – Essays – Filme. Teil 1 u. 2, München 1977 u. 1978, hier T. 1, S. 139. Premiere: 15. Februar 1926, Ufa-Palast am Zoo.
3 Zit. n. Sudendorf, 1977, T. 1, S. 138.
4 Sudendorf, 1978, T. 2, S. 176. Premiere: 25. November 1926.
5 Viktor Barnowsky, zit. n. Sudendorf, 1978, T. 2, S. 73 f.
6 Premiere 20. Februar 1926. Sudendorf, 1978, T. 2, S. 176 f.
7 Sudendorf, 1977, T. 1, S. 141. Premiere: 24. Januar 1927, Ufa-Palast am Zoo.
8 Vgl. Spoto, Donald: Marlene Dietrich. Die große Biographie, München 2000, S. 55.
9 Baur, Eva Gesine: Einsame Klasse: Das Leben der Marlene Dietrich, München 2017, S. 77.
10 Riva, Maria: Meine Mutter Marlene, München 1992, S. 49.
11 Bach, Steven: Marlene Dietrich. Die Legende. Das Leben, Düsseldorf u. a. 1993, S. 106 u. 652.

12 Meyerinck, Meine berühmten Freundinnen, zit. n. Apropos Marlene Dietrich. Mit einem Essay von Lars Jacob, Frankfurt a. M. 2000, S. 109.
13 Sudendorf, Werner: Marlene Dietrich, München 2001, S. 45.
14 Vgl. Grosch, Nils: Aspekte des modernen Musiktheaters in der Weimarer Republik, Münster u. a. 2004, S. 143.
15 Sannwald, Daniela: Mode, in: Kino der Moderne. Film in der Weimarer Republik, hg. von der Kunst- und Ausstellungshalle der Bundesrepublik Deutschland, Bonn und der Deutschen Kinemathek Berlin, Dresden 2018, S. 71.
16 Zit. n. Riva, 1992, S. 57 f.
17 Vgl. Moreck, Curt: Führer durch das lasterhafte Berlin. Das deutsche Babylon 1931 (1931) Nachdruck, Berlin 2018.
18 Jander, Thomas: Ein Schein zum (Anders) Sein. Über »Freunde und Helfer« von Transsexuellen in der Weimarer Republik, DHM Blog, 23.07.2019, zit. n. der URL: https://www.dhm.de/blog/2019/07/23/wozu-das-denn-ein-schein-zum-anders-sein/ (zuletzt abgerufen 13.04.2021)
19 Linnemann, Dorothee: Hosen sind keine Option, in: Kleider in Bewegung. Frauenmode seit 1850. Für das Historische Museum Frankfurt hg. von Maren Ch. Härtel, Kerstin Kraft, Dorothee Linnemann, Regina Lösel (= Schriften des Historischen Museums Frankfurt Bd. 39), Petersberg 2020, S. 101.
20 Zeitzeuginnen, zit. b. Spoto, Donald: Marlene Dietrich. Die große Biographie, München 2000, S. 53 f.
21 Sudendorf, 1978, T. 2, S. 96. Premiere hatte der Film am 18. März 1927 im Ufa-Theater auf dem Kurfürstendamm.
22 Ebd., S. 94. Premiere: 14. Dezember 1926 im Capitol in Berlin.
23 Ebd., S. 99.
24 Ebd., S. 101.
25 In: *Berliner Tageblatt,* 56. Jg., Nr. 228, 15.05.1927, zit. n. Sudendorf, 1978, T. 2, S. 100.
26 Zit. n. Bach, 1993, S. 108.
27 Ebd. S. 110.
28 Wiener Theaterbilder, in: Wiener Bilder, 18.09.1927, S. 10.
29 Karl Hartl, zit. n. Dachs, Robert: Willi Forst. Eine Biografie, Wien 1986, S. 16.
30 Sudendorf, 2001, S. 46.
31 Mayr, Brigitte: Vom Broadway ins Café Elektric – Marlene Dietrichs ungestüme Liaison mit Wien, in: Dietrich, Marlene/Torberg, Friedrich: Schreib. Nein, schreib nicht. Briefwechsel 1946–1979, hg. von Marcel Atze, Wien 2008, S. 248.
32 Polgar, Alfred: Marlene. Bild einer berühmten Zeitgenossin, hg. u. mit einem Nachwort versehen von Ulrich Weinzierl, Wien 2015,

S. 7. Vgl. ebd., Nachwort S. 75–126, Bühnenfoto S. 76.
33 Mayr, 2008, S. 249.
34 Ebd., S. 253.
35 Marlene Dietrich: Man darf nie nein sagen!, in: *Mein Film* (1927), Nr. 100, S. 19, zit. n. Mayr, 2008, S. 252.
36 Sudendorf, 1978, T. 2, S. 103. Premiere: Emelka-Palast.
37 Georg Herzberg, in: *Film-Kurier,* Berlin 10. Jg., Nr. 72, 23.03.1928, zit. n. Sudendorf, 1978, T. 2, S. 102.
38 Ebd. S. 177; Bach, 1993, S. 114.
39 Baur, 2017, S. 531.
40 Sudendorf, 2001, S. 46.
41 Baur, 2017, S. 531, nennt einen Hanns Wollsteiner.
42 Sudendorf, 1978, T. 2, S. 177.
43 Ebd., S. 178 f.
44 Meyerinck, Meine berühmten Freundinnen, S. 110.
45 Vgl. Danielczyk, Sandra: Diseusen in der Weimarer Republik. Imagekonstruktionen im Kabarett am Beispiel von Margo Lion und Blandine Ebinger, Bielefeld 2017, S. 211–215.
46 Salber, Linde: Marlene Dietrich, Reinbek 2001, S. 37.
47 MDC, Inv. Nr. TX-70003.
48 Ernst Jäger, in: *Film-Kurier*, Berlin, 10. Jg., Nr. 213, 06.09.1928, zit. n. Sudendorf, 1978, T. 2, S. 104.
49 Axel Eggebrecht: Schauspielerinnen, in: *Der Montag Morgen,* Berlin, 6. Jg., Nr. 37, 10.09.1928, zit. n. Sudendorf, 1978, T. 2, S. 105.
50 Ernst Jäger, in: *Film-Kurier,* 10. Jg., Nr. 213, 06.09.1928, zit. n. Sudendorf, 1978, T. 2, S. 104.
51 Ebd., S. 179.
52 Zit. n. Bach, 1993, S. 124.
53 Sudendorf, 1977, T. 1, S. 143.
54 H. v. Wedderkop, in: *Der Querschnitt,* Berlin, 9. Jg. H. 3, Ende März 1929, S. 218, zit. n. Sudendorf, 1977, T. 1, S. 141.
55 Hans Sahl, in: *Der Montag-Morgen,* Berlin, 7. Jg., Nr. 3, 21.01.1929, zit. n. Sudendorf, 1977, T. 1, S. 141.
56 Der erste Tonfilm in Hamburg, in: *Hamburger Anzeiger,* 42. Jg., Nr. 20, 24.01.1929, zit. n. Sudendorf, 1977, T. 1, S. 142.
57 Hanns G. Lustig: Filmlärm und das stumme Gesicht einer Frau, in: *Tempo,* Berlin, 2. Jg., Nr. 15, 18.01.1929, zit. n. Sudendorf, 1977, T. 1, S. 143.
58 Sudendorf, 1978, T. 2, S. 111 f.
59 Zit. n. ders., 2001, S. 53.
60 (Frank) Maraun, in: *Deutsche Allgemeine Zeitung*, Berlin, Nr. 204, 04.05.1929, zit. n. Sudendorf, 1978, T. 2, S. 109 f.
61 Zit. n. Bach, 1993, S. 136.

62 Sudendorf, 1977, T. 1, S. 146. Premiere: 17. September 1929, Ufa-Pavillon am Nollendorfplatz, Berlin.

KULTSTATUS MIT ZYLINDER UND STRAPSEN

1 Sternberg, Josef von: Das Blau des Engels. Eine Autobiografie, München 1991, S. 51.
2 Ebd., S. 58 f.
3 Ebd., S. 59.
4 Vgl. ebd., S. 192.
5 Tunnat, Frederik D.: Marlene Dietrich. Vollmoellers blauer Engel, Berlin 2014, S. 16 f.
6 Sudendorf, Werner: Marlene Dietrich. Dokumente – Essays – Filme. Teil 1 u. 2, München 1977 u. 1978, hier T. 1, S. 148. Produktion: Sommer 1929, Premiere: 21. Februar 1930, Roxy-Palast, Berlin.
7 Hans Sahl: Ein deutscher Millionen-Film, in: *Der Montag-Morgen,* Berlin, 7. Jg., Nr. 38, 23.09.1929. Zit. n. Sudendorf, 1977, T. 1, S. 145.
8 Tunnat, 2014, S. 19.
9 Ders.: Karl Vollmoeller: Dichter und Kulturmanager. Eine Biographie, Hamburg 2008, S. 401 f.
10 Sudendorf, Werner: Chronik zur Entstehung des Films, in: Dirscherl, Luise/Nickel, Gunther (Hgg.): Der blaue Engel. Die Drehbuchentwürfe, St. Ingbert 2000, S. 54.
11 Dirscherl/Nickel, 2000, S. 8 ff.
12 Ebd., S. 86.
13 Ebd., S. 89.
14 Sudendorf, 1978, T. 2, S. 180.
15 Zur Biografie: Recherche/Text Siegfried Dehmel (Stolpersteine Berlin), zit. n. der URL: https://www.stolpersteine-berlin.de/en/biografie/9136 (zuletzt abgerufen 20.04.2021)
16 Bret, David: Meine Freundin Marlene. Eine Biographie, Hamburg 2002, S. 43.
17 Bach, Steven: Marlene Dietrich. Die Legende. Das Leben, Düsseldorf u. a. 1993, S. 153. Der Film lief im August an. *The New York Times,* 09.09.1929.
18 Sternberg, 1991, S. 265.
19 Ebd., S. 266.
20 Sudendorf, 2000, S. 56.
21 Sternberg, 1991, Text zu Abb. 53, Porträtfoto von Marlene Dietrich.
22 Hessel, Franz: Marlene Dietrich, in: Schöne Berlinerinnen: Frauenporträts, Berlin 2015, S. 82.

23 Sternberg, 1991, S. 263.
24 Ebd., S. 264.
25 Vgl. Ulrich Rügner, Filmmusik in Deutschland zwischen 1924 und 1934, Hildesheim/Zürich/New York 1988, S. 239 ff.
26 Sternberg, Josef von: Ich, Josef von Sternberg, Hannover 1967, S. 251
27 Zit. n. Haustedt, Brigitte: Die wilden Jahre in Berlin. Eine Klatsch- und Kulturgeschichte der Frauen, Berlin 1999, S. 186.
28 Sternberg, 1991, S. 270.
29 Wieland, Karin: Dietrich & Riefenstahl. Der Traum von der neuen Frau, München 2011, S. 202.
30 MDC, Inv. Nr. TX-50227. Tihamér Varady, Theater Kunst GmbH Berlin, Futter und Oberstoff aus Seide.
31 MDC, Inv. Nr. TX 50195.
32 Sternberg, 1967, S. 250.
33 Landshoff-Yorck, Ruth: Engel, Stern und Apfelmus, in: Sudendorf, 1977, T. 1, S. 100.
34 Riva, Maria: Meine Mutter Marlene, München 1992, Tagebuch vom 08.10.1920, S. 46.
35 Sudendorf, 2000, S. 57.
36 Hessel, 2015, S. 87.
37 Sternberg, 1991, S. 273.
38 MDC, Leopardenmantel mit Seidenfutter, Inv. Nr. VS-1109.
39 MDC, Inv. Nr. TX-90266, »Fritz Ulrich Altona, Gustavstrasse 58-60«.
40 Sudendorf, 2000, S. 62
41 Ebd.
42 Riva, 1992, S. 80.
43 Sudendorf, 2000, S. 64.
44 Ders., 1977, T. 1, S. 148.
45 Ders., 2000, S. 66.
46 Ders., Marlene Dietrich, München 2001, S. 65.
47 Sternberg, 1991, S. 275.
48 Zum Filmchanson: Vgl. Bemmann, Helga: Marlene Dietrich. Ihr Weg zum Chanson, Berlin 1986, S. 6.
49 Vgl. Bach, 1993, S. 176 f.
50 Herbert Ihering, in: *Berliner Börsen Courier,* 62. Jg., Nr. 156, 02.04.1930, zit. b. Sudendorf, 1977, T. 1, S. 123.
51 Hans Sahl, in: *Der Montag-Morgen*, Berlin, 8. Jg., Nr. 14, 07.04.1930, zit. n. Sudendorf, 1977, T. 1, S. 124.
52 *Die Weltbühne,* Berlin, 26. Jg., Nr. 18, 29.04.1930, zit. n. Sudendorf, 1977, T. 1, S. 129 f.
53 Riva, 1992, S. 86.
54 Sudendorf, 2001, S. 67.

55 Riva, 1992, S. 86f.
56 Zit. n. ebd., S. 90.
57 Ebd.
58 Bach, 1993, S. 179.

EIGENE HOSEN UND FREMDE FEDERN

1 Zit. b. Riva, Maria: Meine Mutter Marlene, München 1992, S. 97.
2 Ebd., S. 92f.
3 Ebd., S. 93.
4 Zit. n. Sudendorf, Werner: Marlene Dietrich. Dokumente – Essays – Filme. Teil 1 u. 2, München 1977 u. 1978, hier T. 2, S. 61.
5 John Engstead, Star Shots, Boston 1978, Zit. n. Sudendorf, Werner: Marlene Dietrich, München 2001, S. 70.
6 Diese Angaben verdanke ich Frau Dr. Barbara Schröter, Deutsche Kinemathek, Berlin.
7 Vgl. Barthes, Roland: Mythen des Alltags, Frankfurt a. M. 1964, S. 73.
8 Polgar, Alfred: Marlene. Bild einer berühmten Zeitgenossin, hg. u. mit einem Nachwort versehen von Ulrich Weinzierl, Wien 2015, S. 42f.
9 Zit. n. Riva, 1992, S. 94.
10 Ebd., S. 95.
11 Ebd., S. 95f.
12 Vgl. Abbildung, in: Sudendorf, 2001, S. 71.
13 Zit. n. Riva, 1992, S. 96.
14 Ebd.
15 Ebd.
16 Bach, Steven: Marlene Dietrich. Die Legende. Das Leben, Düsseldorf u. a. 1993, S. 665f.
17 Zit. n. Riva, 1992, S. 100.
18 Ebd., S. 102.
19 Der Frack befindet sich in Marlene Dietrichs Nachlass. MDC, Inv. Nr. VS-1093.
20 Sternberg, Josef von: Ich, Josef von Sternberg, Hannover 1967, S. 271.
21 Vgl. Lehnert, Gertrud: Wenn Frauen Männerkleidung tragen. Geschlecht und Maskerade in Literatur und Geschichte, München 1997, S. 18.
22 Bach, 1993, S. 187.
23 Sudendorf, 2001, S. 79.
24 Bach, 1993, S. 666.
25 Simo in Variety, New York, Anfang März 1931, in: Sudendorf, 1977, T. 1, S. 152f.
26 Bach, 1993, S. 191.
27 Wilton A. Barrett, in: *National Board of Review Magazine,* New York,

November 1930, in: Sudendorf, 1977, T. 1, S. 150.
28 Meyerinck, Meine berühmten Freundinnen, zit. n. Apropos Marlene Dietrich. Mit einem Essay von Lars Jacob, Frankfurt a. M. 2000, S. 111 f.
29 Zit. n. Arnbom, Marie-Theres: Marlene Dietrich. Ihr Stil, ihre Filme, ihr Leben, Wien 2010, S. 216 u. 217.
30 Sudendorf, 2001, S. 80.
31 Baur, Eva Gesine: Einsame Klasse: Das Leben der Marlene Dietrich, München 2017, S. 147.
32 Riva, 1992, S. 107 schreibt es Patou zu.
33 Spoto, Donald: Marlene Dietrich. Die große Biographie, München 2000, S. 107.
34 Erhalten in der MDC, Hausmantel aus Seidensamt, bedruckt mit Leopardenmuster, Inv. Nr. TX-50080. Produktionsland: USA. Pantoffeln aus Seidensamt in Leopardenmuster. Inv. Nr. TX-80042, New York City.
35 Sudendorf, 2001, S. 84.
36 Ebd.
37 Riva, 1992, S. 132.
38 Sudendorf, 2001, S. 84.
39 Riva, 1992, S. 128.
40 Ebd., S. 128 f.
41 Wieland, Karin: Dietrich & Riefenstahl. Der Traum von der neuen Frau, München 2011, S. 233.
42 Zit. n. Salber, Linde: Marlene Dietrich, Reinbek 2001, S. 71.
43 Bach, 1993, S. 666.
44 Riva, 1992, S. 137 f.
45 MDC Inv. Nr. 4.2-199316-6-12-121-1.
46 Zit. n. Sudendorf, 2001, S. 87.
47 Ebd., S. 87 f.
48 Vgl. Hollaender, Anne: Anzug und Eros. Eine Geschichte der modernen Kleidung, Berlin 1998.
49 MDC, Inv. Nr. VS-1085.
50 Horak, Laura: Girls Will Be Boys. Cross-Dressed Women, Lesbians, and American Cinema, 1908–1934, New Brunswick, New Jersey, London 2016, S. 169.
51 Sudendorf, 2001, S. 88.
52 Ebd., S. 87.
53 Ebd., S. 88 f.
54 Bach, 1993, S. 213.
55 Riva, 1992, S. 197.
56 Maurice Chevalier, Ma grande joie: Mener Marlène entre les bras de Paris. Interview von Agnes Navarre in: *Les Lettres françaises,*

Paris, Nr. 800, 26.11.1959, zit. n. Sudendorf, 1978, T. 2, S. 81.
57 Sudendorf, 2001, S. 84.
58 Ebd., S. 90.
59 Ebd., S. 91.
60 Zit. n. Riva, 1992, S. 146.
61 Vgl. Acosta, Mercedes de: Hier liegt das Herz. Die Geschichte meines Lebens, Göttingen 1996.
62 Vgl. Schanke, Robert A.: That Furious Lesbian. The Story of Mercedes de Acosta, o. O., Southern Illinois University Press 2004.
63 Vgl. Madsen, Axel: Der Nähkreis – Hollywoods größtes Geheimnis. Die Diven und ihre Liebe zu Frauen, Hamburg 1996.
64 Riva, 1992, S. 165 f.
65 Zit. n. Sudendorf, 2001, S. 92.
66 Ebd.
67 Forsyth Hardy, in: *Cinema Quaterly*, Edinburgh, Bd. I, Nr. 1, Herbst 1932, zit. n. Sudendorf, 1977, T. 1, S. 158.
68 Dwight MacDonald, Notes on Hollywood Directors, in: Symposium, Nr. 3 u. 4, April und Juli 1933, zit. n. Sudendorf, 1977, T. 1, 158.
69 Sudendorf, 2001, S. 92.
70 Der Smoking stammt von Watson & Son, Tailors, Hollywood Calif. Oktober 1932. MDC, Inv. Nr. E-70618.
71 Sudendorf, 2001, S. 91.
72 Horak, 2016, S. 194 f., 194. Betsy Ross war die Tochter eines Quäkers, die angeblich die erste amerikanische Flagge genäht hat.
73 Sudendorf, 2001, S. 95.
74 Bach, 1993, S. 225.
75 Sudendorf, 2001, S. 95 f.
76 Spoto, 2000, S. 130.
77 Riva, 1992, S. 173.
78 Zit. n. Spoto, 2000, S. 130.
79 Horak, 2016, S. 181.
80 Bach, 1993, S. 667. Dreharbeiten: Febr. bis Mai 1933; Premiere: 19. Juli 1933.
81 Sudendorf, 1977, T. 1, S. 166.
82 Alle Zitate nach Bach, 1993, S. 236 f.
83 Alfred Kerr: Marlene – an der Seine, in: Das Neue Tagebuch, Paris – Amsterdam, 1. Jg., Nr. 11, 9.09.1933, zit. n. Sudendorf, 1977, T. 1, S. 165.
84 Zit. n. Riva, 1992, S. 205.
85 Bach, 1993, S. 240.
86 Sudendorf, 2001, S. 96.
87 Zit. n. Riva, 1992, S. 205 f.

WENN DIE LIEBE STIRBT

1 Riva, Maria: Meine Mutter Marlene, München 1992, S. 209.
2 Spoto, Donald: Marlene Dietrich. Die große Biographie, München 2000, S. 136.
3 Herrenschuhe aus Reptilleder, MDC, Inv. Nr. TX-00101. Label: f. Pinet & Cie., Paris.
4 Bach, Steven: Marlene Dietrich. Die Legende. Das Leben, Düsseldorf u. a. 1993, S. 241.
5 Riva, 1992, S. 232.
6 MDC, Inv. Nr. 4.10-3-00-016. Bestandssignatur: 19916: »À Marlene Dietrich, la Police de Paris reconnaissante, le Préfet Jean Chiappe, 13/6/33.«
7 Zit. n. Arnbom, Marie-Theres: Marlene Dietrich. Ihr Stil, ihre Filme, ihr Leben, Wien 2010, S. 220 u. 221.
8 Wieland, Karin: Dietrich & Riefenstahl. Der Traum von der neuen Frau, München 2011, S. 246.
9 Zit. n. Arnbom, 2010, S. 221.
10 Ebd., S. 225.
11 Mayr, Brigitte: Vom Broadway ins Café Elektric – Marlene Dietrichs ungestüme Liaison mit Wien, in: Dietrich, Marlene/Torberg, Friedrich: Schreib. Nein, schreib nicht. Briefwechsel 1946–1979, hg. von Marcel Atze, Wien 2008, S. 254.
12 Vgl. Jaray, Hans: Was ich kaum erträumen konnte … Ein Lebensbericht, Wien/München 1990.
13 Riva, 1992, S. 271.
14 Ebd.
15 Sudendorf, Werner: Marlene Dietrich, München 2001, S. 98.
16 Zit. n. Sinclair, Charlotte: Vogue on Christian Dior, München 2013, S. 12.
17 Riva, 1992, S. 235.
18 Ebd., S. 240.
19 Ebd., S. 240 f.
20 Ebd., S. 250. Maria Riva gibt als Provenienz Patou an.
21 Ebd., S. 237 f.
22 Polgar, Alfred: Marlene. Bild einer berühmten Zeitgenossin, hg. u. mit einem Nachwort versehen von Ulrich Weinzierl, Wien 2015, S. 11 u. S. 68.
23 Wieland, Karin: Dietrich & Riefenstahl. Der Traum von der neuen Frau, München 2011, S. 264.
24 Riva, 1992, S. 285 f. Schwarzes Trachtenkostüm und grauer Filzhut mit weißer Feder: MDC Inv. Nr. VS-1110.
25 Zit. b. Mayr, 2008, S. 254 u. 256.

26 Riva, 1992, S. 298.
27 Sudendorf, 2001, S. 100.
28 Sternberg, Josef von: Ich, Josef von Sternberg, Hannover 1967, S. 290.
29 Kauf, in: *Variety,* New York, 18.09.1934, zit. n. Sudendorf, Werner: Marlene Dietrich. Dokumente – Essays – Filme. Teil 1 u. 2, München 1977 u. 1978, hier T. 1, S. 168.
30 Richard Watts jr. in: *The New York Herald Tribune,* 15.12.1934, zit. n. Sudendorf, 1977, T. 1, S. 170.
31 Sudendorf, 2001, S. 104.
32 Sudendorf, 1977, T. 1, S. 174.
33 Zitiert n. Riva, 1992, S. 248.
34 Eugene Archer, 1935 Film Hailed by Miss Dietrich, in: *The New York Times,* 29.11.1961, zit. n. Sudendorf, 1977, T. 1, S. 171.
35 Bach, 1993, S. 258.
36 Eugene Archer, 1935 Film Hailed by Miss Dietrich, in: *The New York Times,* 29.11.1961, zit. n. Sudendorf, 1977, T. 1, S. 171.
37 Ebd. S. 174.
38 Zit. n. Riva, 1992, S. 399.
39 Zit. n. ebd., S. 400.
40 Äußerung Joe Pasternaks, Easy the Hard Way, London 1956, in: Sudendorf, 1978, T. 2, S. 79.
41 Sudendorf, 1977, T. 1, S. 174.
42 André Sennwald, in: *The New York Times,* 04.05.1935, in: Sudendorf, 1977, T. 1, S. 171 .
43 Ebd., S. 171.
44 Bach, 1993, S. 267 ff.
45 Vgl. Hellmuth Karasek: Der ungeliebte Engel. Der Jahrhundertstar Marlene Dietrich, in: *Der Spiegel,* 19.06.2000.

INS GLAMOURÖSE AUS

1 Das Hauskleid: MDC, Inv. Nr. TX-50120, blaue und rosa Seide.
2 Spoto, Donald: Marlene Dietrich. Die große Biographie, München 2000, S. 156.
3 Bach, Steven: Marlene Dietrich. Die Legende. Das Leben, Düsseldorf u. a. 1993, S. 274.
4 Riva, Maria: Meine Mutter Marlene, München 1992, S. 406 ff. Das Leda-Kostüm ist (ebenso wie der Frack) in Berlin erhalten. MDC, Inv. Nr. VS-1093.
5 Bemmann, Helga: Marlene Dietrich. Im Frack zum Ruhm, Leipzig 2000, S. 92.

6 Zit. n. Bemmann, Helga: Marlene Dietrich. Ihr Weg zum Chanson, Berlin 1986, S. 88.
7 Wieland, Karin: Dietrich & Riefenstahl. Der Traum von der neuen Frau, München 2011, S. 267.
8 Aus Anlass von Marlene Dietrich 100. Geburtstag wurde ein Kochbuch mit Originalrezepten veröffentlicht. Weth, Georg A.: »Ick will wat Feinet«. Das Marlene Dietrich Kochbuch, Berlin 2001.
9 Vgl. Riva, 1992, S. 411 f.
10 Spoto, 2000, S. 150.
11 Vgl. Hans Helmut Prinzler, Ernst Lubitsch, in: Koebner, Thomas (Hg.): Filmregisseure. Biografien, Wegbeschreibungen, Filmografien, Stuttgart 2008, S. 450–455.
12 Ebd. S. 450.
13 Jäger, Armin: Frank Borzage, in: Koebner, 2008, S. 78–81.
14 Sudendorf, Werner: Marlene Dietrich, München 2001, S. 109 f.
15 Vgl. Lilly Daché, Talking Through My Hats, 2. Auflage, New York 1946.
16 Edith Head/Paddy Calistro, Edith Head's Hollywood, New York 1983, S. 29. Episode u. Zitat Spoto, 2000, S. 155 f.
17 Markowitz, Yvonne J.: The Jewels of Trabert & Hoeffer-Mauboussin: A History of American Style and Innovation, Museum of Fine Arts Publications, Boston 2014. Vgl. Proddow, Penny & Healy, Debra: American Jewelry: Glamour & Tradition, New York 1987. Vgl. Traina, John, Extraordinary Jewels, New York 1994.
18 Irvine Bray, Elizabeth: Paul Flato: Jeweler to the Stars, New York 2010.
19 Zit. n. Riva, 1992, S. 410.
20 Bach, 1993, S. 669.
21 Ein solches Paar Pumps in den Farben Braun und Weiß befindet sich in Marlene Dietrichs Nachlass. MDC, Inv. Nr. TX-80047. Label: S. Aprile.
22 Zit. n. Riva, 1992, S. 410 f.
23 Ebd., S. 428.
24 Sudendorf, 2001, S. 115.
25 Graham Greene, in: *The Spectator,* London, 03.04.1936, zit. n. Sudendorf, Werner: Marlene Dietrich. Dokumente – Essays – Filme. Teil 1 u. 2, München 1977 u. 1978, hier T. 2, S. 112.
26 Frank S. Nugent, in: *The New York Times,* 13.04.1936, S. 15, zit. n. Spoto, 2000, S. 155.
27 Sudendorf, 2001, S. 116.
28 Vgl. Riva, 1992, S. 439 f.
29 Silbernes Cape aus Seide und Metall, 1936. MDC, Inv. Nr. VS-1087.
30 MDC , Inv. Nr. TX-50151. Entstehungsjahr 1937.
31 Memo from David O. Selznick, hg. v. Ruth Behlmer, New York 1972, zit. n. Sudendorf, 1978, T. 2, 115.

32 Bach, 1993, S. 670.
33 Ebd., S. 292, 297.
34 Vgl. ebd., S. 298.
35 Zit. n. ebd., S. 303.
36 Zit. n. Riva, 1992, S. 461.
37 Ebd., S. 461.
38 Bach, 1993, S. 304.
39 Ebd., S. 301 f.
40 Ebd., S. 301, 671.
41 Riva, 1992, S. 487.
42 Ebd.
43 MDC , Inv. Nr. TX-70172. Label: Schiaparelli, 21 Place Vendôme, Paris, Hiver 37/38.
44 MDC, Inv. Nr. TX-70330. Label: Schiaparelli, 21 Place Vendôme, Paris, Hiver 1937/38. Zum Anzug kaufte Marlene ein Jahr später bei Schiaparelli noch ein großes schwarzes Seidensamtbarett. MDC, Inv. Nr. VS-1112. Label: Elsa Schiaparelli; 21 Place Vendôme Paris, Hiver 1938/39.
45 Die Existenz der Reißverschlüsse bestätigte mir Frau Dr. Barbara Schröter, Deutsche Kinemathek Berlin.
46 MDC, Inv. Nr. VS-1116.
47 Bach, 1993, S. 306.
48 Bret, David: Meine Freundin Marlene. Eine Biographie, Hamburg 2002, S. 111.
49 Spoto, 2000, S. 169.
50 Zur englischen Herrenmode, vgl. Lukens Noonan, Meg: Der perfekte Mantel. Handwerk. Luxus. Leidenschaft. Die Geschichte eines 50 000-Dollar-Mantels, Berlin 2013.
51 Sudendorf, 1977, T. 1, S. 193.
52 Zit. n. Bach, 1993, S. 308.
53 Paule Hutzler: Dans le sillage de Marlène Dietrich [Gespräch mit George Benda], in: *Ciné-Miroir,* Paris, 15. Jg. Nr. 610, 11.12.1936, zit. n. Sudendorf, 1977, T. 1, S. 175.
54 Feyder, Jaques/Rosay, Françoise: Le Cinéma – Notre Métier, Genf 1944, S. 56 ff., zit. n. Sudendorf, 1977, T. 1, S. 174 f.
55 Bach, 1993, S. 311 f.
56 Riva, 1992, S. 480.
57 Ebd., S. 482 f.
58 Zit. n. Bach, 1993, S. 311.
59 Sudendorf, 2001, S. 124.
60 Bach, 1993, S. 318.
61 Riva, 1992, S. 499.
62 gl. Naumann, Michaela: Ernst Lubitsch. Aspekte des Begehrens,

Marburg 2008, S. 75–86.
63 Bach, 1993, S. 671 f.; Premiere am 03.11.1937 in New York.
64 Zit. n. Hans Helmut Prinzler, Ernst Lubitsch, in: Koebner, 2008, S. 452.
65 Brokatjacke im asiatischen Stil: MDC, Inv. Nr. TX-70004.
66 Chiffonkleid: MDC, Inv. Nr. TX-30001.
67 Bach, 1993, S. 321.
68 Riva, 1992, S. 501.
69 Lederhose: MDC, Inv. Nr. TX-70162.
70 Nagelschuhe: MDC, Inv. Nr. TX-00102.
71 Sudendorf, 1977, T. 1, S. 193. Premiere am 20.09.1937 in London.
72 Zu Erich Maria Remarque und Marlene Dietrich vgl. Katz, Liebe mich!, Erich Maria Remarque und die Frauen, Berlin 2018, S. 61–81.
73 Riva, 1992, S. 530.
74 Ebd., S. 529.
75 Fuld, Werner/Schneider, Thomas f. (Hgg.): »Sag mir, daß Du mich liebst …«. Erich Maria Remarque – Marlene Dietrich. Zeugnisse einer Leidenschaft, Köln 2003, S. 23 f.
76 Meyerinck, Meine berühmten Freundinnen, zit. n. Apropos Marlene Dietrich. Mit einem Essay von Lars Jacob, Frankfurt a. M. 2000, S. 112 f.
77 Vgl. Wieland, 2011, S. 280 f.
78 Zit. n. Arnbom, Marie-Theres: Marlene Dietrich. Ihr Stil, ihre Filme, ihr Leben, Wien 2010, S. 226 u. 229.
79 Sudendorf, 1978, T. 2, S. 119.
80 Bach, 1993, S. 330.
81 The most famous legs in history loose their job, zit. n. Sudendorf, 2001, S. 117.
82 MDC Berlin Inv. Nr. VS-1101. Dazu besaß sie ein passendes blaues Abendkleid von Lelong.
83 Riva, 1992, S. 522.
84 Sudendorf, 2001, S. 125.
85 Fuld/Schneider, 2003, S. 138 f.
86 MDC, Inv. Nr. VS-1079.
87 Die Rechnung ist abgebildet in: Mythos Chanel, 2013.
88 Fuld/Schneider, 2003, S. 69.
89 Der Brief Remarques ist nachzulesen: Ebd., S. 93.

ALLES AUF ANFANG

1 Bach, Steven: Marlene Dietrich. Die Legende. Das Leben, Düsseldorf u. a. 1993, S. 164.
2 Ebd., S. 341.
3 Ebd., S. 672.

4 Riva, Maria: Meine Mutter Marlene, München 1992, S. 554 u. 555. Sie nannte es einen »Nachthemdenschnitt«.
5 Diese Filmkostüme sind in der MDC erhalten.
6 Riva, 1992, S. 565 f.
7 Vgl. ebd., S. 565.
8 Victoria Wolff und Joe Laltin: Plus und Minus eines Stars, in: *Die Weltwoche,* Zürich, 33 Jg., Nr. 1670, 12.11.1965, zit. n. Sudendorf, Werner: Marlene Dietrich. Dokumente – Essays – Filme. Teil 1 u. 2, München 1977 u. 1978, hier T. 2, S. 83.
9 Vgl. Bach, 1993, S. 672.
10 Bach, 1993, S. 346.
11 Ebd., S. 349.
12 Wilhelm Boehnel, in: *The New York World Telegram,* 30.11.1939, zit. n. Sudendorf, 1978, T. 2, S. 119.
13 Zit. n. Sudendorf, 1978, T. 2, S. 119 f. Frank S. Nugent, 30.11.1939.
14 Bach, 1993, S. 673.
15 In Berlin erhalten Kostüm und Tasche.
16 MDC, Inv. Nr. VS 1099. Bullocks Wilshire.
17 MDC, Inv. Nr. VS 1095. Bullocks Wilshire.
18 MDC, Inv. Nr. VS-1106.
19 Zit. n. Bemmann, Helga: Marlene Dietrich. Ihr Weg zum Chanson, Berlin 1986, S. 100.
20 William Boehnel, zit. n. Bach, 1993, S. 355.
21 Die Kappe: MDC, Inv. Nr. TX-90293.
22 Bach, 1993, S. 673. Nachdreh im März.
23 Ebd., S. 357.
24 Ebd., S. 673.
25 Zit. n. Charles Th. Samuels: Encounting Directors, New York, 1972, zit. n. Sudendorf, 1978, T. 2, S. 122.
26 Bach, 1993, 673 f. Nachdreh im Juni.
27 Ebd., S. 360.
28 Zit. n. Bach, 1993, S. 359.
29 Edward G. Robinson, All my Yesterdays – An Autobiography, New York 1973, zit. n. Sudendorf, 1978, T. 2, S. 80.
30 Bach, 1993, S. 673.
31 Ebd., S. 379.
32 Spoto, Donald: Marlene Dietrich. Die große Biographie, München 2000, S. 205; Bach, 1993, S. 377.
33 FIDM Museum Department of Recreation and Parks of Los Angeles. HC 3633.
34 Sudendorf, 1977, T. 1, S. 198.
35 Bach, 1993, S. 364.

IN UNIFORM

1 Zit. n. Bach, Steven: Marlene Dietrich. Die Legende. Das Leben, Düsseldorf u. a. 1993, S. 373.
2 Bach, ebd., S. 367.
3 Sudendorf, Werner: Marlene Dietrich, München 2001, S. 135.
4 Sudendorf, Werner: Marlene Dietrich. Dokumente – Essays – Filme. Teil 1 u. 2, München 1977 u. 1977, T. 1, S. 200.
5 Bach, 1993, S. 674.
6 Bosley Crowther in *The New York Times,* 24.04.1942, zit. n. Sudendorf, 1977, T. 1, S. 197.
7 Bach, 1993, S. 377.
8 Riva, Maria: Meine Mutter Marlene, München 1992, S. 589.
9 Spoto, Donald: Marlene Dietrich. Die große Biographie, München 2000, S. 216.
10 T. S. in *The New York Times,* 22.05.1942, zit. n. Sudendorf, 1977, T. 1, S 198 f., S. 199.
11 Bach, 1993, S. 371.
12 Zit. n. Sudendorf, 2001, S. 135.
13 Sudendorf, 1978, T. 2, S. 129.
14 Bach, 1993, S. 371 f.
15 Ebd., S. 675 f.
16 Ebd., S. 676 f.
17 Riva, 1992, S. 597.
18 Bach, 1993, S. 390.
19 Ebd., S. 380.
20 Ebd., S. 677; Premiere am 22. August 1944 im Astor Theater, New York.
21 Zit. n. Sudendorf, 1978, T. 2, S. 73.
22 Bach, 1993, S. 385.
23 Ebd., S. 387.
24 Howard Barnes in: *The New York Herald Tribune,* 23.08.1944, zit. n. Sudendorf, 1978, T. 2, S. 130.
25 Bach, 1993, S. 387.
26 Ebd., S. 390.
27 Ebd., S. 394.
28 Riva, 1992, S. 609.
29 Ihre USO-Uniform soll eine Maßanfertigung von Saks in der Fifth Avenue gewesen sein. Riva, 1992, 609 u. Baur, Eva Gesine: Einsame Klasse: Das Leben der Marlene Dietrich, München 2017, S. 283.
30 MDC Berlin, Inv. Nr. 4.10-199316-3-00-048.
31 Baur, 2017, S. 538.
32 Zit. n. Bach, 1993, S. 255. Vgl. Aaron Edward Hotchner:

Hemingway and his World, New York 1989.
33 Bach, 1993, S. 395.
34 Sudendorf, 2001, S. 136.
35 Zeitzeugenbericht, zit. n. Bach, 1993, S. 396.
36 Ebd., S. 401. Kleid: MDC Inv. Nr. E-20029.
37 Ebd., S. 398.
38 Baur, 2017, S. 296.
39 Bach, 1993, S. 399 f.
40 Baur, 2017, S. 296.
41 Ebd., S. 296 f.
42 MDC Berlin, Inv. Nr.: TX-50008. Label: Schiaparelli, Place Vendôme, Paris.
43 Roberts, Hilary: Lee Miller. A Woman's War, London 2015, S. 134.
44 Bach, 1993, S. 401 f.
45 Baur, 2017, S. 300.
46 Bach, 1993, S. 405 f.
47 Foto, abgebildet in: Roberts, 2015.
48 Das Foto ist erhalten: MDC, Inv. Nr. 4.2-93/16-1, 2577.
49 Bach, 1993, S. 406 u. 413.
50 Ebd., S. 407.
51 Ebd.
52 Foto, abgebildet in: Dietrich, Marlene/Torberg, Friedrich: Schreib. Nein, schreib nicht. Briefwechsel 1946–1979, hg. von Marcel Atze, Wien 2008, Kommentar, S. 131.
53 Bach, 1993, S. 412.
54 Zit. n. ebd., S. 414.
55 Ebd., S. 413.
56 Ebd., S. 415.
57 Vgl. Baur, 2017, S. 309.
58 Riva, 1992, 641. Vgl. Bach, 1993, S. 417.
59 Brief vom 16.09.1945 an Rudi Sieber, zit. b. Riva, 1992, S. 631 f.
60 Ebd. S. 632.
61 Bach, 1993, S. 424.
62 Zit. n. Riva, 1992, S. 647.
63 Ebd., S. 649.
64 Ebd.
65 Ebd., S. 650.
66 Sudendorf, 1978, T. 2, S. 134.
67 Vgl. Bach, 1993, S. 425.
68 Jean Vidal, in: *L'Écran français,* Paris, 4. Jg., Nr. 78, 24.12.1946, zit. n. Sudendorf, 1978, T. 2, S. 132 f.
69 Dietrich, Marlene: Ich bin Gott sei Dank Berlinerin, Memoiren, Frankfurt a. M. 1987, S. 307.

70 Chierichetti, David: Hollywood Director. The Career of Mitchell Leisen, New York 1973, S. 260–262, zit. n. Sudendorf, 1977, T. 1, S. 203 f.
71 Sudendorf, 1977, T. 1, S. 206.
72 Zit. n. Bach, 1993, S. 438.
73 Zit. n. Baur, 2017, S. 321.
74 Zit. n. Riva, 1992, S. 665.
75 Bach, 1993, S. 440.
76 Baur, 2017, S. 324.
77 Sudendorf, 2001, S. 152.
78 Dietrich, Marlene: Nehmt nur mein Leben. Reflexionen, München 1979, S. 192 f.
79 Spoto, 2000, S. 263.
80 Sudendorf, 1977, T. 1, S. 211. Premiere: 20.08.1948. Zu Billy Wilder: Susanne Marshall, in: Koebner, Thomas (Hg.): Filmregisseure. Biografien, Wegbeschreibungen, Filmografien, Stuttgart 2008, S. 827– 833.
81 Dorothy Kilgallan, in: *Modern Screen,* New York, Vol. 37, No. 5, Oktober 1948, zit. n. Sudendorf, 1977, T. 1, S. 206.

NO DIOR, NO DIETRICH

1 Dietrich, Marlene/Torberg, Friedrich: Schreib. Nein, schreib nicht. Briefwechsel 1946–1979, hg. von Marcel Atze, Wien 2008, S. 8.
2 Vgl. Sinclair, Charlotte: Vogue on Christian Dior, München 2013, S. 26 ff.
3 MDC, Inv. Nr. TX-10019.
4 Zit. n. Rosteck, Jens: Édith Piaf. Hymne an das Leben, Berlin 2013, S. 139.
5 Stanley Marcus, Christian Dior, Dallas, Dallas Museum of Art, vgl. URL: https://blog.dma.org/2019/05/16/the-master-of-the-moment-takes-texas-dior-and-dallas/ (abgerufen 13.04.2021)
6 Sinclair, 2013, S. 43.
7 MDC, Inv. Nr. 4.12-93/16-70105. Christian Dior Paris. Christian Dior und Deutschland, 1947–1957, hg. v. Adelheid Rasche (= Eine Ausstellung der Kunstbibliothek Staatliche Museen zu Berlin), Berlin 2007, S. 48 f.
8 Ein Telegramm Gabins, zit. b. Baur, Eva Gesine: Einsame Klasse: Das Leben der Marlene Dietrich, München 2017, S. 326.
9 Riva, Maria: Meine Mutter Marlene, München 1992, S. 672. Riva nennt hier die Designerin Valentina Nicholaevna Sanina Schlee (1899–1989), die Ehefrau von George Schlee, einem engen Freund von Greta Garbo. Sie hatte 1928 einen Salon in der Madison Avenue eröffnet.
10 Riva, 1992, S. 672 f.

11 Ebd., S. 673.
12 Rosteck, 2013, S. 209 ff.
13 Riva, 1992, S. 672.
14 Ebd., S. 677.
15 Ebd., S. 675.
16 Stanley Marcus, Christian Dior, Dallas, Dallas Museum of Art, zit. nach der URL: https://blog.dma.org/2019/05/16/the-master-of-the-moment-takes-texas-dior-and-dallas/ (abgerufen 13.04.2021)
17 MDC, Inv. Nr. 4.12-93/16-70113 u. 90062 (Hut). Label: Christian Dior – New York inc. Original Trade Mark made in USA; Christian Dior und Deutschland, 2007, S. 66 ff.
18 Sudendorf, Werner: Marlene Dietrich. Dokumente – Essays – Filme. Teil 1 u. 2, München 1977 u. 1978, hier T. 2, S. 135.
19 Riva, 1992, S. 676.
20 Dior, Christian: Das kleine Buch der Mode, Berlin-Grunewald 1954, o. S.
21 Zit. n. Riva, 1992, S. 678.
22 Ebd.
23 Daily Mail, 28. Juni 1949, zit. n. Spoto, Donald: Marlene Dietrich. Die große Biographie, München 2000, S. 268.
24 Bach, Steven: Marlene Dietrich. Die Legende. Das Leben, Düsseldorf u. a. 1993, S. 680. Premiere am 23. Februar 1950. Sudendorf, 1978, T. 2, S. 138, nennt den 15. April 1950.
25 Zit. n. Spoto, 2000, S. 269.
26 Truffaut, François: Mr. Hitchcock, wie haben Sie das gemacht?, München 1963, in: Sudendorf, 1978, T. 2, S. 135 f.
27 Christian Dior und Deutschland, 2007, S. 58 f. Ein zweites Exemplar des Kostüms in Marineblau hat sich aus dem Privatbesitz in der MDC erhalten. Ohne Etikett. Inv. Nr. 4.12-93/16-70104.
28 Zu diesem Schmuckstück vgl. URL: https:www.cooksan-clal.com/le-blog/la maison – van – clef – and arpels/ (abgerufen 22.04.2021)
29 Fuld, Werner/Schneider, Thomas f. (Hgg.): »Sag mir, daß Du mich liebst …«. Erich Maria Remarque – Marlene Dietrich. Zeugnisse einer Leidenschaft, Köln 2003, S. 138 f.
30 Zit. n. Spoto, 2000, S. 269.
31 Zit. n. Riva, 1992, S. 681.
32 Spoto, 2000, S. 278.
33 MDC, Inv. Nr. 4.12-93/16-60001 und 70115. Christian Dior und Deutschland, 2007, S. 62 .
34 Abgebildet in: Christian Dior und Deutschland, 2007, S. 97 ff.
35 Baur, 2017, S. 337.
36 Vgl. Christian Dior und Deutschland, 2007, S. 48 Chandernagor: 60cm; S. 54 Saphir: 59cm; S. 58 Acacias, 64 cm; S. 66 graues Tageskleid, 58 cm; S. 70 Lyre, 55 cm; S. 82 Précieuse 60 cm.

37 MDC, Inv. Nr. TX-90059.
38 Riva, 1992, S. 682.
39 Bach, 1993, S. 681. Premiere am 2. August, Odeon, London.
40 MDC, Inv. Nr. TX-10273.
Stola mit beigem Spitzenfutter von Dior.
41 Riva, 1992, S. 684.
42 Time and Tide, 11.08.1951, zit. n. Sudendorf, 1978, T. 2, S. 139.
43 Die ganze Episode, zit. n. Spoto, 2000, S. 280 f.
44 MDC, Inv. Nr. 4.12-93/16-60002 u. 60003. Ohne Etikett.
Christian Dior in Deutschland, S. 54.
45 Vgl. Holman Edelman, Amy: Das kleine Schwarze, München 2000.
46 Vgl. Capua, Michelangelo: Yul Brynner. A biography, Jefferson/London 2006.
47 Dietrich/Torberg, 2008, S. 47.
48 Ebd.
49 Ebd.
50 Bach, 1993, S. 681.
51 Vgl. Koebner, Thomas (Hg.): Filmregisseure. Biografien, Wegbeschreibungen, Filmografien, Stuttgart 2008, S. 414–420.
52 Dietrich, Marlene: Nachtgedanken, München 2005, S. 139.
53 Bogdanovich, Peter: Fritz Lang in America, London 1967, S. 77 f., zit. n. Sudendorf, 1978, T. 2, S. 141.
54 Bach, 1993, S. 491.
55 Spoto, 2000, S. 288.
56 MDC, Inv. Nr. VS-1089. Label: Elizabeth Arden Elegance New York.
57 Riva, 1992, S. 698.
58 Ebd., S. 699.
59 Baur, 2017, S. 357.
60 Riva, 1992, S. 701.
61 Dietrich/Torberg, 2008, S. 52.
62 A Tribute to Mamma from Papa Hemingway, in: *Life,* Chicago, Vol. 33, Nr. 7, 18.08.1952, National Edition, zit. n. Sudendorf, 1978, T. 2, S. 59.
63 Bach, 1993, S. 494 f.

LOOK ME OVER CLOSELY

1 MDC Inv. Nr. E-50093. Vgl. Bach, Steven: Marlene Dietrich. Die Legende. Das Leben, Düsseldorf u. a. 1993, S. 496 f.
2 Ebd., S. 496.
3 Ebd., S. 497.
4 Sudendorf, Werner: Marlene Dietrich, München 2001, 155; Bach, 1993, S. 499.
5 Zit. n. Bach, 1993, S. 498.

6 Victoria Wolff und Joe Laltin: Plus und Minus eines Stars in: *Die Weltwoche,* Zürich, 33. Jg., Nr. 1670, 12.11.1965, zit. n. Sudendorf, Werner: Marlene Dietrich. Dokumente – Essays – Filme. Teil 1 u. 2, München 1977 u. 1978, hier T. 2, S. 82.
7 Das Zitat Bach, 1993, S.500. Schröter, Barbara: Marlene Dietrich und Gabrielle »Coco« Chanel, in: Mythos Chanel. Eine Publikation der Draiflessen Collection, hg. von Martina Spitz, Draiflessen, Mettingen 2013, S. 103.
8 Zitate von Jean Louis nach Bach, 1993, S. 500 f.
9 Schröter, 2013, S. 103; Bach, 1993, S. 500.
10 Zit. n. Bach, 1993, S. 501.
11 Berlin, MDC Inv. Nr. TX-20028.
12 Bach, 1993, S. 498.
13 Ebd., S. 501.
14 Vgl. Wieland, Karin: Dietrich & Riefenstahl. Der Traum von der neuen Frau, München 2011, S. 485.
15 Bach, 1993, S. 502.
16 Baur, Eva Gesine: Einsame Klasse: Das Leben der Marlene Dietrich, München 2017, S. 365.
17 Bach, 1993, S. 504.
18 Zit. n. ebd., S. 503.
19 Zit. n. ebd.
20 Zit. n. Sudendorf, 1978, T. 2, S. 67 f.
21 Riva, Maria: Meine Mutter Marlene, München 1992, S. 728 f.
22 MDC Berlin, Inv. Nr. TX-50086. Label: Christian Dior Paris, Automne-Hiver 1954. Christian Dior und Deutschland, 1947 bis 1957, hg. von Adelheid Rasche (= Eine Ausstellung der Kunstbibliothek Staatliche Museen zu Berlin in Zusammenarbeit mit der Deutschen Kinemathek – Marlene Dietrich Collection Berlin und dem Kunstgewerbemuseum, Staatliche Museen zu Berlin), Berlin 2007, S. 82–85.
23 Bach, 1993, S. 507.
24 Die schwarze Version ist in der MDC, Berlin, erhalten. Inv. Nr. VS-1083.
25 Zit. n. Riva, 1992, S. 731.
26 Zit. n. Bach, 1993, S. 508.
27 Spoto, Donald: Marlene Dietrich. Die große Biographie, München 2000, S. 312.
28 Riva, 1992, S. 271.
29 Frackjacke MDC, Inv. Nr. VS-1097. Slipper: MDC Berlin, Inv. Nr. TX-00189. Hersteller: Delman Shoes, New York.
30 Bach, 1993, S. 682. Produktion: 1956, Premiere: 17. Oktober 1956, Rivoli Theater, New York.
31 Das Kostüm ist in Berlin erhalten.
32 Brief von Rudi Sieber an Marlene Dietrich: Riva, 1992, S. 733 f.

33 Bach, 1993, S. 682, Titanus Studios, Rom u. Monte Carlo.
34 Ebd., S. 515; Frewin, Leslie: Marlene Dietrich. Ihre Filme – ihr Leben, München 1979, S. 158.
35 Bach, 1993, S. 513.
36 Brief an Maria vom 10.06.1956, zit. n. Riva, 1992, S. 746–750.
37 Zit. ebd. S. 751.
38 MDC Kleid: Inv. Nr. E-20085. Mantel: MDC, Berlin Inv. Nr. VS 1090.
39 Zit. n. Frewin, Leslie: Marlene Dietrich. Ihre Filme – ihr Leben, München 1979, S. 160.
40 Spoto, 2000, S. 317.
41 Bach, 1993, S. 683. Universal Studios, Premiere: Februar 1958. Produzent: Albert Zugsmith. Zu Orson Welles: Norbert Grob, in: Koebner, Thomas (Hg.): Filmregisseure. Biografien, Wegbeschreibungen, Filmografien, Stuttgart 2008, 808–812.
42 Bach, 1993, S. 525.
43 Ebd., S. 683 f. Goldwyn Studios, Premiere: USA Februar 1958.
44 Head, Edith/Calistro, Paddy: Edith Head's Hollywood, New York 1983, S. 28.
45 Zit. n. Spoto, 2000, S. 321.
46 Sudendorf, 1978, T 2, S. 164.
47 Zit. n. Weinzierl: Aber verliebt in sie war ich schon, in: Polgar, Alfred: Marlene. Bild einer berühmten Zeitgenossin, hg. u. mit einem Nachwort versehen von Ulrich Weinzierl, Wien 2015, S. 119.
48 Dietrich, Marlene/Torberg, Friedrich: Schreib. Nein, schreib nicht. Briefwechsel 1946–1979, hg. von Marcel Atze, Wien 2008, S. 63.
49 Das letzte Kleid der Marlene Dietrich. Film von Sabine Carbon und Felix Oehler, ARTE/RBB, 2017. Vgl. URL: https://www.youtube.com/watch?v=Icj_PfyvwSU (zuletzt abgerufen 13.04.2021)
50 Bach, 1993, S. 528 f.
51 Ebd., S. 530.
52 Zit. n. ebd., S. 530 f.

ÜBER DEN KLEIDERN STEHEN

1 Bret, David: Meine Freundin Marlene. Eine Biographie, Hamburg 2002, S. 189.
2 Ebd., S. 190.
3 Sudendorf, Werner: Marlene Dietrich, München 2001, S. 160. Showmantel in MDC erhalten, Inv. Nr.: TXS-40008.
4 Dietrich, Marlene/Torberg, Friedrich: Schreib. Nein, schreib nicht. Briefwechsel 1946–1979, hg. von Marcel Atze, Wien 2008, S. 73 f.
5 Zit. n. Bach, Steven: Marlene Dietrich. Die Legende. Das Leben, Düsseldorf u. a. 1993, S. 534.

6 Zit. n. Arnbom, Marie-Theres: Marlene Dietrich. Ihr Stil, ihre Filme, ihr Leben, Wien 2010, S. 229.
7 Bach, 1993, S. 535.
8 Baur, Eva Gesine: Einsame Klasse: Das Leben der Marlene Dietrich, München 2017, S. 386. Bach, 1993, S. 536.
9 Bach, 1993, S. 537.
10 Zit. n. Frewin, Leslie: Marlene Dietrich. Ihre Filme – ihr Leben, München 1979, S. 160.
11 Sudendorf, 2001, S. 166 ff., Bach, 1993, S. 537 ff. Kreutzer, Hermann/Runge, Manuela: Ein Koffer in Berlin, Marlene Dietrich – Geschichten von Politik und Liebe, Berlin 2001, S. 133 ff.
12 Vgl. Geitel, Klaus: Gesamtkunstwerk aus Strass und Stimme. Die Shows der Marlene Dietrich, in: Sudendorf, Werner: Marlene Dietrich. Dokumente – Essays – Filme. Teil 1 u. 2, München 1977 u. 1978, T. 2, S. 18 f.
13 Zit. n. Spoto, Donald: Marlene Dietrich. Die große Biographie, München 2000, S. 332.
14 Geitel, Klaus: Gesamtkunstwerk aus Strass und Stimme. Die Shows der Marlene Dietrich, zit. n. Sudendorf, 1978, T. 2, S. 19 f.
15 Riva, Maria: Meine Mutter Marlene, München 1992, S. 777 f.
16 Meyerinck, Meine berühmten Freundinnen, zit. n. Apropos Marlene Dietrich. Mit einem Essay von Lars Jacob, Frankfurt a. M. 2000, S. 115 f.
17 Dietrich/Torberg, 2008, S. 201.
18 MDC Berlin, Inv. Nr. TX-50088. Label: Printemps-ete 1960 Christian Dior, Paris.
19 Zu Marlene Dietrichs Aufenthalt in Israel vgl. Christian Burckard: Von Kopf bis Fuß auf Zion eingestellt. Marlene Dietrich und Israel – eine Liebesgeschichte, in: *Jüdische Allgemeine,* 19.06.2008. URL: https://www.juedische-allgemeine.de/allgemein/von-kopf-bis-fuss-auf-zion-eingestellt/ (zuletzt abgerufen 06.05.2021)
20 Spoto, 2000, S. 338.
21 Sudendorf, 1977, T. 1, S. 219.
22 Spoto, 2000, S. 340.
23 Zit. n. Arnbom, 2010, S. 255.
24 Sudendorf, 1977, T. 1, S. 219.
25 Günter Seuren: Wie lange dauert ein Sieg?, in: *Deutsche Zeitung,* Stuttgart/Köln, 19.12.1961, zit. n. Sudendorf, 1977, T. 1, S. 214.
26 Friedrich Luft: So ehrlich, so mutig – und doch immer nur Film, in: *Die Welt,* Ausgabe B, Berlin, 16.12.1961, zit. n. Sudendorf, 1977, T. 1, S. 215.
27 Baur, 2017, S. 402 f.
28 Vgl. ebd., S. 403.

29 Sudendorf, 1978, T. 2, S. 169 ff.
30 Riva, 1992, S. 786.
31 Bach, 1993, S. 685, Premiere: April 1964, Trans Lux Theater, New York.
32 Schröter, Barbara: Marlene Dietrich und Gabrielle »Coco« Chanel, in: Mythos Chanel. Eine Publikation der Draiflessen Collection, hg. von Martina Spitz, Draiflessen, Mettingen 2013, S. 104.
33 Zit. n. Baur, 2017, S. 418.
34 Dietrich/Torberg, 2008, S. 193 f.
35 Riva, 1992, S. 789 ff.
36 Spoto, 2000, S. 346.
37 Sudendorf, 2001, S. 173.
38 Schröter, 2013, S. 103.
39 Sudendorf, 2001, S. 173.
40 Schröter, 2013, S. 103.
41 Mythos Chanel, 2013, Katalogbeitrag Nr. 26. Text Barbara Schröter.
42 Dietrich/Torberg, 2008, S. 200.
43 Ebd., S. 186.
44 Bach, 1993, S. 567.
45 Head, Edith/ Hyams, Joan: Dress for Success. Das kleine Buch für die erfolgreiche Frau, Berlin 2015, S. 88.
46 Riva, 1992, S. 795 ff.
47 Kostüm: MDC, Inv. Nr. 4.12-93/16-10003. Mythos Chanel, 2013, Katalogbeitrag Nr. 27. Text Barbara Schröter.
48 Bach, 1993, S. 571.
49 Spoto, 2000, S. 348.
50 Zit. n. Bemmann, Helga: Marlene Dietrich. Ihr Weg zum Chanson, Berlin 1986, S. 193.
51 Seide und Metall, ohne Label, MDC, Berlin, Inv. Nr. 4.12-93/16-50257. Mythos Chanel, 2013, Katalogbeitrag Nr. 28. Text Barbara Schröter.
52 Baur, 2017, S. 444.

EPILOG

1 Zit. n. Sudendorf, Werner: Marlene Dietrich, München 2001, S. 35.
2 Spoto, Donald: Marlene Dietrich. Die große Biographie, München 2000, S. 353.
3 Sudendorf, 2001, S. 173 f. u. Baur, Eva Gesine: Einsame Klasse: Das Leben der Marlene Dietrich, München 2017, S. 462.
4 Bach, Steven: Marlene Dietrich. Die Legende. Das Leben, Düsseldorf u. a. 1993, S. 586.
5 Riva, Maria: Meine Mutter Marlene, München 1992, S. 811 ff. u. 815 ff. Zitat S. 817 ff., S. 818.

6 Für die Ausgabe verantwortlich zeichneten die Fotografen Chris von Wangenheim, GUY BOURDIN und Helmut Newton.
7 Riva, 1992, S. 820 ff. u. S. 827.
8 Ebd., 1992, S. 828 ff.
9 Bach, 1993, S. 591 u. S. 592.
10 Riva, 1992, S. 836.
11 MDC Berlin, Inv. Nr. 4.6-199316-2-03-093.
12 MDC, Berlin Inv. Nr. VS-1091 u. TX-50001.
13 Riva, 1992, S. 837 ff.
14 Ebd., S. 844.
15 Bach, 1993, S. 595.
16 Riva, 1992, S. 849 ff.
17 Ebd., S. 854 f.
18 Bach, 1993, S. 605.
19 Zit. n. ebd., S. 606.
20 Ebd., S. 686.
21 Riva, 1992, S. 880.
22 Bach, 1993, S. 610.
23 Ebd., S. 611 f.
24 Vgl. Wieland, Karin: Dietrich & Riefenstahl. Der Traum von der neuen Frau, München 2011, S. 539.
25 Bach, 1993, S. 633.
26 Dietrich, Marlene: Nachtgedanken, München 2005, Vorwort Maria Riva.
27 Riva, 1992, S. 879 u. S. 882.
28 Bach, 1993, S. 632 u. S. 635 f.

LITERATUR

Acosta, Mercedes de: Hier liegt das Herz. Die Geschichte meines Lebens, Göttingen 1996

Apropos Marlene Dietrich. Mit einem Essay von Lars Jacob, Franfurt a. M. 2000

Arnbom, Marie-Theres: Marlene Dietrich. Ihr Stil, ihre Filme, ihr Leben, Wien 2010

Bach, Steven: Marlene Dietrich. Die Legende. Das Leben, Düsseldorf u. a. 1993

Baur, Eva Gesine: Einsame Klasse: Das Leben der Marlene Dietrich, München 2017

Bemmann, Helga: Marlene Dietrich. Ihr Weg zum Chanson, Berlin 1986

Bemmann, Helga: Marlene Dietrich. Im Frack zum Ruhm, Leipzig, 2. Auflage, 2000

Bret, David: Meine Freundin Marlene. Eine Biographie, Hamburg 2002

Bröhan, Nicole: Marlene Dietrich, Berlin 2007

Charles-Roux, Edmonde: Coco Chanel. Ihr Leben in Bildern, 5. Auflage, München 2005

Christian Dior und Deutschland, 1947 bis 1957, hg. von Adelheid Rasche (= Eine Ausstellung der Kunstbibliothek Staatliche Museen zu Berlin in Zusammenarbeit mit der Deutschen Kinemathek – Marlene Dietrich Collection Berlin und dem Kunstgewerbemuseum, Staatliche Museen zu Berlin), Berlin 2007

Dachs, Robert: Willi Forst. Eine Biografie, Wien 1986

Danielczyk, Sandra: Diseusen in der Weimarer Republik. Imagekonstruktionen im Kabarett am Beispiel von Margo Lion und Blandine Ebinger, Bielefeld 2017

DelGaudio, Sybil: Dressing the Part. Sternberg, Dietrich, and Costume, London/Toronto, 1993

Dietrich, Marlene: ABC meines Lebens, 2. Auflage, München 2012

Dietrich, Marlene: Ich bin, Gott sei Dank, Berlinerin. Frankfurt a. M.1987

Dietrich, Marlene: Nachtgedanken. Mit einem Vorwort von Maria Riva, München 2005

Dietrich, Marlene: Nehmt nur mein Leben. Reflexionen, München 1979

Dietrich, Marlene/Torberg, Friedrich: »Schreib. Nein, schreib nicht.« Briefwechsel 1946–1979, hg. von Marcel Atze, Wien 2008

Dior, Christian: Das kleine Buch der Mode, Berlin-Grunewald 1954

Dirscherl, Luise/Nickel, Gunther (Hgg.): Der blaue Engel. Die Drehbuchentwürfe (= Zuckmayer-Schriften Bd. 4), St. Ingbert 2000

Fischer-Defoy, Christine (Hg.): Marlene Dietrich. Adressbuch, Berlin 2003
Flügge, Manfred (Hg.): Franz Hessel. Schöne Berlinerinnen. Fraueneporträts, Berlin 2015
Frewin, Leslie: Marlene Dietrich. Ihre Filme – ihr Leben, München 1979
Fuld, Werner/Schneider, Thomas F. (Hgg.): »Sag mir, daß Du mich liebst …«. Erich Maria Remarque – Marlene Dietrich. Zeugnisse einer Leidenschaft, Köln 2003

Grosch, Nils: Aspekte des modernen Musiktheaters in der Weimarer Republik, Münster u. a. 2004

Haustedt, Brigitte: Die wilden Jahre in Berlin. Eine Klatsch- und Kulturgeschichte der Frauen, Berlin 1999
Head, Edith /Hyams, Joan: Dress for Success. Das kleine Buch für die erfolgreiche Frau, Berlin 2015
Head, Edith /Calistro, Paddy: Edith Head's Hollywood, New York 1983
Hollaender, Anne: Anzug und Eros. Eine Geschichte der modernen Kleidung, Berlin 1998
Holman Edelman, Amy: Das kleine Schwarze, München 2000
Horak, Laura: Girls Will Be Boys. Cross-Dressed Women, Lesbians, and American Cinema, 1908–1934, New Brunswick, New Jersey, London 2016

Katz, Gabriele: Liebe mich! Erich Maria Remarque und die Frauen, Berlin 2018
Kleider in Bewegung. Frauenmode seit 1850. Für das Historische Museum Frankfurt hg. von Maren Ch. Härtel, Kerstin Kraft, Dorothee Linnemann, Regina Lösel (= Schriften des Historischen Museums Frankfurt Bd. 39), Petersberg 2020
Koebner, Thomas (Hg.): Filmregisseure. Biografien, Wegbeschreibungen, Filmografien, Stuttgart, 3. Auflage, 2008
Kreutzer, Hermann/Runge, Manuela: Ein Koffer in Berlin, Marlene Dietrich – Geschichten von Politik und Liebe (= atv 8075), Berlin 2001
Krieg und Kleider: Modegrafik zur Zeit des Ersten Weltkriegs 1914–1918, Für die Kunstbibliothek, Staatliche Museen zu Berlin, hg. von Adelheid Rasche, Leipzig 2014

Lehnert, Gertrud: Wenn Frauen Männerkleidung tragen. Geschlecht und Maskerade in Literatur und Geschichte, München 1997
Loschek, Ingrid: Reclams Mode- und Kostümlexikon, Stuttgart, 2. Auflage, 1999
Lukens Noonan, Meg: Der perfekte Mantel. Handwerk. Luxus.

Leidenschaft. Die Geschichte eines 50 000-Dollar-Mantels, Berlin 2013

Madsen, Axel: Der Nähkreis – Hollywoods größtes Geheimnis. Die Diven und ihre Liebe zu Frauen, Hamburg, 1996

Margueritte, Victor: La Garçonne. Die Aussteigerin, Berlin 2020

Marlene Dietrich. Die Diva. Ihre Haltung. Und die Nazis. Katalogbuch zur Ausstellung, hg. von der Gedenkhalle Oberhausen, Oberhausen 2016

Mayr, Brigitte: Vom Broadway ins Café Elektric – Marlene Dietrichs ungestüme Liaison mit Wien, in: Dietrich, Marlene/Torberg, Friedrich: Schreib. Nein, schreib nicht. Briefwechsel 1946–1979, hg. von Marcel Atze, Wien 2008, S. 247–259

Mentele, Richard: Auf Liebe eingestellt. Marlene Dietrichs schöne Kunst, Bensheim 1993

Meyerinck, Hubert von: Meine berühmten Freundinnen, zit. n. Apropos Marlene Dietrich. Mit einem Essay von Lars Jakob, Frankfurt a. M. 2000 , S. 109 -116.

Moreck, Curt: Führer durch das lasterhafte Berlin. Das deutsche Babylon 1931 (1931) Nachdruck, Berlin 2018

Mythos Chanel. Eine Publikation der Draiflessen Collection, hg. von Martina Spitz, Draiflessen, Mettingen 2013

Naumann, Michaela: Ernst Lubitsch. Aspekte des Begehrens, Marburg 2008

Nuss, Emma: Aus dem Tagebuch eines Tauentzien-Girls (1914), Nachdruck, Berlin 2018

O'Connor, Patrick: Marlene Dietrich. Der blonde Engel. Eine Bildbiographie, München 1991

Polgar, Alfred: Marlene. Bild einer berühmten Zeitgenossin. Hg. u. mit einem Nachwort versehen von Ulrich Weinzierl, Wien 2015

Remarque, Erich Maria: Das unbekannte Werk, Bd. 5: Briefe und Tagebücher, hg. von Thomas F. Schneider u. Tilman Westphalen, Köln 1998

Riva, Maria: Meine Mutter Marlene, München 1992

Roberts, Hilary: Lee Miller. A Woman's War, London 2015

Rodenberg, Hans-Peter: Marlene und Ernest. Eine Romanze, Berlin 2012

Rosteck, Jens: Édith Piaf. Hymne an das Leben, Berlin 2013

Rügner Ulrich: Filmmusik in Deutschland zwischen 1924 und 1934, Hildesheim/Zürich/New York 1988

Salber, Linde: Marlene Dietrich, Reinbek 2001

Sanders-Brahms, Helma: Marlene und Jo. Recherche einer Leidenschaft, Berlin 2000

Sannwald, Daniela: Mode, in: Kino der Moderne. Film und Weimarer Republik, hg. von der Kunst- und Ausstellungshalle der Bundesrepublik Deutschland, Bonn und der Deutschen Kinemathek Berlin, Dresden 2018, S. 70–75

Schanke, Robert A.: That Furious Lesbian. The Story of Mercedes de Acosta, o. O., Southern Illinois University Press 2004

Schröter, Barbara: Marlene Dietrich und Gabrielle »Coco« Chanel, in: Mythos Chanel, a. a. O., S. 101–104

Servat, Henry-Jean: Obsession Marlene Dietrich. The Pierre Passebon Collection, Paris 2018

Seydel, Renate: Marlene Dietrich. Eine Chronik ihres Lebens, Berlin 1984

Sheppard Skaerved, Malene: Dietrich, London 2003

Sinclair, Charlotte: Vogue on Christian Dior, München 2013

Spoto, Donald: Marlene Dietrich. Die große Biographie (= Heyne Filmbibliothek Nr. 32/276), München 2000

Sternberg, Josef von: Ich, Josef von Sternberg, Hannover 1967

Ders.: Das Blau des Engels. Eine Autobiografie, München 1991

Sudendorf, Werner: Chronik zur Entstehung des Films, in: Dirscherl, Luise/Nickel, Gunther/Sudendorf, Werner (Hgg.): Der blaue Engel. Die Drehbuchentwürfe, St. Ingbert 2000, S. 51–69.

Sudendorf, Werner: Marlene Dietrich (= dtv portrait 31053), München 2001

Sudendorf, Werner: Marlene Dietrich. Dokumente – Essays – Filme. Teil 1 u. 2 (= Internationale Filmfestspiele Berlin Stiftung Deutsche Kinemathek, Retrospektive 1977 u. 1978), München 1977 u. 1978

Tunnat, Frederik D.: Karl Vollmoeller: Dichter und Kulturmanager. Eine Biographie, Hamburg 2008

Tunnat, Frederik D.: Marlene Dietrich. Vollmoellers blauer Engel, Berlin 2014

Wieland, Karin: Dietrich & Riefenstahl. Der Traum von der neuen Frau, München 2011

BILDNACHWEIS

Akg images: S. 231; **Alamy:** S. 6, 14, 29, 52, 76, 95, 121, 137, 193, 227, 247, 272; **Ullstein Bild:** S. 34, 89, 110, 128, 147, 158, 171, 176, 198;